Schulung
für die
juristische Praxis

Ein induktives Lehrbuch

von

Dr. Walter Lux
Rechtsanwalt in Breslau

3. vollständig neubearbeitete Auflage

Zwischenlieferung:

Ergänzung zur IV. Abteilung: Beim Kriegsgericht.

V. Abteilung: Arbeits-, Steuer- und Verwaltungssachen
Rechtsanwaltschaft, Oberlandesgericht
1. Teil: Beim Arbeitsgericht. Beim Finanzamt

Preis RM. 3.20

Berlin und München 1936
Verlag von H. W. Müller

Nachdem seit Ende 1933 eine Unterbrechung in der Fortsetzung des Werkes eingetreten war, erscheint jetzt eine Zwischenlieferung, umfassend Kapitel 23 a (Kriegsgericht) als Ergänzung zu der 4. Abteilung sowie aus der 5. Abteilung die Kapitel 24 (Arbeitsgericht) und 25 (Finanzamt). Die Unterbrechung war dadurch veranlaßt, daß gerade die auf Kapitel 23 folgenden Teile des Buches durch die Gesetzgebung besonders betroffen wurden. Es ist deshalb gewartet worden, bis die grundlegenden Gesetze nebst Durchführungsbestimmungen erschienen sind und sich in der Praxis eingespielt haben. Nunmehr werden die Leser den Vorteil haben, daß ihnen in der Zwischenlieferung eine Darstellung der wichtigsten Grundsätze und Vorschriften auf den Gebieten des Militärstrafrechts und Militärstrafverfahrens, des Arbeitsrechts und des Steuerrechts geboten wird, welche wie immer in aktenmäßiger Form die Materie veranschaulicht und zugleich lehrbuchartig die Ergebnisse der Wissenschaft und Rechtsprechung bis in die neueste Zeit berücksichtigt. Im einzelnen enthält Kapitel 23 a eine Kriegsgerichtsanklage, die Darstellung einer Hauptverhandlung und ein Kriegsgerichtsurteil. In Kapitel 24 sind vor allem das Recht der Tarifordnung und des Kündigungsschutzes, aber auch die neue Organisation der nationalen Arbeit und verschiedene wichtige arbeitsrechtliche Einzelfragen behandelt. Das 25. Kapitel gibt u. a. eine Übersicht über die Grundsätze der Einkommenbesteuerung, Lohn- und Kapitalertragssteuer, die verschiedenen Einkommensarten, Familienbesteuerung, Unterhaltsansprüche, Rechtsmittelverfahren, Beitreibung und Steuerstrafrecht. Die Schlußlieferung nebst Nachtrag, Schlagwort- und Paragraphenregister wird in kurzer Zeit folgen.

Keine Abteilung ist einzeln zu haben. Die Abnahme der I. Abteilung verpflichtet zum Bezug des ganzen Werkes.

Behrend, Franz, Landgerichtsrat.

Kommentar zum Reichsgesetz für Jugendwohlfahrt vom 9. Juli 1922. Mit den einschlägigen Bestimmungen des Reichs und Preußens. 8°. VIII, 489 S. Ganzleinen geb. RM. 13.—.

Amtsgerichtsdirektor Rupprecht, München, urteilt in LZ. 1925, Nr. 21: ... Es ist deshalb wertvoll, daß ein in der Praxis und Theorie des Vormundschaftsrechts erfahrener Richter es übernommen hat, das Sondergesetz für Jugendwohlfahrt auszulegen und mit der juristischen auch die soziale, vor allem sozialpädagogische Erfassung und Ergründung der Probleme zu verbinden. So ist eine Arbeit erstanden, welche die bisher bestehende Lücke im Schrifttum auszufüllen geeignet und besonders der vormundschaftsrichterlichen Tätigkeit erwünscht sein wird ...

Dalcke, Dr. A., weil. Oberstaatsanwalt.

Strafrecht und Strafprozeß. Eine Sammlung der wichtigsten das Strafrecht und das Strafverfahren betr. Gesetze. Zum Handgebrauch für den Praktiker. Mit den Entscheidungen des Reichsgerichts. 27. neubearb. Aufl. von Oberstaatsanwalt Dr. E. Fuhrmann, Oberstaatsanwalt Dr. K. Krug und Oberlandesgerichtsrat Dr. K. Schäfer. 8°, etwa 1400 S. Ganzleinen geb. etwa RM. 17.—.

---

23 A. Kapitel.

Beim Kriegsgericht.

Anklage wegen Kameradendiebstahl, unerlaubter Entfernung und Zechprellerei.

„Kriegsgericht des
III. Wehrkreises.[1]) Breslau, den 29. Juni 1936.
Str.P.L. Nr. 25/36. IV.

Anklageverfügung.

Gegen den Schützen *Gustav Wasmund* von der 9. Kompagnie Infanterie-Regiment Nr. 7 in Breslau-Carlowitz, wohnhaft in Breslau-Carlowitz, Infanteriekaserne, geboren am 14. Juni 1915 zu Altenburg, nicht bestraft (Bl.......), wird die Anklage verfügt, weil er hinreichend verdächtig erscheint:

zu Breslau und Schandau im Mai und Juni 1936 durch drei selbständige Handlungen:

1. einen Diebstahl gegen einen Kameraden begangen zu haben, indem er 20 *RM* bares Geld, dem Schützen *Kleist* von der 9. Kompagnie Infanterie-Regiment Nr. 7 gehörig, diesem in der Absicht wegnahm, sie sich rechtswidrig zuzueignen,
2. eigenmächtig seiner Truppe ferngeblieben zu sein, wobei die Abwesenheit durch sein vorsätzliches Verschulden länger als 7 Tage, nämlich vom 31. Mai Mitternacht bis zum Abend des 12. Juni 1936 einschließlich, dauerte,
3. in der Absicht, sich einen rechtswidrigen Vermögensvorteil zu verschaffen, das Vermögen des Gastwirts *Meinecke* in Schandau dadurch um 33 *RM* beschädigt zu haben, daß er durch Vorspiegelung der falschen Tatsache, er sei im Besitz von größeren Geldscheinen, einen Irrtum erregte,

Vergehen gegen §§ 138^{I} S. 2, 64, 54 MStGB.[2]), 242, 263, 74 StGB."

Durch die Weimarer Verfassung (Art. 106, dazu Ges. vom 17. August 1920, RGBl. 1579) war die Militärgerichtsbarkeit, außer für Kriegszeiten und gegen Reichswehrangehörige an Bord eines in Dienst gestellten Kriegsschiffes, aufgehoben worden. Das Gesetz vom 12. Mai 1933 (RGBl. I 264) hat sie — noch vor Wiedereinführung der allgemeinen Wehrpflicht (Ges. vom 16. März 1935, unten Anm. 1, Wehrges. vom 21. Mai 1935, RGBl. I 609) — wieder in Kraft gesetzt. Die MStGO. (Fassung vom 4. November 1933/23. November 1934, RGBl. I 921 bzw. 1165) ist

[1]) Bei Niederschrift dieses Kapitels sind als Gerichtsherrn erster Instanz die Befehlshaber in den Wehrkreisen, zweiter Instanz die Befehlshaber in den Gruppen bestimmt und demgemäß die Kriegs- bzw. Oberkriegsgerichte organisiert (AusfBest. vom 21. November 1933, RGBl. I 989, zu §§ 9, 11 MStGO.). Auf Grund der in § 2 Ges. für den Aufbau der Wehrmacht vom 16. März 1935 (RGBl. I 375) vorgesehenen Neueinteilung des Heeres in 12 Korpskommandos und 36 Divisionen ist eine Neuorganisation des Kriegsgerichtswesens zu erwarten.

[2]) Fassung vom 16. Juni 1926/23. November 1934 (RGBl. I 275 bzw. 1165).

das Gerichtsverfassungsgesetz und zugleich die Prozeßordnung der Militärjustiz. Nach ihren §§ 1—7 unterstehen „Soldaten" — d. s. die im aktiven Wehrdienst stehenden Offiziere, Unteroffiziere und Mannschaften (§ 21 II WehrG.) —, Wehrmachtbeamte usw. in Krieg und Frieden grundsätzlich der Sondergerichtsbarkeit wegen aller strafbaren Handlungen, sie mögen militärischer oder bürgerlicher Natur, während des Dienstverhältnisses oder vorher begangen sein. Ausgenommen sind:

1. Volksgerichtshofsachen (§ 2 MStGO.),
2. Steuer-, Zoll-, Devisen-, Volksverrats-, Polizei- und dergl. -Zuwiderhandlungen (§ 3 MStGO., VO. vom 23. Mai 1932 und 12. Juni 1933, RGBl. I 231 bzw. 360),
3. sonstige Straftaten nicht militärischen Charakters, an denen sowohl Soldaten wie Zivilisten beteiligt sind, wenn der Gerichtsherr die Soldaten dem allgemeinen Gericht zur Untersuchung und Aburteilung übergibt (§ 4 MStGO.),
4. vor Eintritt in das Heer begangene Taten, wegen deren bereits ein — wenn auch nicht rechtskräftiges — Urteil, ein richterlicher Strafbefehl oder eine polizeiliche Strafverfügung erlassen war, ferner die vor dem Eintritt begangenen Privatklagedelikte (§ 6 II),
5. nicht-militärische Delikte, wegen deren bei Beendigung des Militärverhältnisses weder Anklage erhoben noch Strafverfügung erlassen war (§ 7).

Andrerseits gehören ausnahmsweise Zivilpersonen vor ein Kriegsgericht, so Angestellte von Kriegsschiffen (§ 1²), die an Bord eines im Kriegszustand befindlichen Schiffes dienstlich eingeschifften Personen (§ 1³), Heeresgefolge (§ 1⁴ᵃ).

Materiell-rechtlich unterscheidet man: a) reine Militärdelikte (militärische Verbrechen oder Vergehen, § 1 MStGB.), welche einen auf dem militärischen Dienstverhältnis beruhenden, dem allgemeinen Strafrecht fremden Tatbestand regeln, b) Delikte des allgemeinen Strafrechts, die durch gewisse, die militärischen Interessen besonders berührende Qualifikationsmerkmale zu militärischen Verbrechen oder Vergehen gestempelt werden und als solche erhöht zu bestrafen sind, c) Verbrechen, Vergehen und Übertretungen des allgemeinen Strafrechts. Unter a fällt die unerlaubte Entfernung, unter b der Kameradendiebstahl, unter c der Zechprellerei-Betrug. Für die Kategorien a und b stellt das MStGB. eine Reihe gemeinsamer, vom allgemeinen Strafrecht vielfach abweichender Grundsätze auf (vgl. unten S. 1044). Unter den Freiheitsstrafen findet sich der Arrest in seinen verschiedenen Formen (§§ 16—28), während es Haft für militärische Verbrechen und Vergehen nicht gibt. Als besondere Ehrenstrafen sind Entfernung aus dem Heere, Dienstentlassung und Degradation vorgesehen. Die Wirkung der Entfernung geht über die der Dienstentlassung hinaus, da sie auch den Verlust des Titels und die Unfähigkeit zum Wiedereintritt in das Heer zur Folge hat. Degradation wird nur gegen Unteroffiziere ausgesprochen; der Degradierte bleibt Soldat, tritt aber in den Stand der Mannschaften zurück. §§ 30—41.

Sonstige wichtige Sondervorschriften für Soldaten: Das Recht der Soldaten zum Wählen oder zur Teilnahme an Abstimmungen im Reich „ruht", d. h. ihr aktives Wahlrecht bleibt zwar bestehen, kann jedoch nicht ausgeübt werden; das passive Wahlrecht wird überhaupt nicht berührt (§ 26 II WehrG.). Jede politische Betätigung ist ihnen untersagt (§ 26 I S. 1). Die Zugehörigkeit zur NSDAP, deren Gliederungen und angeschlossenen Verbänden ruht während der Dauer des aktiven Wehrdienstes (§ 26 I S. 2). Zum Erwerb der Mitgliedschaft in nicht-politischen Vereinigungen bedürfen sie der Erlaubnis ihrer Vorgesetzten (§ 26 III). Nebenbeschäftigungen sind von der Erlaubnis der Vorgesetzten abhängig, und zwar auch bei Hausstandsmitgliedern (§ 28). Zur Eheschließung ist ebenfalls

Erlaubnis der Vorgesetzten vorgeschrieben („Ehekonsens"); dieses Erfordernis schafft, da es weder zum Nichtigkeits- noch zum Anfechtungsgrund erhoben ist, ein bloß aufschiebendes Ehehindernis, aber dem Soldaten, der sich ohne Erlaubnis verheiratet, droht Bestrafung (§§ 27 WehrG., 1315^I BGB., 150 MStGB.). Das — nur im mobilen Verhältnis mögliche — Militärtestament (oben S. 157) wird jetzt durch Art. 1 § 3 Ges. vom 24. April 1934 (RGBl. I 335) geregelt. Für die Geltendmachung vermögensrechtlicher Ansprüche gegen das Reich steht den Soldaten — nach vorangegangener Entscheidung des Reichskriegsministers — der ordentliche Rechtsweg offen (§ 31 WehrG.).

Abschluß der Anklageverfügung:

„Das Kriegsgericht ist nach § 21 MStGO. zu besetzen.

Der Gerichtsherr:

Krieger Generalmajor. *Richter* I Kriegsgerichtsrat."

Der Gerichtsherr gibt der militärischen Gerichtsbarkeit ihr besonderes Gepräge, man kann ihn — unbeschadet der den Mitgliedern des erkennenden Gerichts, Kriegsgerichtsräten wie Laienbeisitzern, in § 20^II gewährleisteten Unabhängigkeit — geradezu als ihren Träger bezeichnen. Die Loslösung der Justiz von der obrigkeitlichen Staatsgewalt, die aus dem französischen Recht übernommene scharfe Trennung von Anklagebehörde und Gericht, die Einrichtung des Eröffnungsbeschlusses sind der Militärjustiz unbekannt. Hier erscheint das Gerichtswesen vielfach als Ausfluß der Befehlsgewalt. Im Vorverfahren hat der Gerichtsherr eine ungefähr der Staatsanwaltschaft entsprechende Stellung. Er ordnet das Ermittlungsverfahren an und bestellt einen Kriegsgerichtsrat zum „Untersuchungsführer", sofern nicht (bei einfach liegenden Sachen) die Feststellung durch den „Tatbericht" des Kompagniechefs oder sonstigen Disziplinarvorgesetzten genügt (§ 79). Er darf zwar nicht selbst an den Untersuchungshandlungen teilnehmen, kann jedoch die Akten unbeschränkt einsehen und Verfügungen zur Aufklärung der Sache treffen (§ 88). Eine Voruntersuchung — durch welche ja die Leitung des Verfahrens in die Hand des Untersuchungsrichters gelegt werden würde (S. 867, 907) — gibt es nicht. Auf Grund der Ergebnisse des Ermittlungsverfahrens setzt der Gerichtsherr den Beschuldigten außer Verfolgung (§§ 168f.) oder erläßt Strafbefehl (§§ 268f.) oder verfügt die Anklage (§§ 173, 176), wie in unserem Falle. Nach Erhebung der Anklage ordnet er den Zusammentritt des Kriegsgerichts an, beruft die Richter und bestimmt Ort und Zeit der Hauptverhandlung (§§ 20^III, 183, 186).

Dem Gerichtsherrn stehen richterliche Militärjustizbeamte (Kriegsgerichtsräte bzw. Oberkriegsgerichtsräte) zur Seite, die seinen Weisungen Folge zu leisten haben, soweit sie nicht als Mitglieder des erkennenden Gerichts tätig werden (§ 17^I). Abgesehen von Rechtsmittelerklärungen muß jede Entscheidung oder Verfügung des Gerichtsherrn von einem richterlichen Militärjustizbeamten gegengezeichnet sein, der dadurch die Mitverantwortung für ihre Gesetzlichkeit übernimmt (§ 17^II). Hält der Kriegsgerichtsrat eine Weisung, Verfügung oder Entscheidung des Gerichtsherrn für ungesetzlich, so hat er dagegen Vorstellung zu erheben. Bleibt sie erfolglos, so wird die Sache dem Gerichtsherrn zweiter Instanz vorgelegt; bestehen zwischen diesem und dem ihm zugeordneten Oberkriegsgerichtsrat Meinungsverschiedenheiten, so entscheidet der Reichskriegsminister (§ 17^III S. 1—3). Im mobilen Verfahren fällt die Anrufung des oberen Gerichtsherrn fort; der Kriegsgerichtsrat hat dort, wenn seine Vorstellung erfolglos war, lediglich den Vorgang aktenkundig zu machen, und der Gerichtsherr trägt die alleinige Verantwortung (§ 17^III S. 5, 6).

Besetzung des Kriegsgerichts: Das Kriegsgericht besteht in der Regel aus einem Kriegsgerichtsrat und 2 militärischen Beisitzern (§ 21), bei gewissen schweren Verbrechen aus 2 Kriegsgerichtsräten und 3 militärischen Beisitzern („verstärktes“ Kriegsgericht, § 22). Hierauf bezieht sich die Anordnung am Ende der Anklageverfügung. Das die Berufungsinstanz bildende Oberkriegsgericht ist gewöhnlich mit 2 Oberkriegsgerichtsräten und 3 Soldaten, in Sachen des verstärkten Kriegsgerichts mit 3 Oberkriegsgerichtsräten und 4 Soldaten besetzt (§§ 23, 24). Über die — nur in schweren Fällen zulässige (§ 316) — Revision entscheidet ein besonderer Senat des Reichsgerichts, dem zwei aus der Laufbahn der richterlichen Militärjustizbeamten hervorgegangene Mitglieder angehören müssen (§§ 20^{I}, 35); es gibt also nicht (wie im alten Verfahren mit seinem Reichsmilitärgericht) einen geschlossenen militärischen Instanzenzug.

Die „Anklageverfügung“ des Gerichtsherrn wird (außer im mobilen Verfahren) durch die vom Kriegsgerichtsrat allein verfaßte und unterzeichnete „Anklageschrift“ (§ 177) ergänzt:

„Kriegsgericht des
III. Wehrkreises. Breslau, den 29. Juni 1936.
Str.P.L. Nr. 25/36. IV.

Anklageschrift

des Kriegsgerichtsrats *Richter I* in der Untersuchungssache gegen den Schützen *Gustav Wasmund* von der 9. Kompagnie Infanterie-Regiment Nr. 7

wegen militärischen Diebstahls gegen einen Kameraden, unerlaubter Entfernung und Betruges.

Ermittlungsergebnis.

Der Beschuldigte hatte vom 26. bis einschließlich 31. Mai 1936 Urlaub erhalten, um an der Hochzeit des Bruders seiner Braut, Kaufmann *Rottig* in Pirna, teilzunehmen. Um in Pirna ‚nobel‘ auftreten zu können, entwendete er 2 oder 3 Tage vor Antritt des Urlaubs dem Schützen *Kleist*, mit welchem er zusammen in einer Stube lag, aus dessen unverschlossenem Koffer 20 *RM* bares Geld.“

Diebstahl und Unterschlagung im Dienst, gegen Vorgesetzte, Kameraden, Quartierwirte oder deren Hausstandsmitglieder (sog. „militärischer Diebstahl“) werden als militärisches Vergehen nach § 138^{I} MStGB. bestraft. Ist die Handlung schwerer oder Rückfallsdiebstahl und demgemäß ein Verbrechen, so finden die Strafbestimmungen der §§ 243, 244 StGB. Anwendung (§ 138^{II} MStGB.).

„Am 26. Mai trat der Beschuldigte seinen Urlaub an. Am 30. Mai erhielt er nach Pirna von *Kleist* eine Postkarte, in der *Kleist* mitteilte, daß ihm die 20 *RM* fehlten, und anfragte, ob der Beschuldigte über den Verbleib des Geldes etwas wisse. Der Beschuldigte schloß hieraus, daß er als Dieb des Geldes erkannt sei. Er verabschiedete sich am 31. Mai von seiner Braut und ihren Angehörigen, um angeblich zu seinem Truppenteil zurückzukehren, fuhr aber, statt nach Breslau, nach Schandau, wo er sich bei dem Gastwirt *Meinecke* im Hotel ‚Brauner Hirsch‘ einquartierte. Auf die Frage *Meinecke's*, ob er auch zahlen könne, erwiderte er, daß er größere Geldscheine bei sich habe, obgleich er in Wahrheit nur noch 0.50 *RM* bares Geld und eine Militärfahrkarte nach Breslau besaß. Durch seine mit großer Bestimmtheit vorgebrachte Versicherung bewog der Beschuldigte den *Meinecke*, ihm Obdach und Verpflegung auf Kredit zu gewähren, und es entstand bis zum 12. Juni eine Schuld von insgesamt 33 *RM*.“

Auch wenn Wasmund dem Meinecke nicht positiv den Besitz größerer Geldbeträge vorgespiegelt, sondern ihm lediglich die Tatsache, daß er ohne Geldmittel war, verschwiegen hätte, würde er sich eines Betruges („Zechprellerei") schuldig gemacht haben. Denn es handelt sich um Verbindlichkeiten, die im Verkehr sofort bezahlt werden, und wer zur baldigen Bezahlung außerstande ist, muß dies dem anderen Teil erklären.

„Am 12. Juni bestand *Meinecke* energisch auf Zahlung. Es stellte sich heraus, daß der Beschuldigte ohne Geld war. Darauf ließ *Meinecke* die Polizei holen, die aber auf Bitten des Beschuldigten und nach fernmündlicher Verständigung mit den Breslauer Kommandostellen von einer Festnahme absah."

Die Befugnis, eine der Militärgerichtsbarkeit unterstellte Person unter den Voraussetzungen des Haftbefehls vorläufig festzunehmen, steht neben den Polizei- und Sicherheitsbeamten auch den militärischen Vorgesetzten, dem Untersuchungsführer und den militärischen Wachen zu (§ 101 MStGO.). Gegenüber Wasmund fehlte es an einem Haftgrund, denn weder bildete ein Verbrechen den Gegenstand der Untersuchung (§ 96^{1}) noch war er, wie sein späteres Verhalten bewiesen hat, fluchtverdächtig (§ 96^{2}), noch bestand Kollusionsgefahr (§ 96^{4}). Auch der dem militärischen Strafverfahren eigentümliche weitere Haftgrund, daß die Aufrechterhaltung der Mannszucht die Verhaftung des Beschuldigten erfordert (§ 96^{3}), kam nicht in Frage.

Über Haftbefehle entscheidet grundsätzlich der Gerichtsherr, wie immer mit kriegsgerichtsrätlicher Gegenzeichnung (§§ 95f.) In seiner Hand liegen auch die übrigen Zwangsmittel des Strafprozesses: Steckbrief (§ 104), Beobachtung des Geisteszustandes (§ 138), Beschlagnahme und Durchsuchung (§ 161). Nur bei Gefahr im Verzuge darf auch der Untersuchungsführer Beschlagnahmen und Durchsuchungen anordnen (§ 161). Folgerichtig geht die (im mobilen Verfahren ausgeschlossene) Haftbeschwerde an den Gerichtsherrn der zweiten Instanz (§ 95^{II}). Wird ein Angeklagter freigesprochen oder nur zu Geldstrafe verurteilt, so hebt ausnahmsweise das erkennende Gericht den Haftbefehl auf (§ 100^{II}); in diesem Falle kann der Gerichtsherr zweiter Instanz — mit Gegenzeichnung seines Oberkriegsgerichtsrats — auf Grund neuer Belastungsmomente einen neuen Haftbefehl erlassen (§ 100^{III}).

„Der Beschuldigte fuhr dann mit dem Nachtzuge nach Breslau, wo er am 13. Juni morgens bei seiner Truppe eintraf."

Die Dauer der eigenmächtigen Abwesenheit ist nicht bloß für das Strafmaß, sondern auch für die Strafbarkeit von Bedeutung. Das Vergehen der „unerlaubten Entfernung" setzt nach § 64 MStGB. ein eigenmächtiges Verlassen der Truppe oder Fernbleiben von der Truppe voraus, wobei die Abwesenheit durch Vorsatz oder Fahrlässigkeit des Täters länger als 7 Tage (im Felde 3 Tage) gedauert haben muß. Die Frist wird nicht a momento ad momentum, sondern nach vollen Tagen von Mitternacht zu Mitternacht gerechnet (Kommentare zu § 64). Unerlaubte Entfernung und eigenmächtiges Fernbleiben bis zu 7 Tagen werden nicht kriminell bestraft, sondern nur als Disziplinarübertretung geahndet. Nach der Disziplinar-StrafO. vom 18. Mai 1926 (RGBl. II 265) können nämlich die Disziplinarvorgesetzten (vom Kompagniechef aufwärts) allgemein solche „Handlungen und Unterlassungen gegen die militärische Zucht und Ordnung, die keinem Strafgesetz unterfallen", bei schuldhaftem (vorsätzlichen oder fahrlässigen) Verhalten (§ 2^{I}) mit Disziplinarstrafen (Verweis, Strafdienst, Entziehen der freien Verfügung über die Besoldung, Ausgangsbeschränkung, Geldstrafe, Arrest, gegen Gefreite und Obergefreite auch Dienstgradherabsetzung) bestrafen. Derartige Disziplinarübertretungen sind z. B.: einfache Achtungsverletzung (arg. § 89 MStGB.); Belügen eines Vorgesetzten (früher § 90); Nichtbefolgung eines dienstlichen Befehls, falls dadurch weder ein erheblicher Nachteil verursacht, noch durch Wort oder Tat der Gehorsam verweigert wird, noch der Täter „im Ungehorsam beharrt" (arg. §§ 92, 94); fahrlässige Körperverletzung von Untergebenen (arg. § 122); Beschädigung von Dienstgegenständen ohne erheblichen Nachteil (arg. § 137).

Die „Fahnenflucht" (§ 69) unterscheidet sich von der unerlaubten Entfernung durch die besondere Absicht des Täters, sich dem Dienst in der Wehrmacht für immer oder für die Dauer eines Krieges zu entziehen, oder seine Ausstoßung aus dem Heere zu erreichen. Auf die tatsächliche Dauer des Fernbleibens von der Truppe kommt es bei ihr nicht an.

„Zu seiner Entlastung führt der Beschuldigte an, er habe beabsichtigt sich Geld zur Bezahlung des *Meinecke* und zur Schadloshaltung des *Kleist* von seiner Braut *Marga Rottig* geben zu lassen, die es ihm ohne Weiteres zur Verfügung gestellt haben würde."

Die nachträgliche Zahlung beseitigt weder den begangenen Diebstahl noch den Betrug. Vgl. S. 980; Zechprellerei ist ein Spezialfall des Kreditbetruges.

„Beweismittel:

I. Eigene Angaben des Beschuldigten.

II. Zeugnis: a) des Schützen *Philipp Kleist* in Breslau-Carlowitz, Infanterie-Kaserne,
b) des Gastwirts *Anton Meinecke* in Schandau, Hotel ‚Brauner Hirsch',
c) der Krankenpflegerin *Marga Rottig* in Pirna.

Richter I
Kriegsgerichtsrat."

Der Verfasser der Anklageschrift vertritt in der Regel später vor dem Kriegsgericht die Anklage (§ 177 II MStGO.). Er kann auch vorher als Untersuchungsführer tätig gewesen sein. —

Anklageschrift und Anklageverfügung werden dem Beschuldigten zu Protokoll bekannt gemacht mit der Aufforderung, sich rechtzeitig zu erklären, welche Anträge er für seine Verteidigung zu stellen habe. Abschriften werden ihm ausgehändigt (§ 178). Damit gilt die Anklage als erhoben, und Wasmund wird von jetzt ab als „Angeklagter" bezeichnet (§ 180). Vgl. die verwandten Fälle im bürgerlichen Strafprozeß S. 871.

Hauptverhandlung.

„Öffentliche Sitzung
des Kriegsgerichts
des III. Wehrkreises.
Str.P.L. Nr. 25/36. IV.

Breslau, den 20. Juli 1936.

Gegenwärtig
als Richter:
1. Kriegsgerichtsrat *Richter II*,
Verhandlungsleiter,
2. Major *Recke*,
3. Obergefreiter *Helm*,

als Vertreter der Anklage:
Kriegsgerichtsrat *Richter I*,

als Urkundsbeamter der Geschäftsstelle:
Heeres-Justizsekretär *Urkund*."

Das Kriegsgericht ist iudicium parium: kein Beisitzer darf im Range unter dem Angeklagten stehen, und mindestens einer der Beisitzer muß der gleichen Rangklasse wie er angehören. Hieraus ergibt sich die kasuistische Regelung der Zusammensetzung des Kriegsgerichts in §§ 21—24. Gefreite und Obergefreite zählen nicht zur Rangklasse der „Unteroffiziere", sondern zu den „Mannschaften" (Verzeichnis der Rangklassen in der Anlage zum MStGB.). Sind Soldaten verschiedener Rangklassen zusammen angeklagt, so entscheidet der Rang des höchsten unter ihnen (§ 29 MStGB.). Auf dem gleichen Gedanken unbedingter Wahrung der militärischen Autorität beruht es, daß Soldaten der Zutritt zu öffentlichen Kriegsgerichtsverhandlungen nur insoweit gestattet wird, als sie im Range nicht unter dem Angeklagten stehen (§ 209). Ferner darf die Vorführung Festgenommener nur durch Personen mindesten gleichen Ranges erfolgen. AusfBest. (oben S. 1033 Anm. 1) zu §§ 92^{II}, 188^{I}.

Der Kriegsgerichtsrat ist „Verhandlungsleiter", nicht „Vorsitzender". Das frühere Recht unterschied noch zwischen dem dienstältesten Offizier, der als Vorsitzender dem Gerichtshof präsidierte, jedoch die sachliche Leitung, gewissermaßen aus technischen Gründen, dem verhandlungsführenden Kriegsgerichtsrat überließ. Heute gibt es keinen besonderen Vorsitzenden in diesem Sinne mehr. Aber die Mannszucht der Soldaten in der Sitzung hat — auf Grund seiner Befehlsgewalt — der dienstälteste Offizier zu wahren, während im übrigen die Aufrechterhaltung der Ordnung dem Kriegsgerichtsrat als Verhandlungsleiter obliegt (§ 211 MStGO.). Auch insofern kommt dem dienstältesten Offizier eine Sonderstellung zu, als er das Hauptverhandlungsprotokoll mit unterzeichnet (§ 250, vgl. unten S. 1041).

Der Gerichtsherr ist von der Teilnahme an der Hauptverhandlung ausgeschlossen! (§ 195).

„In der Strafsache

gegen den Schützen *Gustav Wasmund* 9/J.R. 7

wegen militärischen Diebstahls usw.

rief der Verhandlungsleiter den Angeklagten, den Verteidiger, die Zeugen und Sachverständigen auf. Es waren erschienen:

1. der Angeklagte

und der Verteidiger RA. *Weiß* aus Breslau."

Außer Anwälten, die bei einem deutschen Gericht zugelassen sind, können Offiziere, richterliche Militärjustizbeamte, die bei den Militärgerichten beschäftigten Assessoren und Referendare sowie Wehrmachtsbeamte im Offiziersrang als Verteidiger fungieren (§ 260). Hiervon wird besonders bei Offizialverteidigungen (§§ 257, 258) gern Gebrauch gemacht.

„2. als Zeuge:

Gefreiter *Kleist* 9/J.R. 7.

Der Verhandlungsleiter verlas die Namen der zur Hauptverhandlung berufenen Richter, machte den Angeklagten auf die Bestimmung des § 47^{I} MStGO. aufmerksam und nahm die Vereidigung der vorstehend unter 2 und 3 aufgeführten Richter vor."

Vgl. §§ 20^{III}, 32f. (nebst AusfBest.), 217, 218. Wenn auch das Kriegsgericht nur auf Berufung des Gerichtsherrn für den einzelnen Fall zusammentritt, so ist seine Zusammensetzung doch keine willkürliche. Vielmehr wird dem Grundsatz Rechnung getragen, daß niemand seinem gesetzlichen Richter entzogen werden soll. Es besteht eine Jahresliste für die Beisitzer der verschiedenen Rangklassen, aus der sie, wenn keine besonderen Hinderungsgründe vorliegen, der Reihe nach einberufen werden; für das seltene Verfahren gegen Stabs- und höhere Offiziere findet Auslosung statt.

Das weitere Verfahren (§§ 219f.) entspricht im Großen und Ganzen der Hauptverhandlung des bürgerlichen Strafprozesses:

„Alsdann machte er den Zeugen mit dem Gegenstand der Untersuchung und der Person des Angeklagten bekannt und hielt ihm die Bedeutung des Eides vor. Hierauf ließ er den Zeugen abtreten.

Der Angeklagte, über die persönlichen Verhältnisse vernommen, bestätigte die Richtigkeit des verlesenen Stammrollenauszuges.

Der Vertreter der Anklage verlas die Anklageverfügung vom 29. Juni 1936.

Der Angeklagte, befragt ob er etwas auf die Anklage erwidern wolle, erklärte:

....

Der Zeuge wurde hierauf vorgerufen und wie folgt vernommen:

Zeuge *Kleist*:

Z.P.:..........

Z.S.:..........

Der Zeuge wurde vereidigt."

§ 117 (Nacheid!) Das Gericht kann einen Zeugen unvereidigt lassen, wenn es — einstimmig — die Aussage für unerheblich oder für offenbar unglaubhaft hält, oder wenn auch unter Eid keine erhebliche oder keine wahre Aussage zu erwarten ist. Trotz Unerheblichkeit muß auf Antrag des Anklagevertreters, Angeklagten oder Verteidigers die Vereidigung stattfinden. § 220^{V}.

„Nach Anhörung des Anklagevertreters, des Angeklagten und des Verteidigers wurde der

Beschluß

verkündet:

Es soll das Protokoll über die amtsgerichtliche eidliche Vernehmung des Zeugen *Meinecke* und die gemäß §§ 108^{1}, 121^{I} MStGO. uneidlich erfolgte Vernehmung der Zeugin *Rottig* verlesen werden, weil das Erscheinen der Zeugen in der Hauptverhandlung wegen großer Entfernung besonders erschwert sein würde und die Vorschriften der §§ $86^{III,IV}$, 192, 193 über Benachrichtigungen und Beeidigung beobachtet sind.

Hierauf wurde das Protokoll d.d. Pirna, den 8. Juli 1936 verlesen."

Angeordnet und herbeigeführt wird die kommissarische Vernehmung durch den Gerichtsherrn, der dabei die Wahl hat, ob er einen richterlichen Militärjustizbeamten beauftragen oder ein Amtsgericht ersuchen will (§ 16 EG., § 192 MStGO.). Das Kriegsgericht ist aber nicht gehindert, den bereits kommissarisch vernommenen Zeugen trotzdem, dem auch hier herrschenden Unmittelbarkeitsprinzip (§ 224, vgl. für die allgemeinen Strafgerichte S. 983f.) entsprechend, nochmals in der Hauptverhandlung zu vernehmen.

„Nach der Vernehmung des Zeugen sowie nach der Verlesung eines jeden Schriftstücks wurde der Angeklagte befragt, ob er etwas zu erklären habe.

Nunmehr erhielten der Vertreter der Anklage und sodann der Angeklagte und der Verteidiger zu ihren Ausführungen und Anträgen das Wort.

Der Vertreter der Anklage beantragte:

....

Der Angeklagte — Verteidiger — beantragte:

....

Der Angeklagte hatte das letzte Wort.

Das Gericht zog sich nunmehr zur Urteilsberatung und Abstimmung zurück."

Im Bereich des GVG. gilt der bekannte Grundsatz, daß der Berichterstatter die Abstimmung eröffnet, der Vorsitzende sie schließt (§ 197). Beim Kriegsgericht stimmt der Verhandlungsleiter zuerst! (§ 244 MStGO.). Er wird also in dieser Beziehung gewissermaßen als juristischer Sachverständiger des Kollegiums, dem Berichterstatter vergleichbar, behandelt. Daß im übrigen das Dienstalter (nicht der Rang), und bei gleichem Dienstalter das Lebensalter maßgebend ist und daß der jüngere vor dem älteren abzustimmen hat, entspricht den Prinzipien des GVG. Besonderheit für das mit 7 Richtern besetzte Oberkriegsgericht: § 310 III S. 2 MStGO.

„Nach Rückkehr des Gerichts in den Sitzungssaal verkündete der Verhandlungsleiter durch Verlesen der Urteilsformel und Eröffnung des wesentlichen Inhalts der Urteilsgründe in Anwesenheit des Angeklagten folgendes Urteil:

Im Namen des Deutschen Volkes![3])

Der Angeklagte wird wegen militärischen Diebstahls, unerlaubter Entfernung und Betruges zu einer Gesamtstrafe von 3 Monaten Gefängnis verurteilt."

Die Kosten des Verfahrens fallen auch im Falle der Verurteilung der Militärjustizverwaltung zur Last (§ 380 I), was man damit rechtfertigt, daß Soldaten infolge der zahlreichen militärischen Strafbestimmungen und des engen Zusammenlebens in der Truppe mehr als Zivilpersonen der Gefahr strafrechtlicher Verfolgung ausgesetzt seien und daß außerdem der Versuch der Kosteneinziehung meist praktisch nicht lohnen würde. Die Kosten des Wahlverteidigers hat der Angeklagte selbst zu tragen (§ 380 II).

„Der Verhandlungsleiter belehrte den Angeklagten über die Zulässigkeit der Berufung, die dabei einzuhaltende Frist und den einzuschlagenden Weg."

Gegen die im mobilen Verfahren ergangenen Urteile („Feld-" und „Bordurteile") gibt es kein Rechtsmittel. Dafür bedürfen sie, um rechtskräftig und vollstreckbar zu werden, einer besonderen „Bestätigung". Wem im Einzelnen das Bestätigungsrecht zusteht, bestimmt der Führer und Reichskanzler, der oberste Befehlshaber der Wehrmacht (§ 3 WehrG.). Die Bestätigung ist keine bloß formale, sondern sie beruht auf sorgfältigster Nachprüfung des ganzen Verfahrens: Der Gerichtsherr muß den Verurteilten über seine Einwendungen gegen das Urteil vernehmen lassen, und in den wichtigeren Fällen hat ein richterlicher Militärjustizbeamter ein Rechtsgutachten zu erstatten. Der zuständige Befehlshaber kann eine Vervollständigung der Untersuchung anordnen, und er kann das Urteil (auch wenn es auf Freispruch lautet!) aufheben, was zur Folge hat, daß die Berufung eines neuen erkennenden Gerichts zu veranlassen ist. Vgl. §§ 336 f. MStGO. Hier greift also ein militärischer Befehlshaber (es braucht nicht notwendig der Gerichtsherr zu sein) unmittelbar in die Rechtsprechung ein.

„Der Angeklagte erklärte:
Ich behalte mir meine Entschließung vor.

Richter II	*Recke*	*Urkund*
Kriegsgerichtsrat als Verhandlungsleiter.	dienstältester Offizier.	Heeresjustizsekretär als Urkundsbeamter der Geschäftsstelle."

Das Urteil wird von sämtlichen mitwirkenden Richtern, auch den Beisitzern, unterschrieben (§ 255 II).

[3]) Erstes Ges. z. Überleitung d. Rechtspflege auf das Reich vom 16. Februar 1934 (RGBl. I 91), Art. I.

Die **Vollstreckung des Urteils** ist vom Gerichtsherrn erster Instanz anzuordnen und in der Regel durch die militärischen Behörden auszuführen. Scheidet aber der Verurteilte auf Grund des Urteils aus dem Heere aus, z. B. weil auf Zuchthaus oder auf Sicherungs- und Besserungsmaßnahmen erkannt und er dadurch wehrunwürdig (§ 13 WehrG.) geworden war, so geht die Strafvollstreckung auf die allgemeinen Vollstreckungsbehörden über. Gleiches gilt, wenn Todesstrafe wegen eines nicht-militärischen Verbrechens ausgesprochen und demgemäß nicht durch Erschießen, sondern durch Enthaupten zu vollziehen ist. §§ 365^{I}, 366, 367, 369^{III}, 369a MStGO., dazu StrafVollstrVorschr. vom 27. November 1933 (RGBl. II 979). Die als Grundlage der Strafvollstreckung dienende, mit Bescheinigung der Vollstreckbarkeit versehene beglaubigte Abschrift der Urteilsformel (vgl. S. 875) stellt immer der Urkundsbeamte des Kriegsgerichts aus (§ 365^{II} MStGO.).

Freisprechung wegen Ausführung eines Befehls in Dienstsachen.

Unteroffizier Mühlmann vom 2. Zuge der Fahrabteilung III ist von der Anklage der fahrlässigen Transportgefährdung in Tateinheit mit Übertretung straßenpolizeilicher Vorschriften freigesprochen worden. Die Gründe des Kriegsgerichtsurteils lauten:

„Die Anklage legt dem Angeklagten zur Last:

am 13. Mai 1936 nach Eintritt der Dunkelheit auf der Straße von Breslau-Carlowitz nach Nieder-Reichenau mit unbeleuchteten Wagen gefahren zu sein

und durch die selbe Handlung einen Transport auf einer Eisenbahn, den Zug Nr. 544 A der Eisenbahnstrecke Maltsch-Obernigk, fahrlässiger Weise in Gefahr gesetzt zu haben, indem er auf der Fahrbahn ein Hindernis bereitete.

Vergehen und Übertretung gegen §§ 73, 315, 316 StGB., 29^{II}, 36 ReichsStraßVerkO. vom 28. Mai 1934 (RGBl. I 455).

Die Hauptverhandlung hat folgenden Sachverhalt ergeben:

Am 13. Mai 1936 nachmittags gegen 18½ Uhr erhielt der Angeklagte vom Wachtmeister *Rappard* den Befehl, sofort mit 4 Fahrzeugen Gerätschaften und Materialien vom Pionier-Lagerschuppen in Breslau-Carlowitz abzuholen und nach dem Übungswerk Sandberg zu schaffen. Um 20 Uhr war das Aufladen beendet und der Transport setzte sich in Bewegung. Der vorderste Wagen führte am Kopf eine Laterne, aber kein Schlußlicht, der letzte Wagen keine Kopflaterne sondern bloß Schlußlicht, die beiden mittleren waren ganz unbeleuchtet. Fahrer *Benecke*, der den zweiten Wagen fuhr, hatte Kopflaterne und Schlußlicht anzünden wollen, der Angeklagte rief ihm aber zu: ‚weg mit der Beleuchtung, der Wachtmeister will es nicht haben, nur eine Laterne am ersten Wagen und am letzten das Schlußlicht.' Zunächst war das Wetter klar und der Mond am Himmel, doch zogen nach etwa einer Stunde Wolken auf und es begann zu regnen und zu stürmen. Bis zur Nimsdorfer Weidebrücke fuhren die Fahrzeuge dicht hinter einander. An der Brücke entstand, da mehrere Lastkraftwagen entgegenkamen, zwischen den beiden ersten Wagen und den beiden letzten ein Zwischenraum, der sich hinter der Brücke durch weitere Hindernisse bis auf 200 Meter vergrößerte. Der Angeklagte, der zwischen den Wagen hin- und herritt, trieb die beiden hinteren Wagen zur Eile. Um 22¾ Uhr kam man an die offene, unbewachte und unbeleuchtete Kreuzung der Straße Nimsdorf-Nieder-Reichenau mit der Eisenbahnlinie Maltsch-Obernigk. Der erste und zweite Wagen hatten den Übergang bereits passiert, während der dritte und der vierte in einer Entfernung von 120 bis 150 Metern folgten. Plötzlich überholte ein Motorradfahrer in sehr schnellem Tempo diese beiden Wagen, wobei sein Motor laut knatterte und puffte. Die Pferde des dritten Wagens bäumten sich auf, jagten, ohne daß der Fahrer sie halten konnte, vorwärts bis zur Bahnkreuzung und drehten dort nach rechts. Die Stränge verwirrten sich, und der Wagen kam gerade zwischen den Schienen zum Stehen. Die Mannschaften sprangen augenblicklich ab, beruhigten die Pferde und brachten das Geschirr wieder in Ordnung. Das dauerte 2 oder 3 Minuten. Bevor der Wagen weiterfahren konnte, kam auf dem Bahngleis der Zug Nr. 544 A angefahren, der fahrplanmäßig schon um 22 Uhr 10 Minuten im Bahnhof Nieder-Reichenau hätte sein müssen, sich aber um eine halbe Stunde verspätet hatte. Als der Straßenübergang in den Lichtkreis der Lokomotive kam, bemerkte der Lokomotivführer das Hindernis, bremste sofort und gab Gegendampf, so daß der Eisenbahnzug wenige Meter vor der Kreuzung hielt. Irgend ein Schaden an Menschen oder Sachen ist nicht entstanden.

Hiernach ist der äußere Tatbestand sowohl der verkehrspolizeilichen Übertretung wie der Transportgefährdung erfüllt. Die Bestimmung des § 32I ReichsStraßVerkO., daß Wehrmacht, Polizei und Feuerwehr, soweit die Erfüllung ihrer hoheitlichen Aufgaben es erfordert, von den Vorschriften befreit sind, kann nicht zur Anwendung gelangen, weil es sich weder um ein Manöver noch um eine Übungsfahrt, sondern um einen gewöhnlichen Transport handelte, den kriegsmäßig auszuführen kein Anlaß bestand. Gegenüber der Beschuldigung der Transportgefährdung macht der Angeklagte geltend, daß ausschließlich das, von ihm nicht zu vertretende, Scheuwerden der Pferde in Verbindung mit der, ebenfalls nicht von ihm verschuldeten und voraussehbaren, Zugverspätung die Gefahr eines Zusammenstoßes herbeigeführt habe und daß durch die vorgeschriebenen schwachen Wagenlaternen nichts geändert worden wäre. Indessen ist der Lichtschein solcher Laternen in der Dunkelheit erfahrungsgemäß auf Hunderte von Metern zu erkennen. Die Bahnstrecke verläuft an der Kreuzungsstelle gradlinig und wenn wirklich sich der Vorfall in gleicher Weise abgespielt, aber an dem Wagen Laternen gebrannt hätten, so würde der Lokomotivführer diese aus größerer Entfernung erkannt und viel früher gebremst haben. Die von der ReichsStraßVerkO. verlangte Wagenbeleuchtung soll nicht bloß die Gefahr des Zusammenstoßes mit anderen Benutzern der Straße, sondern, wenn ungesicherte Bahnübergänge vorhanden sind, auch diejenige des Zusammenstoßes mit der Eisenbahn beseitigen oder verringern. Daß außer dem Fehlen der Beleuchtung das Durchgehen der Pferde und die Verspätung des Zuges mit im Spiele waren, ändert nichts. Haben mehrere Bedingungen zum Eintritt eines Erfolges mitgewirkt, so ist jede von ihnen als Ursache anzusehen."

Vgl. S. 479/81, 874.

„Weiter verteidigt sich der Angeklagte mit der Behauptung, Wachtmeister *Rappard* habe ihm bei Übertragung des Transports in der Schreibstube des zweiten Zuges die Nichtbeleuchtung der beiden mittleren Wagen ausdrücklich anbefohlen mit den Worten: ‚Lassen Sie am ersten Wagen eine Stirnlaterne und am letzten ein Schlußlicht anbringen, wir wollen die Sache etwas kriegsmäßig machen'. Ob dieser Befehl wirklich erteilt wurde, läßt sich nicht mehr einwandfrei feststellen, da Wachtmeister *Rappard* am 15. Mai in Urlaub gegangen, dort an Lungen- und Brustfellentzündung erkrankt und am 10. Juli gestorben ist, ohne daß seine vorherige Zeugenvernehmung möglich gewesen wäre. Als dem Wachtmeister am 14. Mai von dem in letzter Minute glücklich verhinderten Unfall erzählt und dabei mitgeteilt wurde, daß der Angeklagte sich zu seiner Entlastung auf den ihm erteilten Befehl berufe, hat er, wie die Zeugen *Auer* und *Buttler* bekunden, erwidert: ‚Ich werde doch dem *Mühlmann* nicht so einen Quatsch befehlen, daß er nicht beleuchten läßt, wenn die Wagen auseinandergerissen werden.' Das spricht dafür, daß er dem Angeklagten die von diesem behauptete Weisung gegeben hat, aber der Meinung war, daß sie nur gelte, so lange die Fahrzeuge in kurzen Abständen hintereinander fuhren. Ferner steht durch die Aussage des Zeugen *Beinhorn* fest, daß Wachtmeister *Rappard* bei einem von ihm selbst geleiteten größeren Transport ebenfalls befohlen hatte, nur den ersten Wagen am Kopf zu beleuchten und dem hintersten ein Schlußlicht zu geben. Der Angeklagte ist nach den übereinstimmenden Äußerungen seiner Vorgesetzten ein ehr- und wahrheitsliebender Soldat und im Dienst besonnen und vorsichtig. Deshalb hat das Kriegsgericht seinen Angaben vollen Glauben geschenkt.

Daraus folgt rechtlich, daß der Angeklagte, als er das Anzünden der Laternen an den beiden mittleren Wagen untersagte, damit einen ihm erteilten Befehl in Dienstsachen ausgeführt hat. Nach § 47 MStGB. ist in einem derartigen Falle für die Verletzung von Strafgesetzen der befehlende Vorgesetzte allein verantwortlich, es sei denn, daß der Untergebene den ihm erteilten Befehl überschritten oder aber gewußt hat, daß der Befehl des Vorgesetzten eine Handlung betraf, welche ein bürgerliches oder militärisches Vergehen oder Verbrechen bezweckte. Die zweite Möglichkeit scheidet von vornherein aus. Auch eine Befehlsüberschreitung liegt nicht vor. Hat Wachtmeister *Rappard*, wie unterstellt werden muß, seinen Befehl mit den von dem Angeklagten behaupteten Worten gegeben und lediglich in seinem Inneren gedacht, daß bei unvorhergesehenen Störungen, z. B. bei einer Zerreißung des Transports, alle Wagen zu beleuchten seien, so würde der Angeklagte den Befehl zwar falsch ausgelegt, nicht jedoch überschritten haben. Aus der vielleicht unsachgemäßen, aber sicherlich gutgläubigen, buchstäblichen Befolgung des Befehls darf ihm kein Vorwurf gemacht werden: sie entspricht den Belangen der militärischen Disziplin besser, als wenn der Untergebene glaubt an den Worten des Vorgesetzten herumdeuteln zu dürfen, und in den Befehl Ausnahmen hineininterpretiert, von denen dieser nichts besagt.

Da der Angeklagte somit weder der Übertretung noch der fahrlässigen Transportgefährdung schuldig ist, war er freizusprechen.

(folgt Begründung der Kostenentscheidung und die Unterschriften)"

Von den im allgemeinen Teil des MStGB. für strafbare Handlungen von Militärpersonen aufgestellten Eigentümlichkeiten des Militärstrafrechts gelten einige bloß für militärische Delikte (§ 50: keine Rücksicht auf jugendliches Alter, § 51: kein Strafantrag), andere für dienstliche Handlungen im Allgemeinen oder gewisse Gruppen davon (§ 49 I: Verletzung dienstlicher Pflichten aus Furcht vor persönlicher Gefahr wird als Vorsatz bestraft, § 49 II: selbstverschuldete Trunkenheit wirkt bei strafbaren Handlungen gegen die Pflichten der militärischen Unterordnung sowie bei anderen in Ausübung des Dienstes begangenen strafbaren Handlungen nicht strafmildernd, § 55 2: allgemeine Strafschärfung, wenn Straftaten unter Mißbrauch der Waffen oder der dienstlichen Befugnisse oder während der Ausübung des Dienstes begangen werden), andere allgemein (§ 48: keine Berufung auf Gewissenszwang oder Religionsvorschrift, § 55 1, 3: allgemeine Strafschärfung beim Zusammenwirken von Vorgesetzten mit Untergebenen oder unter Zusammenrottung oder vor einer Menschenmenge). Das Anwendungsgebiet des § 47 erstreckt sich sowohl auf militärische wie auf bürgerliche Strafdelikte, vorausgesetzt wird lediglich, daß ein Befehl in Dienstsachen ausgeführt wurde.

§ 47 soll den militärischen Gehorsam sichern. Deshalb stellt die Rechtsprechung an die Ausnahmen, besonders Ziff. 2 (Verbrechen oder Vergehen), strenge Anforderungen. Der Untergebene muß die positive Gewißheit gewonnen haben, daß der Befehl objektiv die Ausführung eines Verbrechens oder Vergehens zum Gegenstand habe und daß der Vorgesetzte ein solches Verbrechen oder Vergehen auch subjektiv bezwecke. Es genügt nicht, wenn er Zweifel an der Rechtmäßigkeit des Befehls hatte oder wenn er sich hätte sagen müssen, daß der Befehl auf etwas Verbotenes gerichtet sei. Nachforschungen oder Erwägungen hierüber anzustellen, ist er nicht verpflichtet. RMilG. 8, 140; 13, 180. — Sind mehrere einander widersprechende Befehlte erteilt, so muß der letzte befolgt werden. RMilG. 7, 84. — Handeln Vorgesetzte und Untergebene auf Grund gemeinsamer Vereinbarung (wie in dem Falle RMilG. 1, 61, wo der zum Scheibendienst kommandierte Unteroffizier mit seinen Leuten wahrheitswidrig günstige Schießergebnisse angezeigt hatte, um den Ablauf des Schulschießens zu beschleunigen), so war das Vorgesetztenverhältnis auf die Straftat des Untergebenen ohne Einfluß und § 47 bleibt außer Anwendung. Die Beteiligten werden dann als Mittäter bestraft, wobei den Vorgesetzten erhöhte Strafe nach § 55¹ trifft.

Der Referendar: Werden auch Beamte durch den Befehl ihres Vorgesetzten gedeckt, wenn sie durch Ausführung dienstlicher Anordnungen ein Strafgesetz übertreten?

Der Richter: Das bürgerliche Strafrecht hat für Beamte keine dem § 47 entsprechende Vorschrift, doch gelangen wir auf Grund allgemeiner Erwägungen zu einem ähnlichen Ergebnis. Damit der staatliche Verwaltungsapparat ordnungsmäßig funktioniert, muß der Beamte davor geschützt sein wegen Ausführung einer dienstlichen Anweisung zur Verantwortung gezogen zu werden. War der Befehl des Vorgesetzten rechtmäßig, so wird die Handlung des Untergebenen durch ihn objektiv gerechtfertigt. War er es nicht, so bleibt die Handlung des Untergebenen widerrechtlich, so daß Notwehr gegen sie stattfinden kann, aber der erhaltene Befehl bildet für den Beamten (nicht auch für etwaige Mittäter oder Gehilfen) einen subjektiven Entschuldigungsgrund im Sinne der Systematik oben S. 1013. Blinder Gehorsam wird von dem Beamten nicht verlangt. Man sagt gewöhnlich, daß er die formelle Zuständigkeit des befehlenden Vorgesetzten nachzuprüfen habe, während die Prüfung der sachlichen Rechtmäßigkeit zwar sein Recht, aber nicht seine Pflicht sei. Hält der Beamte einen materiell ungerechtfertigten Befehl für rechtmäßig, so wird ihm das fast immer verziehen werden können; unverzeihlich ist dagegen, wenn er einen rechtmäßigen Befehl als widerrechtlich betrachtet und den Gehorsam zu Unrecht verweigert, der Beamte handelt alsdann auf eigene Gefahr. RGSt. 6, 433; 54, 337; 55, 151; 56, 412; 58, 193; Leipz. Komm. Einführ. § 5 zu B 11; Liszt-Schmidt § 33 zu II 1a, § 35 zu I 3 mit Anm. 1, § 42 zu V; Mayer Lehrb., Kap. 7 zu B II 1 u. 2; Frank Vorbem. III zum 4. Abschnitt. — Was die disziplinarische Beurteilung anlangt, so ist zu berücksichtigen: Bei einzelnen Richterkategorien wird die Disziplinarbestrafung an die Voraussetzung rechtskräftiger Verurteilung im Strafverfahren wegen entehrender Handlungen oder zu mehr als einjähriger Freiheitsstrafe geknüpft (Reichsgerichtsräte: § 126 GVG., Mitglieder des preußischen Oberverwaltungsgerichts: § 21 pr. Ges. betr. die Verfassung der Verwaltungsgerichte und das Verwaltungsstreitverfahren vom 3. Juli 1875, GS. 315, Mitglieder des Reichsfinanzhofs: § 56^{II} AbgO.), im übrigen kann sie schon dann stattfinden, wenn der Beamte die ihm durch sein Amt auferlegten Pflichten verletzt oder sich durch sein Verhalten in oder außer dem Amte der Achtung, des Ansehens oder des Vertrauens, welche sein Beruf erfordert, unwürdig gezeigt hat. §§ 10, 72 RBeamtG. vom 18. Mai 1907 (RGBl. 245), § 2 pr. BeamtDienstStO. vom 27. Januar 1932 (GS. 59), § 1 pr. DienstStO. f. d. richterlichen Beamten vom 27. Januar 1932 (GS. 79). Infolge dieser elastischen Fassung der Disziplinarvorschriften ist es möglich, daß eine Handlung, die strafrechtlich als entschuldigt gilt, trotzdem im Dienststrafverfahren geahndet wird, und die Verweigerung des Gehorsams wegen Bedenken gegen die Rechtmäßigkeit eines Befehls geht disziplinarisch noch mehr als strafrechtlich auf Gefahr des weigernden Beamten. Hat der Untergebene solche Bedenken, so soll er möglichst seine Zweifel der vorgesetzten Behörde mitteilen und ist, wenn diese auf der erteilten Anordnung besteht, gedeckt, außer wenn etwa die Gesetzwidrigkeit geradezu in die Augen springt: denn ein rechtswidriger Befehl wird durch Wiederholung nicht zu einem rechtmäßigen, und der Beamte kann sich nicht durch Scheinvorstellungen von seiner Verantwortlichkeit befreien. OVG. 26, 412; 52, 436; 78, 448; Brand § 163 zu 2c, 3.

Referendar: Und die zivilrechtliche Verantwortlichkeit?

Richter: Für das Zivilrecht hat die Frage kein erhebliches Interesse. Es handelt sich meist um Ausübung öffentlicher Gewalt, so daß für Amtspflichtverletzungen an Stelle des Beamten der Staat haftet (S. 64/65). Ob die Staatshaftung aus dem Verschulden des befehlenden Vorgesetzten oder des den Befehl befolgenden Untergebenen hergeleitet wird, kommt praktisch auf das selbe hinaus.

Fünfte Abteilung:

Arbeits-, Steuer- und Verwaltungssachen. Rechtsanwaltschaft, Oberlandesgericht.

24. Kapitel.

Beim Arbeitsgericht.

Urteil über Tarifansprüche.

„Im Namen des Deutschen Volkes!

Geschäftsnummer: 3 Ca 125/36.[1])
Verkündet am 3. August 1936.
Urkund
als Urkundsbeamter der Geschäftsstelle.

In Sachen
des Rentners *Martin Gebert* in Chemnitz, Plauener Straße 13,
Klägers,
Prozeßbevollmächtigter: RA. *Schwarz*, Breslau,
gegen den Kaufmann *Paul Hertwig*, Grammophon- und Radiohaus in Breslau, Taschenstraße 39,
Beklagten,
Prozeßbevollmächtigter: Buchhalter *Ernst Veith* in Breslau",

Früher waren Rechtsanwälte von der Vertretung bei den Arbeitsgerichten erster Instanz gänzlich ausgeschlossen. Zur Rechtfertigung führte man bald das Unmittelbarkeitsprinzip, bald die Befürchtung an, daß sonst der zahlungsfähige Unternehmer sich der Hilfe eines Anwalts bedienen und dadurch gegenüber dem wirtschaftlich schwächeren Arbeiter prozessual in Vorteil kommen würde. Im Grunde handelte es sich um einen „indirekten Organisationszwang": durch das Vertretungsmonopol der Verbandssyndizi und Gewerkschaftssekretäre sollte auf die Arbeitgeber und (vor allem) Arbeitnehmer ein Druck zum Beitritt ausgeübt werden und den Gewerkschaften zu Liebe wurde dieses Bestreben von den politischen Parteien unterstützt. Mit Schaffung der Deutschen Arbeitsfront haben sich die Dinge grundlegend geändert. Jetzt läßt § 11^1 AGG. (Fassung dieses Absatzes vom 20. März 1935, RGBl. I 386, im Übrigen ist das Gesetz durch Bekanntmachung vom 10. April 1934, RGBl. I 319, neu gefaßt) als Prozeßbevollmächtigte oder Beistände zu: 1. Leiter und Angestellte der — für Unternehmer und Beschäftigte getrennten — Rechtsberatungsstellen der Arbeitsfront, 2. Rechtsanwälte, die von der Deutschen Arbeitsfront im Einzelfall zur Vertretung einer Partei ermächtigt sind, 3. falls Vertretung durch die DAF-Rechtsberatungsstellen nicht in Betracht kommt (Rechtsnachfolger, die der

[1]) § 37 AktO. für die deutschen Justizbehörden vom 28. November 1934 (Beilage zur „Deutschen Justiz"), welche an Stelle der früheren GeschO. (S. 85) getreten ist, mit Muster 19 und 24 der Anlage. Arbeitsgerichtliche Zahlungsbefehle erhalten das Aktenzeichen Ba, Berufungssachen des Landesarbeitsgerichts das Aktenzeichen Sa. Einen arbeitsgerichtlichen Urkunden- oder Wechselprozeß gibt es nicht (§ 46 S. 3 AGG.).

Arbeitsfront nicht angehören, Nichtarier), mit Zustimmung des Vorsitzenden des Arbeitsgerichts Rechtsanwälte und sonstige geeignete Personen. Im Übrigen sind Personen, welche die Besorgung fremder Rechtsangelegenheiten geschäftsmäßig betreiben, ausgeschlossen. Über nicht geschäftsmäßige Prozeßbevollmächtigte und Beistände ist nichts Besonderes bestimmt, so daß gegen das Auftreten von Angestellten der Partei oder von Gefälligkeitsvertretern keine Bedenken bestehen.

Für die Landesarbeitsgerichte und das Reichsarbeitsgericht gilt Anwaltszwang ohne Lokalisierungszwang, d. h. es kann jeder bei irgend einem deutschen Gericht zugelassene Rechtsanwalt (ähnlich wie im Strafprozeß als Verteidiger) auftreten. Dagegen werden die Rechtswalter der Deutschen Arbeitsfront in diesen Instanzen nicht zugelassen (§ 11^{II}).

„wegen Gehaltsforderung

hat das Arbeitsgericht, 3. Kammer, in Breslau auf die mündliche Verhandlung vom 3. August 1936 durch den Amtsgerichtsrat *Richter* als Vorsitzenden und die Arbeitsrichter *Hellwig* und *Pietsch* als Beisitzer für Recht erkannt:

Der Beklagte wird verurteilt, an den Kläger 219 *RM* (i. W.) nebst 4% Zinsen seit 28. Juni 1936 zu zahlen.

Mit der Mehrforderung wird der Kläger abgewiesen.

Von den Kosten des Rechtsstreits hat der Kläger $^1/_6$, der Beklagte $^5/_6$ zu tragen.

Der Wert des Streitgegenstandes wird auf 280 *RM* festgesetzt.

Gegen das Urteil findet kein Rechtsmittel statt.

Tatbestand.

Durch schriftlichen Vertrag vom 22. Dezember 1934 hat der Beklagte die kinderlose Witwe des Grundstücksvermittlers *Fritz Laufer*, Frau *Selma Laufer* geb. *Mix*, vom 1. Januar 1936 ab als Leiterin seiner neuerrichteten Filiale in Breslau, Gräbschenerstraße 239 angestellt und ihr als Vergütung unter Ausschluß fester Bezüge 10% Umsatzprovision der verkauften Sprechapparate und 6% der verkauften Schallplatten und Radioartikel zugesagt. Der Kläger, dem gegen die Eheleute *Laufer* eine ausgeklagte Darlehnsforderung von 1000 *RM* nebst Zinsen und Kosten zusteht, hat durch Beschluß des hiesigen Amtsgerichts vom 26., zugestellt am 29. März 1936, ‚die Vergütungsansprüche der Schuldnerin *Selma Laufer* an den Beklagten für ihre Tätigkeit in dessen Filiale Gräbschener Str. 239‘ in Höhe von zwei Dritteln des die Summe von monatlich 150 *RM* übersteigenden Betrages pfänden und sich zur Einziehung überweisen lassen (Aktenzeichen 48 M 405, 36). Wie nach Vorlage der Geschäftsbücher des Beklagten unter den Parteien unstreitig geworden ist,"

über die Darstellung nachträglich unstreitig gewordener Parteibehauptungen im Tatbestand vgl. S. 366/7, 404,

„ergab sich unter Zugrundelegung des Vertrags eine Umsatzprovision von

200 *RM*	für	Januar	1936,
260 *RM*	„	Februar	1936,
190 *RM*	„	März	1936,
150 *RM*	„	April	1936,
180 *RM*	„	Mai	1936,
165 *RM*	„	Juni	1936.

Ausgezahlt sind an Frau *Laufer* unter Einrechnung des Lohnsteuerabzugs sowie der vom Arbeitgeber für Rechnung des Arbeitgebers abzuführenden Sozial-Versicherungsbeiträge:

im Januar 1936	240 *RM*,
„ Februar 1936	260 *RM*,

im März	1936 bis zur Pfändung		280 *RM*,
„ April	1936		150 *RM*,
„ Mai	1936		160 *RM*,
„ Juni	1936		155 *RM*.

Die Beträge von Januar bis März sind in ungleichmäßigen Raten ausgezahlt und Frau *Laufer* hat darüber jedesmal Erklärungen nach folgendem Muster unterzeichnet:

‚Schuldschein.

Hierdurch bekenne ich, von Herrn *Paul Hertwig*, Grammophon- und Radiohaus, den Betrag von ...... *RM* erhalten zu haben, welcher bei der nächsten Provisionszahlung zu verrechnen ist.‘

(Datum, Unterschrift)

Ferner hat sie (und zwar auch nach der Pfändung) am Schlusse jedes Monats folgende Erklärung ausgestellt:

‚Hierdurch bekenne ich, für Monat ...... von Herrn *Paul Hertwig*, Grammophon- und Radiohaus, an Umsatzprovision den Betrag von ...... *RM* erhalten zu haben. Ich erkläre mich damit wegen aller mir für Monat ...... zustehenden Ansprüche für abgefunden und verzichte ausdrücklich auf alle mir etwa weiteren zustehenden Forderungen und auf Abrechnung. Die Verrechnung der noch nicht getilgten Schuldscheinbeträge bleibt Herrn *Hertwig* vorbehalten.‘

(Datum, Unterschrift)

Anfang Mai hat der Beklagte Frau *Laufer* für den 30. Juni 1936 gekündigt. Sie ist jetzt unstreitig nicht mehr für ihn tätig.

Mit seiner am 28. Juni 1936 zugestellten Klage beantragt der Kläger:

den Beklagten zur Zahlung von 280 *RM* nebst 4% Zinsen seit Klagezustellung zu verurteilen.“

Geltendmachung arbeitsgerichtlicher Ansprüche durch Rechtsnachfolger der ursprünglichen Beteiligten vor dem Arbeitsgericht: oben S. 668.

„Er behauptet, daß der schriftliche Anstellungsvertrag vom 22. Dezember 1935 unvollständig und daneben mündlich eine Mindestvergütung von 270 *RM* je Monat vereinbart sei. Deshalb habe der Beklagte bis zur Zustellung des Pfändungsbeschlusses Beträge ausgezahlt, welche die nach dem schriftlichen Vertrag ins Verdienen gebrachte Umsatzprovision erheblich überstiegen und unter Berücksichtigung der sozialen Abzüge etwa einem Monatssatz von 270 *RM* entsprechen. Gemäß der für das Personal der Grammophon- und Radioartikelgeschäfte Schlesiens maßgebenden Tariforordnung stünden Frau *Laufer* als Filialleiterin die 270 *RM* aber auch unabhängig von den Parteivereinbarungen zu.“

Unter der Herrschaft der liberalen Wirtschaftsordnung war die Gestaltung des Arbeitslohns und der übrigen Arbeitsbedingungen Sache des individuellen Vertragsschlusses. Bald zeigte sich, daß das „freie Spiel der Kräfte“ in Wahrheit zur Begünstigung des wirtschaftlich Stärkeren, meistens des Unternehmers, führte und daß dabei weder die Interessen der Volkswirtschaft noch diejenigen der sozialen Gerechtigkeit immer gewahrt wurden. In einzelnen Kolonialländern legte man schon frühzeitig die Entscheidung in die Hände staatlicher Beamten, deren Aufgabe es war den „gerechten“ oder, wie man es auch nannte, „politischen Lohn“ (nämlich den aus politischen Gründen wünschenswerten Lohn) festzusetzen: sog. „Neu-Seeländer-System“. In den westeuropäischen Industrieländern erblickten die Arbeiterparteien und Sozialreformer das Heilmittel im „kollektiven Arbeitsvertrag“.

Arbeitslohn und -bedingungen sollten zwischen Arbeitgeber- und Arbeitnehmerverbänden vereinbart werden und diese Vereinbarung, der Tarifvertrag, die Grundlage der Einzelarbeitsverträge bilden. Die Unterstellung der individuellen Arbeitsverträge unter den Tarifvertrag war zunächst eine rein freiwillige, allerdings unter Umständen zu präsumieren. Erhöht wurde die Bedeutung der Tarifverträge, als in der Novemberrevolution die VO. des Rates der Volksbeauftragten vom 23. Dezember 1918 (RGBl. 1456) die Grundsätze der automatischen und zugunsten des Arbeitnehmers zwingenden Wirkung („Unmittelbarkeit" und „Unabdingbarkeit") einführte. Konnten sich die Verbände nicht über den abzuschließenden Tarifvertrag einigen, so kam es zu Streiks und Aussperrungen. Zwecks Verhinderung und Beilegung der Arbeitskämpfe wurden staatliche Schlichtungsorgane geschaffen, deren Funktion anfangs eine rein vermittelnde war. Das genügte jedoch nicht zur Sicherung des Arbeitsfriedens und so ergab sich die Notwendigkeit ihnen auch Zwangsbefugnisse beizulegen in der Form, daß zunächst die — paritätisch mit Arbeitgeber- und Arbeitnehmervertretern sowie einem unparteiischem Vorsitzenden besetzte — Schlichtungskammer in einem „Schiedsspruch" den Parteien einen Vorschlag für Abschluß eines Tarifvertrags machte, welcher, wenn ihn die Parteien nicht annahmen, durch den unparteiischen Schlichter „für verbindlich erklärt" werden konnte (§ 6 SchlichtO. vom 30. Oktober 1923, RGBl. I 1043, mit späteren Abänderungen). Der auf solchem Wege begründete Tarifvertrag war in Wahrheit ein von einem staatlichen Amtsträger geschaffener Zwangstarif, mochte auch bei der ersten Etappe des Verfahrens, dem Schiedsspruch, der Schein der Freiwilligkeit noch gewahrt sein. Aber auch die Schiedssprüche der Schlichtungskammer kamen nicht selten nur durch die Stimme des unparteiischen Vorsitzenden zu Stande, weil ihre Arbeitgeber- und Arbeitnehmerbeisitzer sich bei der Abstimmung schroff gegenüberstanden. Vgl. den in Bensh. 4, 60 (LAG.); 5, 167 (RAG.) behandelten, berühmten nordwestdeutschen Eisenarbeiterkonfliktsfall, dazu Bensh. 6, 455 (RAG.); NotVO. vom 9. Januar 1931, RGBl. I 1. Der ganze umständliche Apparat war letzten Endes bloße Kulisse für die Entscheidung eines einzelnen.

Die auf Vertretung gegensätzlicher Klasseninteressen gerichteten Organisationen der Arbeitgeber und Arbeitnehmer sind beseitigt. Es gibt keine Arbeitskämpfe mehr. Doch rechnet das neue Arbeitsrecht mit der Möglichkeit, daß unter Umständen die Festsetzung von Mindestbedingungen zum Schutze der Beschäftigten geboten sein kann. Alsdann hat der Treuhänder der Arbeit unter beratender Mitwirkung eines Sachverständigenausschusses eine Tarifordnung zu erlassen, deren Inhalt für die von ihr erfaßten Arbeitsverhältnisse als Mindestbedingungen zugunsten der Arbeiter und Angestellten rechtsverbindlich ist (§ 32^{II} AOG. vom 20. Januar 1934, RGBl. I 45). Die Tarifordnung hat also mit dem Tarifvertrag des früheren Rechts die Eigenschaften der Unmittelbarkeitswirkung und der Unabdingbarkeit gemein, nur fließt sie direkt aus der Staatsgewalt. Die besonderen Voraussetzungen des früheren Rechts für die zwingende Kraft der Tarifverträge (Zugehörigkeit der Vertragsparteien zu Tariforganisationen, allgemeine Verbindlichkeitserklärung) sind weggefallen. Die Tarifordnung ist eine Norm des objektiven Rechts und erfaßt als solche ohne weiters alle in ihren Bereich fallenden Arbeitsverträge, wobei zwischen Groß- und Kleinbetrieben kein Unterschied besteht. — Aus praktischen Gründen hat man die alten Tarifverträge — als Tarifordnungen — bis auf weiteres in Geltung gelassen (§ 72 AOG., dazu VO. des Reichsarbeitsministers vom 28. März 1934, RABl. 85).

Als normale Regelung der Rechtsverhältnisse in größeren Betrieben (über 20 Angestellte und Arbeiter) betrachtet das AOG. die **Betriebsordnung**. Sie wird nach Beratung im Vertrauensrat (§ 6) vom Betriebsführer schriftlich aufgestellt und durch Aushang in Kraft gesetzt (§§ 26, 31 II). Ihr Inhalt ist teils ein obligatorischer, teils ein fakultativer; zum obligatorischen gehören u. a. die Grundsätze für Berechnung von Akkordarbeiten (§ 27 I Z. 3), zum fakultativen Bestimmungen über die Höhe des Arbeitsentgelts und sonstige Arbeitsbedingungen (§ 27 III). In jedem Falle aber wirkt er, wie der Tarifvertrag, unmittelbar und unabdingbar für die Betriebsangehörigen (§ 30). In eigenartiger Weise wird hier durch einseitigen Willensakt des Betriebsführers objektives Recht für die Gefolgschaft gesetzt. Über die Anfechtungsmöglichkeiten s. unten S. 1078. Bei Widerspruch der Betriebsordnung zu einer einschlägigen Tarifordnung geht die Tarifordnung vor (§ 32 II S. 3). In erster Reihe soll jedoch die generelle Festsetzung von Lohn und Arbeitsbedingungen (wenn überhaupt) nicht überbetrieblich erfolgen (wie zu Zeiten des kollektiven Arbeitsvertrags) sondern innerhalb des einzelnen Betriebes, also durch Betriebsordnung. § 32 II S. 1 knüpft deshalb den Erlaß von Tarifordnungen an die, vom Treuhänder der Arbeit zu entscheidende, Voraussetzung, daß zum Schutz der Beschäftigten einer Gruppe von Betrieben innerhalb des Bezirks die Festsetzung von Mindestbedingungen zur Regelung der Arbeitsverhältnisse „zwingend geboten" ist. Das anzustrebende Ideal bleibt die Erziehung zu einer Arbeitsgesinnung, bei der es weder der Regelung in der Betriebsordnung noch einer Tarifordnung bedarf und man alles dem Einzelarbeitsvertrag überlassen kann. — Für Kleinbetriebe (bis 20 Beschäftigte) kommt neben der einzelvertraglichen Bestimmung nur die Tarifordnung in Frage.

Übersicht über die arbeitsrechtlichen Einschränkungen der Vertragsfreiheit: Ähnlich wie die Wohnungszwangswirtschaft (S. 383f.) auf dem Gedanken beruht, im Interesse des wirtschaftlich schwächeren Teils, des Mieters, die aus dem Privatrecht sich ergebende vertragliche Freiheit des Hauseigentümers und Vermieters zu beschränken, bringt das moderne Arbeitsrecht zum Schutz des wirtschaftlich schwächeren Arbeitnehmers Eingriffe in die privatrechtliche Vertragsfreiheit des Arbeitgebers. Die Parallele mit dem dort aufgestellten System läßt sich (da der Ersatz der Zustimmung zur Untervermietung, Ziff. 2 der Übersicht, bloß nebensächliche Bedeutung hat) bis ins Einzelne durchführen. Nach allgemeinem bürgerlichen Recht darf der Arbeitgeber die Arbeitsstelle mit einem von ihm frei ausgewählten Arbeitnehmer besetzen, er kann Lohn und sonstige Arbeitsbedingungen nach Belieben vertraglich regeln und er hat (ebenso wie der Arbeitnehmer) das Recht der Kündigung mit den kurzen gesetzlichen Fristen. Alle diese Befugnisse werden vom Arbeitsrecht mehr oder weniger durchbrochen:

1. In der Vergebung der Arbeitsstelle ist der Unternehmer beschränkt: a) zu Gunsten der Schwerbeschädigten. Unternehmer mit mehr als 30 Mann Belegschaft müssen eine gewisse Anzahl Schwerbeschädigter einstellen. Leisten sie passiven Widerstand, so weist ihnen das Hauptversorgungsamt nach erfolgloser Fristsetzung bestimmte Personen zu und damit gilt der Arbeitsvertrag als abgeschlossen (§ 7 SchwerbeschG. vom 12. Januar 1923 (RGBl. I 58). Also die gleiche Konstruktion wie beim Zwangsmietvertrag. b) Nach dem Ges. zur Regelung des Arbeitseinsatzes vom 15. Mai 1934 (RGBl. I 381) kann der Präsident der Reichsanstalt für Arbeitsvermittlung und Arbeitslosenversicherung anordnen, daß die nach Bezirken mit besonders hoher Arbeitslosigkeit Zugezogenen nur mit vorheriger Zustimmung der Arbeitsbehörden eingestellt werden dürfen. Der gleichen Zustimmung bedarf es zur Einstellung von Personen, die bisher in der Landwirtschaft tätig waren, in nicht-landwirtschaftlichen Berufen. Allgemein ist der Präsident der Reichsanstalt durch Ges. vom 3. Juli 1934 mit VO. vom 10. August 1934 (RGBl. I 565 bzw. 786) ermächtigt, die Verteilung von Arbeitskräften, insbesondere ihren Austausch, zu regeln. Seine Anordnungen schreiben für die Einstellung von Arbeitnehmern unter 25 Jahren regelmäßig die vorherige Zustimmung des Arbeitsamts vor und legen ferner dem Betriebsführer die Verpflichtung auf, periodisch zu prüfen, ob die altersmäßige Gliederung der Gefolgschaft dem staatspolitischen Bedürfnis nach Bevorzugung arbeitsloser älterer Arbeiter und Angestellter, besonders der kinderreichen Familienväter, gegenüber den unter 25jährigen gerecht wird,

und darüber dem Arbeitsamt zu berichten. Das Landesarbeitsamt kann ihm aufgeben, einen Austausch herbeizuführen, wodurch übrigens die an sich bestehenden Kündigungsmöglichkeiten des Unternehmers nicht erweitert werden (Kündigungsschutz: S. 1070). Beschwerde an den Präsidenten der Reichsanstalt. Die Durchführung des Gebots ist durch Strafbestimmungen gesichert. Einen Zwangs-Arbeitsvertrag sehen die Vorschriften nicht vor, auch wird über die zivilrechtlichen Folgen nichts gesagt. Indessen wird man bei der großen wirtschafts- und sozialpolitischen Bedeutung der Sache anzunehmen haben, daß verbotswidrig abgeschlossene Arbeitsverträge gemäß § 134 BGB. nichtig sind. — Abgesehen von diesen, praktisch allerdings recht einschneidenden, Fällen des Abschlußzwanges bzw. Abschlußverbots bleibt aber, was betont werden muß, der Unternehmer, der ja allein die Verantwortung für das Gedeihen seines Betriebes trägt, in der Auswahl der Arbeiter und Angestellten frei. Namentlich braucht er nicht die ihm vom öffentlichen Arbeitsnachweis zugeschickten Bewerber einzustellen, sondern kann sie — beliebig oft — ablehnen. Sogar bei den Schwerbeschädigten steht ihm, so lange es nicht infolge Ablaufs der gestellten Frist zur „Zuweisung" bestimmter Personen gekommen ist, die Auswahl zu. Auch im Falle b schreibt ihm die Behörde nicht konkret vor, welche älteren Arbeitslosen er einstellen soll.

2. Beschränkung der freien Gestaltung des Arbeitsvertrages bezüglich des Arbeitslohns und der sonstigen Arbeitsbedingungen: Betriebs- und Tarifordnung.

3. Einschränkung der Kündigungsfreiheit des Unternehmers: Kündigungsschutz. Vgl. den folgenden Fall.

Es folgen die Einwendungen des Beklagten:

„Der Beklagte beantragt:

Klageabweisung, hilfsweise: Ausschluß der vorläufigen Vollstreckbarkeit.

Er bestreitet die vom Kläger behauptete mündliche Nebenabrede. Er sei mit *Fritz Laufer* befreundet gewesen. Aus diesem Grunde habe er, als der Mann gestorben und die Witwe in trostloser Vermögenslage zurückgeblieben sei, die Filiale in der Gräbschener Vorstadt eingerichtet und Frau *Laufer* gewissermaßen versuchsweise dort angestellt, damit sie etwas zum Leben habe. Frau *Laufer* habe früher niemals in einem Geschäft der Grammophon- oder Radiobranche gearbeitet und sei als ungelernte Kraft, bestenfalls als gewöhnliche Verkäuferin, zu betrachten. Sie habe nicht, wie es zum Wesen eines selbständigen Filialleiters gehöre, geschäftliche Dispositionen getroffen, sondern streng nach seinen bzw. des Hauptgeschäfts Weisungen gehandelt. Über das andere Personal des Zweiggeschäfts habe sie, lediglich wegen ihres Alters und ihrer sozialen Stellung, eine rein formale Aufsicht geführt. Wäre wirklich die Tarifordnung verletzt, so würde nach §§ 134, 138, 139 BGB. der ganze Vertrag nichtig sein."

Ein offenbarer Fehlschluß. Die Fassung des AOG. läßt ebenso wenig wie die TarVO., an deren Stelle es getreten ist, einen Zweifel daran, daß der Vertrag aufrecht erhalten bleibt und bloß die ungültige Abrede durch die der Tarif- bzw. Betriebsordnung ersetzt wird. Sonst würde das Gesetz seinen Zweck nicht erreichen. Es liegt einer der im modernen Recht häufigen (Lux Leipz. Ztschr. 19, 561) Fälle vor, in denen das Gesetz die bei rein logischer Konstruktion eintretende Nichtigkeit ablehnt.

„Keinesfalls komme für Frau *Laufer* das Tarifgehalt einer Filialleiterin in Betracht, sondern höchstens dasjenige einer Verkäuferin von mehr als 35 Jahren, nämlich 195 *RM* je Monat. Eine Mindestgarantie für die im Vertrag ausgemachten Provisionssätze, gleichviel in welcher Höhe, wäre für ihn untragbar gewesen, und er würde von der Anstellung haben absehen müssen, wenn er die Zahlung von Tarifgehältern in Frage gezogen hätte. Darum habe er sich trotz der bestehenden Familienbeziehungen schweren Herzens zur Kündigung entschlossen, als der Kläger die Pfändung ausgebracht und unter Berufung auf die Tarifordnung Ansprüche erhoben habe.

Mindestens für die Monate Januar bis März seien etwaige tarifliche Mehransprüche mit Wirkung auch gegenüber dem Kläger durch die von Frau *Laufer* ausgestellten monatlichen Verzichtserklärungen erloschen.

Im übrigen stellt der Beklagte die an Frau *Laufer* gewährten Schuldscheindarlehen, soweit sie noch nicht mit den von ihr verdienten Umsatzprovisionen verrechnet sind, zur Aufrechnung und verlangt Abzug der Mehrbeträge, die er bei Zugrundelegung eines Tarifgehalts an Lohnsteuer und als Arbeitnehmeranteil der sozialen Versicherungsbeiträge würde abführen müssen. Er hat hierzu die in seinem Schriftsatz vom 16. Juli 1936 (Bl. ... der Gerichtsakten) aufgestellte Berechnung vorgetragen, auf welche Bezug genommen wird.

Der Kläger erwidert, daß Frau *Laufer* alle Funktionen einer vollwertigen Filialleiterin erfüllt habe.

Einen Verzicht auf ihre tariflichen Ansprüche habe sie weder aussprechen wollen noch können, da bei Weigerung der Unterschrift die Kündigung des Dienstverhältnisses gedroht und sie daher unter unzulässigem Druck gestanden habe.

Die Zahlungen vom Januar bis März seien lediglich im Hinblick auf die für Frau *Laufer* entstehenden Vergütungsansprüche geleistet und daher keine Darlehen, sondern Vorschüsse gewesen. Der Beklagte hätte sie nach Zustellung des Pfändungsbeschlusses von dem unpfändbaren Gehaltsteil abziehen müssen, nicht aber dürfe er sie gegen die Forderung des Klägers aufrechnen."

Das Darlehn begründet eine selbständige Gegenforderung, die gegenüber Lohnforderungen nur im Rahmen des § 394 BGB. aufrechenbar ist. Dagegen ist Vorschuß die im Voraus bewirkte Gegenleistung aus einem gegenseitigen Vertrage. Wird er vom Gehalt in Abzug gebracht, so handelt es sich nicht um Aufrechnung, vielmehr macht der Arbeitgeber geltend, daß er die ihm obliegende Leistungspflicht bereits ganz oder zum Teil erfüllt habe und dieser Erfüllungseinwand greift selbstverständlich auch gegenüber unpfändbaren Gehaltsforderungen durch. RG. 133, 249 (für Vorschüsse auf Beamtengehalt). Im allgemeinen hat der Dienstherr das Bestreben seine Zahlungen als Vorschüsse hinzustellen. Hier ist die Interessenlage ausnahmsweise eine andere, weil nicht der Dienstverpflichtete sondern sein Pfändungsgläubiger klagt, dessen Pfändungspfandrecht nur den pfändbaren Gehaltsteil erfaßt. Wie in solchem Falle Vorschüsse anzurechnen sind, kann zweifelhaft sein. Der Pfändungsgläubiger wird die Ansicht vertreten, daß sie in voller Höhe vom unpfändbaren Betrage abzusetzen sind, und hierfür spricht in der Tat die Erwägung, daß sonst verschuldete Arbeitnehmer es in der Hand haben würden, durch weitgehende Inanspruchnahme von Vorschüssen ihre Gläubiger jeder Möglichkeit einer wirksamen Gehaltpfändung zu berauben (so OLG. Kiel in SeuffA. 71, 340[199], allerdings in einem sehr nach Schiebung aussehenden Falle, in welchem Dienstherr und Dienstverpflichter die Anrechnung des Vorschusses auf den pfändbaren Teil sogar besonders vereinbart hatten, weil schon eine Gehaltspfändung vorausgegangen war). Auf der anderen Seite muß dem Schuldner zu gute gehalten werden, daß bei Empfang der Vorschüsse die Pfändung noch nicht vorlag und er gutgläubig damit rechnen konnte, später immer noch Anspruch auf Auszahlung weiterer Geldbeträge zu seinem Lebensunterhalt zu haben. Das Richtige dürfte eine prozentuale Verteilung auf pfändbaren und unpfändbaren Gehaltsteil sein. Vorschüsse, die erst nach der Pfändung gegeben sind, kann der Dienstberechtigte dem Pfändungsgläubiger natürlich nicht entgegenhalten.

Ob eine Zahlung Darlehn oder Vorschuß ist, hängt nicht von den dabei gebrauchten Worten ab. Das echte Darlehn besteht selbständig, unabhängig von dem gegenseitigen Vertrage, aus dem die Mittel zur Tilgung fließen sollen. Man kann von Darlehn sprechen und in Wahrheit Vorschuß meinen, sofern nämlich die Zahlung lediglich im Hinblick auf den schon bestehenden gegenseitigen Vertrag erfolgt. „Schuldschein" bedeutet dann nichts weiter wie Quittung.

Beweislast bei Rückforderung von Vorschüssen: Eine andere Eigenart des Vorschusses zeigt sich, wenn der Zahlende ihn, weil nicht verdient, zurückfordert. Wer eine von ihm gemachte Leistung zurückverlangt, tut das gewöhnlich unter dem rechtlichen Gesichtspunkt der ungerechtfertigten Bereicherung (§ 812) und muß nach allgemeinen Grundsätzen den Mangel des rechtlichen Grundes, also ein Negativum, beweisen. Anders bei Vorschüssen. Denn wäre der Vorschußempfänger ohne Vorschußdeckung für die Gegenpartei tätig geworden, so müßte er seinen Vertragsanspruch einklagen und dabei nachweisen, daß und welche Ansprüche er erworben hat. Durch die Vorschußleistung kehrt sich die Beweislast nicht um. Der Rückfordernde braucht daher nur zu beweisen, daß er Gelder als Vorschuß gegeben hat, und es ist dann Sache des Empfängers, seine eigenen Leistungen und die daraus folgenden Ansprüche zu substanziieren und unter Beweis zu stellen. RG. 5, 25, vgl. auch RG. 14, 217.

Damit ist die Wiedergabe des Parteivorbringens abgeschlossen.

„Auf Grund des Beweisbeschlusses vom 13. Juli 1936 sind über die streitige Nebenabrede, Art und Umfang der von Frau *Laufer* ausgeübten Tätigkeit und das Zustandekommen der Schuldscheinzahlungen die Zeugen Frau *Laufer*, *Herold* und *Nentwig* vor der Kammer uneidlich vernommen worden."

Vgl. § 58 AGG.

„Entscheidungsgründe.

Die vom Kläger behauptete mündliche Vereinbarung einer monatlichen Mindestvergütung von 280 *RM* ist von keinem der Zeugen bestätigt worden.

Dagegen steht fest, daß Frau *Laufer* nach dem als Tarifordnung aufrecht erhaltenen Tarifvertrag für die Grammophon- und Radiogeschäfte der Provinzen Niederschlesien und Oberschlesien vom 15. Oktober 1932 (Anordnung des Treuhänders der Arbeit vom 18. April 1934, RABl. . . ., Tarifregister Nr. . . .) die Bezüge einer selbständigen Filialleiterin in Höhe von 270 *RM* zustanden. Denn nach den übereinstimmenden Bekundungen der Zeugen hat sie die Goldschmiedener Filiale durchaus selbständig geleitet, dem Hauptgeschäft Vorschläge über die zum Verkauf zu stellenden Waren gemacht und sogar eine eigene Kundenwerbung eingerichtet."

Der Inhalt der Tarifordnung ist als Rechtsnorm von Amtswegen zu erforschen. Das bereitet keine Schwierigkeiten, weil jede Tarifordnung, ihre Änderung oder Aufhebung sowie die Anordnung, daß ein Tarifvertrag als Tarifordnung weitergilt, im Reichsarbeitsblatt publiziert und außerdem in das beim Reichsarbeitsministerium geführte Tarifregister eingetragen werden muß. Das Tarifregister nebst der zugehörigen Tarifsammlung steht übrigens auch Privatpersonen kostenlos zur Einsicht offen. §§ 21—23 der II. DfVO. zum AOG. vom 10. März 1934 (RGBl. I 187).

„Aus den am Monatsende von Frau *Laufer* abgegebenen Verzichtserklärungen ist nichts zu Gunsten des Beklagten herzuleiten. Er hat nicht einmal behauptet, daß Frau *Laufer* vom Vorhandensein und der Anwendbarkeit der Tarifordnung Kenntnis gehabt habe. Selbst wenn aber Frau *Laufer* Verzichtswillen gehabt hätte, würden ihre Erklärungen deshalb unwirksam sein, weil sie nach dem eigenen Vortrag des Beklagten besorgen mußte beim Vorbehalt von Tarifansprüchen alsbald die Kündigung zu erhalten und brotlos zu werden, so daß sie keine wirkliche Freiheit der Entschließung besaß."

Die Unabdingbarkeit bedeutet zunächst nur, daß der Arbeitnehmer auf Rechte aus der für ihn zuständigen Tarif- oder Betriebsordnung nicht im Voraus verzichten kann. Eine andere, in Literatur und Rechtsprechung viel erörterte, Frage ist die des nachträglichen Tarifverzichts. An sich müßte es dem Arbeitnehmer freistehen auf einen bereits erworbenen tarifmäßigen Anspruch zu verzichten. Hierfür können sachlich berechtigte Gründe vorliegen, man denke z. B. daran, daß die Sanierung des Unternehmens nur durch Herabsetzung der Lohnforderungen zu erreichen ist oder daß die Parteien eine Abrechnung vorgenommen haben, um klarzustellen, was sie einander schulden. So lange jedoch das Angebot an Arbeitskräften die Nachfrage übersteigt, steht der Arbeitnehmer bei Abgabe der Verzichtserklärung regelmäßig unter wirtschaftlichem Druck: er muß befürchten seine Stellung zu verlieren, wenn er den vom Arbeitgeber verlangten Verzicht ablehnt. Außerdem wird, wenn ein Arbeitgeber andauernd untertarifliche Löhne auszahlt und die Belegschaft jedesmal auf den Restanspruch verzichten läßt, damit die Unabdingbarkeit praktisch aufgehoben. Die frühere Rechtsprechung des Reichsarbeitsgerichts (Bensh. 2, 1, 15, 85; 3, 125; 4, 375, 376; 7, 464; 8, 468; 11, 25, 421, 595, 598; 12, 220, 300; 13, 101; 15, 450; 16, 240; 17, 53; 18, 86, teilweise mit Anmerkungen von Nipperdey) lief im wesentlichen darauf hinaus, daß man an den nachträglichen Lohnverzicht, sowohl was den Verzichtswillen als was die Entschlußfreiheit des Schuldners anlangt, strenge Anforderungen stellte, ohne ihn grundsätzlich zu verwerfen. Sogar stillschweigender Tarifverzicht durch allzu langes Abwarten war denkbar. Das Urteil vom 13. Juli 1935 (Dtsch. Just. 1342, dazu Grusendorf, vgl. aber Nipperdey zu Bensh. 23, 20) gibt diese „Drucktheorie" auf und erklärt vom Zeitpunkt des Inkrafttretens des AOG. an Tarifverzichte für absolut unzulässig und unwirksam, wenigstens wenn sie während der Dauer des Arbeitsverhältnisses ausgesprochen werden. Denn die Tarifordnung leitet ihre Geltung nicht mehr, wie die Tarifverträge des früheren Rechts, aus dem Willen kämpfender Vertragsparteien her, sondern aus der Autorität des Treuhänders, dessen allgemeine schriftlichen Anordnungen nach § 22 AOG. sogar strafrechtlichen Schutz genießen.

„Frau *Laufer* hat, wie aus ihrer und des Zeugen *Herold* übereinstimmenden Aussagen hervorgeht, die bis zur Pfändung erhaltenen Beträge mit der Begründung erbeten: sie brauche dringend Geld und ihre Provisionen seien noch nicht fällig, man solle ihr einstweilen etwas ‚borgen' und die Zahlung nachher mit den Provisionen verrechnen. Es handelt sich mithin nicht um Darlehen, sondern um Gehalts- bzw. Provisionsvorschüsse.

Das Frau *Laufer* zustehende Tarifgehalt von 270 *RM* wird von der vertragsmäßigen Umsatzprovision in keinem Monat erreicht."

Wäre die Umsatzprovision einmal höher gewesen, so würde sie für diesen Monat maßgebend sein, weil Tarif- (und Betriebs-) Ordnungen dem Vertrage nur insoweit vorgehen, als sie dem Beschäftigten günstiger sind.

„Von den 270 *RM* sind gemäß § 850I b ZPO. (Fassung vom 24. Oktober 1934, RGBl. I 1070) 190 *RM* der Pfändung nicht unterworfen, 80 *RM* pfändbar."

Für die Pfändbarkeitsgrenze kommt es auf den Bruttolohn an, Lohnsteuer und soziale Abzüge bleiben dabei außer Betracht. §§ 850I S. 3, 850bI S. 2 ZPO. (Fassung vom 24. Oktober 1934, RGBl. I 1070).

„Zur Zeit der Zustellung des Pfändungs- und Überweisungsbeschlusses waren 780 *RM* von den bis dahin verdienten 810 *RM* durch Vorschuß getilgt, so daß die Pfändung noch eine Restforderung von 30 *RM* erfaßte. Dazu treten für April, Mai und Juni je 80 *RM*. Dem Kläger steht also auf Grund der Pfändung insgesamt ein Anspruch von 270 *RM* zu, während für Frau *Laufer* ein unpfändbares Tarifgehaltsrestguthaben von 40 *RM* für April, 30 *RM* für Mai, 35 *RM* für Juni, zusammen 95 *RM*, verbleibt.

Vorschüsse sind auf die 270 *RM* nicht anzurechnen, denn die Bezüge der Frau *Laufer* waren in Wahrheit nicht überzahlt, vielmehr hat der Beklagte noch 1620 — 1245 = 375 *RM* nachzuzahlen.

Dagegen ist der Beklagte befugt von seinen Nachzahlungen die Beträge zu kürzen, die er infolge Zugrundelegung des Tarifgehalts von 270 *RM* für die sechs Monate der Beschäftigungsdauer an Lohnsteuer und Arbeitnehmeranteil der Sozialversicherungsbeiträge mehr abzuführen hat und die sich auf insgesamt 85 *RM* belaufen.

(wird näher berechnet.)"

Vgl. § 38 EinkStG. mit § 30 Lohnsteuer-DfVO. (unten S. 1082 Anm. 3, S. 1084 Anm. 5), §§ 1432 RVO., 183 AngestVG. (beide in der Fassung vom 17. Mai 1934, RGBl. I 419), 143, 145^{III} AVAVG. vom 16. Juli 1927 (RGBl. I 187). Der Lohnabzug wegen Kranken-, Arbeitslosen-, Invaliden- und Angestelltenversicherungsbeiträgen (die Unfallversicherungsbeiträge werden, weil sie zum Teil Ablösung der zivilrechtlichen Haftpflicht sind, von den Unternehmern allein aufgebracht, oben S. 597) ist Recht, der Lohnsteuerabzug Pflicht des Arbeitgebers, der hierbei geradezu als Organ des staatlichen Steuereinzugapparats erscheint. Selbstverständlich erstrecken sich die Abzüge auch auf den unpfändbaren Lohnteil. Bemerkenswert ist, daß der Arbeitgeber die im Innenverhältnis auf den Arbeitnehmer entfallenden Versicherungsbeitragsanteile (Krankenversicherung: $^2/_3$, Arbeitslosen-, Invaliden-, Angestelltenversicherung: $^1/_2$) nur bei der nächsten oder der folgenden Lohnzahlung in Abzug bringen darf; die sonstige Geltendmachung — etwa durch besondere Klage — wird ihm ausdrücklich versagt.

„Da von den 1620 — 1145 = 475 *RM*, um welche sich die Bezüge von Frau *Laufer* gegenüber dem Anstellungsvertrag erhöhen, 270 *RM* dem Kläger und 205 *RM* Frau *Laufer* zugute kommen, hat das Gericht die abzugsfähigen 85 *RM* im Maßstabe von 3:2 verteilt, so daß der Beklagte von dem Guthaben des Klägers 51 *RM* in Abzug bringen darf, während er sich wegen der weiteren 34 *RM* an Frau *Laufer* zu halten hat.

Dem Kläger waren darnach 270 *RM* abzüglich 51 *RM*, d. s. 219 *RM*, nebst den geforderten 4%igen Zinsen seit Rechtshängigkeit (§§ 246, 291 BGB.) zuzusprechen und die Mehrforderung abzuweisen. Die Kosten des Rechtsstreites sind nach § 92 ZPO. zu $^1/_6$ dem Kläger, zu $^5/_6$ dem Beklagten auferlegt worden, weil sie in diesem Verhältnis in der Hauptsache obgesiegt haben."

Auf das arbeitsgerichtliche Verfahren finden, soweit nichts Anderes bestimmt ist, die Vorschriften der ZPO. Anwendung, im ersten Rechtszuge mit den in Kap. 7 dargestellten Besonderheiten des Amtsgerichtsprozesses. Vgl. §§ 46, 64^{I}, 72^{II}, 78, 79 AGG. Erhebliche praktische Bedeutung kommt der Kostenentscheidung nicht zu. In erster Instanz sind nämlich die durch Zuziehung eines Anwalts oder sonstigem Prozeßbevollmächtigten erwachsenen Kosten niemals erstattungsfähig, ebenso wenig die eigene Zeitversäumnis der Partei (§ 61^{I} S. 2, anders in der Berufungs- und Revisionsinstanz, für welche ja Anwaltszwang besteht, arg. §§ 64^{III}, 72^{III}). Außerdem werden durch § 12 die Gerichtskosten gegenüber denen der ordentlichen Gerichte (S. 334 f.) wesentlich ermäßigt: es gibt für die ganze Instanz, gleichviel ob Beweis erhoben und Urteil ergangen ist, eine einzige Gebühr, welche wesentlich hinter den Sätzen des GKG. zurückbleibt.

„Der Streitwert war nach § 61^{II} AGG. auf 280 *RM* festzusetzen. Die Berufung findet gegen das Urteil nicht statt, so daß sich der vom Beklagten gestellte Antrag auf Ausschluß der vorläufigen Vollstreckbarkeit erledigt.

Richter."

Urteile der Arbeitsgerichte sind berufungsfähig, wenn der vom Gericht festgesetzte Streitwert 300 RM. übersteigt oder der Prozeß von grundsätzlicher Bedeutung ist und das Arbeitsgericht aus diesem Grunde die Berufung besonders zugelassen hat. Bei den Urteilen der Landesarbeitsgerichte gilt die selbe Revisionssumme wie in der ordentlichen Gerichtsbarkeit, z. Zt. also 6000 RM. Das Landesarbeitsgericht kann wegen der grundsätzlichen Bedeutung des Falles die Revision zulassen; das gilt jedoch nicht, soweit die Revision bei gewissen Streitigkeiten absolut ausgeschlossen ist, wie in Arrest- und einstweiligen Verfügungssachen sowie bei der Kündigungs-Widerrufsklage (unten S. 1072). §§ 9^{II}, ^{III}, 64^{I}, 72^{I} AGG., vgl. § 545^{II} ZPO.

Von der Befugnis zur Zulassung der Berufung Gebrauch zu machen, lag in unserer Sache kein Anlaß vor, so daß das Urteil sofort rechtskräftig geworden ist. Damit hat sich der auf Abwendung der vorläufigen Vollstreckbarkeit gerichtete Hilfsantrag des Beklagten erledigt. Er würde erheblich gewesen sein, wenn ein berufungsfähiges Objekt vorgelegen oder das Arbeitsgericht die Berufung zugelassen hätte. Der Beklagte kann sich übrigens nicht (wie bei den ordentlichen Gerichten, oben S. 386) durch das einfache Erbieten zur Sicherheitsleistung vor der alsbaldigen Zwangsvollstreckung schützen, sondern die vorläufige Vollstreckbarkeit wird bloß unter der besonderen Voraussetzung ausgeschlossen, daß „die Vollstreckung dem Beklagten einen nicht zu ersetzenden Nachteil bringen würde" und der Beklagte dies glaubhaft macht (§ 62^{I} S. 2 AGG.). Oft führen die Beklagten hiefür an, daß der Kläger arm, und deshalb auf Rückerstattung der auf Grund der vorläufigen Vollstreckbarkeit beigetriebenen Beträge nicht zu rechnen sei. Daraufhin allein die vorläufige Vollstreckbarkeit auszuschließen, erscheint nicht unbedenklich: denn die vor dem Arbeitsgericht als Kläger auftretenden Arbeitnehmer sind fast immer vermögenslos und das Gesetz will ihnen ja gerade die Vollstreckung erleichtern.

Erstinstanzliche Urteile werden vom Vorsitzenden allein unterschrieben (§ 60^{IV} S. 1). Nur wenn ein von der Kammer gefälltes Urteil in Abwesenheit der Beisitzer verkündet wird, was nach § 60^{III} S. 1 möglich ist, muß die Formel vorher vom Vorsitzenden und den Beisitzern unterzeichnet sein (§ 60^{III} S. 2). Bei Urteilen der Landesarbeitsgerichte und des Reichsarbeitsgerichts haben die Laienbeisitzer (je ein Unternehmer und ein Arbeiter oder Angestellter) immer mit zu unterschreiben. §§ 35^{II}, 41^{II}, 69, 75^{II}.

Die Zustellung des Urteils geschieht von Amts wegen (§ 50). Damit der Kläger für die Zwangsvollstreckung die Zustellung nachweisen kann (vgl. Kap. 12), nimmt man eine Bescheinigung über das Zustellungsdatum in den Ausfertigungsvermerk auf (wie bei den Festsetzungsbeschlüssen, S. 619). Ferner wird vermerkt, ob gegen die Entscheidung ein Rechtsmittel zulässig, und bei welcher Behörde, in welcher Form und binnen welcher Frist es einzulegen ist (§ 9^{IV}).

Die Urteile und Vergleiche der Arbeitsgerichte bilden vollstreckbare Schuldtitel im Sinne der ZPO. und werden durch Gerichtsvollzieher und Amtsgericht vollstreckt (§ 62^{II} AGG.). Ausgenommen sind Arrestpfändungen sowie die Fälle, in denen das erstinstanzliche Prozeßgericht als Vollstreckungsgericht tätig wird (oben S. 423f., 606, 667). —

Der Referendar: Die Entscheidung kann mich nicht recht befriedigen. Die Anwendung der Tarifordnung hat die unerfreuliche Wirkung, daß Frau Laufer ihre bescheidene Existenz endgültig verliert. Das ist für sie schlimmer, als wenn sie unter Tarif arbeiten könnte. Bei ihrem Alter wird sie zum Tariflohn kaum Beschäftigung finden. Tarif- und Betriebsordnung sollen aber dem Einzelvertrag bloß insoweit vorgehen, als sie für den Beschäftigten günstiger sind. Läßt sich nicht bei freier Auslegung sagen, daß die Aufrechterhaltung der schriftlich vereinbarten Vergütung in concreto für Frau Laufer vorteilhafter sein würde, damit Hertwig sie zu den vereinbarten Provisionssätzen ohne Mindestgarantie weiter beschäftigt? Auch gefällt es mir nicht, daß Frau Laufer, wenn die Gebert'sche Pfändung nicht dazwischengekommen wäre, noch nach Jahr und Tag die Differenz zwischen Tarifgehalt und vertragsmäßiger Umsatzprovision hätte nachfordern können. Das verstößt doch geradezu gegen Treu und Glauben und gegen das Bedürfnis des Geschäftsmanns, in seinem Betriebe klare Verhältnisse zu haben.

Der Richter: Bei Entscheidung der Frage, ob eine Abweichung vom abgeschlossenen Einzelvertrag für den Beschäftigten günstig ist, geht man davon aus, daß in jedem Falle ein Arbeitsvertrag besteht. Nicht der individualistische Standpunkt des betroffenen Einzelnen wird ins Auge gefaßt, sondern das Interesse der Gesamtheit (nach der früheren Rechtsprechung; der Gesamtarbeitnehmerschaft). Bensh. 2, 1; 6, 75 (RAG.), dazu Nipperdey c. cit.; JW. 27, 241[1] (RG.). Kann Hertwig die tariflichen Bezüge einer wirklichen Filialleiterin nicht aufbringen, so soll er von ihrer Anstellung überhaupt absehen. Die Verantwortung dafür, daß die in einer Tarifordnung festgesetzten Löhne für die Wirtschaft tragbar sind, trifft ausschließlich den Treuhänder der Arbeit. Wenn Hertwig der Witwe seines Freundes helfen wollte, ohne die Anwendung der Tarifsätze riskieren zu müssen, so hätte er ihr das Filialgeschäft in der Form einrichten sollen, daß sie Inhaberin wurde. Natürlich darf keine versteckte Anstellung vorliegen. Für die Anwendung der Tarifordnung kommt es auf die wirtschaftliche Abhängigkeit, nicht auf den formalen Aufbau des Vertrages an. Frau Laufer müßte Hertwig als wirtschaftlich selbständige Existenz gegenüberstehen, also das Ladengeschäft für ihre eigene Rechnung betreiben, und sich verpflichten die Ware ausschließlich von Hertwig zu beziehen, wofür sie von ihm gewisse Rabattsätze erhält, ferner die Spesen tragen und den Laden selbst mieten. — Daß die Nachforderung der Differenzbeträge den Arbeitgeber schwer schädigen kann und streng moralischen Anforderungen nicht immer gerecht wird, ist bedauerlich, aber nicht zu vermeiden, wenn der Unabdingbarkeit der Tarif- und Betriebsordnungen Geltung verschafft werden soll. Bisweilen sehen die Ordnungen — nicht etwa im Hinblick auf unser Problem sondern lediglich zur Schaffung klarer Rechtsverhältnisse — Ausschlußfristen von einigen Wochen oder Monaten vor, innerhalb deren der Arbeitnehmer seine Ansprüche bei Gefahr der Verwirkung zu erheben hat. Eine solche Ausschlußfrist kommt auch Arbeitgebern zugute, die eine nach dem Tarif zu teure Arbeitskraft untertariflich beschäftigen. Im übrigen schützt erst der Ablauf der 4jährigen Verjährungsfrist des § 197 BGB. In ganz groben Fällen kann auch stillschweigender Tarifverzicht (oben S. 1057) oder eine exceptio doli generalis (S. 503/4) in Frage kommen.

Referendar: Wie wäre die Rechtslage, wenn keine passende Tarif- oder Betriebsordnung bestanden hätte?

Richter: Leistet der Schuldner einem Dritten in einem ständigen Verhältnis Arbeiten oder Dienste, die nach Art und Umfang üblicher Weise vergütet werden, unentgeltlich oder gegen eine unverhältnismäßig geringe Vergütung, so gilt nach dem neuen § 850d ZPO. (oben S. 1057) im Verhältnis des Gläubigers zum Dienstberechtigten eine angemessene Vergütung als geschuldet. Daß die Umsatzprovisionen des Vertrags vom 22. Dezember 1935 „unverhältnismäßig gering" seien, wird man nicht gerade sagen können. In dem von Ihnen unterstellten Falle hätte daher der Kläger nur nach Maßgabe des Vertrages und des § 850b pfänden können. Es kommt aber häufig vor, daß der Schuldner, um die Gläubiger nicht an seinen Arbeitsverdienst herankommen zu lassen, im Betriebe eines nahen Angehörigen: seiner Ehefrau, Eltern, Geschwister u. dgl., ganz ohne Vergütung oder bloß gegen Kost und Wohnung, allenfalls noch ein geringes Taschengeld, arbeitet. Besonders häufig geschieht das, wenn die geschiedene Ehefrau oder ein anderer Unterhaltsberechtigter, der mit dem Schuldner in Feindschaft lebt, Gläubiger ist. Das Problem hat Gerichte und Wissenschaft viel beschäftigt. In erster Reihe ist zu prüfen, ob überhaupt ein Arbeitsvertrag oder lediglich ein familienrechtliches Verhältnis besteht (welches ja auch über den Rahmen der §§ 1356, 1617 BGB. hinaus möglich ist und beispielsweise in § 159 RVO. sowie in den auf S. 1053/4 zu 1b erwähnten Anordnungen des Präsidenten der Reichsanstalt als ein vom Arbeitsvertrag verschiedenes, durchaus legales Institut anerkannt wird). Im ersten Falle hat der Schuldner — unabhängig vom Willen der Vertragsparteien — den tarif-(betriebs-)ordnungsmäßigen Lohn zu beanspruchen, der vom Gläubiger gepfändet werden kann, wobei gerade für Unterhaltsgläubiger erweiterte Möglichkeiten bestehen (S. 668). Andernfalls war bisher nur der Deliktsanspruch aus § 826 BGB. gegeben. Grundsätzlich soll ein rechtlich denkender Schuldner seine Arbeitskraft so verwerten, daß auch die Gläubiger zu ihrem Rechte gelangen. Indessen wägt die Rechtsprechung bei der Entscheidung, ob ein Verstoß gegen die guten Sitten vorliegt, alle Umstände des Falles ab: die Art des beizutreibenden Anspruchs und die Verhältnisse des Pfändungsgläubigers; die wirtschaftliche Leistungsfähigkeit des Dienstherrn; den Umstand, daß der Schuldner, außer für den Pfändenden, noch für andere Personen (etwa Kinder zweiter Ehe), zu sorgen hat; daß die Höhe des zugesprochenen Unterhalts durch nachträgliche Veränderung der Verhältnisse überholt ist und der Schuldner bloß aus Nachlässigkeit die rechtzeitige Erhebung einer Abänderungsklage aus § 323 ZPO. (oben S. 624) unterlassen hatte, Bensh. 6, 364; 9, 518; 10, 161 (RAG.); 20, 118 (Königsberg) mit Anm. von Hueck; JW. 34, 3726[1]; 35, 2220[30]. Jetzt wird, wenn § 826 BGBl. versagt, vielfach § 850 d ZPO. dem Gläubiger helfen.

Referendar: Steht nicht alles das im Widerspruch zur Anerkennung der 1500 Mark-Verträge? (S. 41f.)

Richter: Der 1500 Mark-Vertrag ist durch den, ebenfalls am 24. Oktober 1934 erlassenen, § 850c völlig überholt. Hat sich nämlich der Dienstherr verpflichtet an einen Dritten Leistungen zu bewirken, die „nach Lage der Umstände ganz oder teilweise eine Vergütung für Leistung des Schuldners darstellen", so kann jetzt der Anspruch des Drittberechtigten insoweit auf Grund des gegen den Schuldner vorliegenden Schuldtitels gepfändet werden, wie wenn er dem Schuldner selbst zustände. Die Pfändung des Vergütungsanspruchs des Schuldners erstreckt sich sogar automatisch auf die Ansprüche des Drittberechtigten, was besonders dann wichtig wird, wenn der Gläubiger vom Vorhandensein eines 1500 Mark-Vertrages nichts wußte. Der Pfändungsbeschluß ist auch dem Drittberechtigten zuzustellen.

Referendar: In welchem Verfahren wird geprüft, ob die Voraussetzungen der §§ 850c oder 850d gegeben sind?

Richter: Im Prozeßwege. Das Vollstreckungsgericht pfändet „angebliche" Ansprüche, ohne sich von ihrem Bestande zu überzeugen (S. 651). Den wirklichen Umfang der Pfändung festzustellen ist, wie immer, Sache des Prozeßgerichts, bei Forderungen aus Arbeitsverträgen des Arbeitsgerichts (§ 2[1] AGG.). Gl. M. Volkmar JW. 34, 2821 f.

Kündigungsprozeß.

Klage.

„An das Amtsgericht hier. Breslau, den 13. August 1936.

Klage

des Molkereiverwalters *Max Holland* in Drachenbrunn, Klägers,
gegen den Rittergutsbesitzer *Emil Wunderlich* in Breslau, Paradiesstraße 19, Beklagten.

Im Jahre 1922 habe ich die Leitung der, damals dem Rittergutsbesitzer *Gabler* gehörigen, Gutsmolkerei in Drachenbrunn übernommen. Als der Beklagte 1929 das Gut in der Versteigerung erstand, wurde ich von ihm als Molkereiverwalter übernommen. In den Jahren 1931—1933 leitete ich die Molkerei des vom Beklagten erworbenen Gutes Braunau. Oktober 1933 kehrte ich wieder nach Drachenbrunn zurück. Ich bin also mit dem Betrieb auf das engste verwachsen und kann sagen, daß ich die Drachenbrunner Molkerei geradezu aufgebaut habe und daß der gute Ruf, den sie genießt, mein Werk ist.

In diesem Sommer war ich mehrere Wochen hindurch krank. Gegen meinen Rat hat der Beklagte keinen Fachmann zur Vertretung angenommen, sondern aus Ersparnisgründen die Molkerei mit Hilfe des Assistenten *Zimmermann*, eines 24jährigen unerfahrenen Menschen, geleitet. Als ich den Dienst wieder antrat, mußte ich daher feststellen, daß während meiner Krankheitszeit ganz unzweckmäßige Anordnungen getroffen waren. Hierüber kam es zu Auseinandersetzungen. Am 5. August 1936 beanstandete ich die ungenügende Sauberkeit der Milchkannen, welche die Folge einer vom Beklagten eingeführten neuen Reinigungsmethode war. Der Beklagte widersprach mir und sagte schließlich: ‚Sie haben hier gar nichts zu kommandieren. Vergessen Sie nicht, daß ich Sie damals aus dem Dreck herausgezogen habe. Sie sind Angestellter und bekommen Ihr Gehalt, damit basta.' Diese Äußerung war eine Anspielung darauf, daß der Beklagte, was ich nicht in Abrede stellen will, im Jahre 1932 Schulden im Betrage von etwa 600 *RM* für mich bezahlt hat. Ich geriet dadurch in begreifliche Erregung und erwiderte dem Beklagten: ‚und Sie sind ein unverschämter Mensch'. Nunmehr schrie der Beklagte laut: ‚Sie sind zum längsten bei mir Molkereiverwalter gewesen. Machen Sie, daß Sie herauskommen und lassen Sie sich nicht wieder sehen.' Er gab sofort dem Guts- und Molkereipersonal Anweisung, mich am Betreten der Molkerei zu verhindern.

Beweis: Molkereiassistent *Zimmermann* und Gutssekretärin *Georgi*, beide in Drachenbrunn.

Die vom Beklagten ausgesprochene Kündigung ist grundlos, da ich nur die Interessen des Betriebes gewahrt habe und vom Beklagten schwer verletzt worden war."

Als Molkereiverwalter dürfte der Beklagte in der Klasse der höheren gewerblichen Angestellten des § 133a GewO. (Betriebsbeamte, Werkmeister, Techniker, usw.) rangieren. Für sie sind, ähnlich wie für Handlungsgehifen in §§ 70—72 HGB. aber nicht ganz übereinstimmend, die wichtigen Kündigungsgründe in §§ 133b—d GewO. normiert. § 133c[5] gibt dem Arbeitgeber ein Recht zur fristlosen Kündigung, wenn sich der Angestellte Tätlichkeiten oder Ehrverletzungen gegen den Arbeitgeber oder dessen Vertreter zu Schulden kommen läßt. Sollte Holland als landwirtschaftlicher Angestellter anzusehen sein, so ist lediglich § 626 BGB. maßgebend, der schlechthin vom „wichtigen Grund" spricht. Für die Entscheidung macht das keinen Unterschied, da alle diese Vorschriften elastischer Natur sind. Vgl. S. 1065/6.

Von den Sondervorschriften für Betriebsbeamte, Werkmeister, Techniker ist § 133 a GewO., der die normale Kündigungsfrist auf 6 Wochen festsetzt, ganz bedeutungslos, da sich diese Frist bereits aus § 622 BGB. ergibt. Wichtig sind dagegen die in § 133aa f. GewO. enthaltenen, den §§ 67—69 HGB. entsprechenden Schranken der Vertragsfreiheit. §§ 133b—d GewO. behandeln die fristlose Kündigung aus wichtigem Grunde. Im § 133e wird die Anwendung einiger für gewerbliche Arbeiter geltenden, praktisch nicht sehr erheblichen Bestimmungen angeordnet. Am wesentlichsten ist § 133f, der die Konkurrenzklausel der Betriebsbeamten, Werkmeister und Techniker regelt und vom Rechte der Handlungsgehilfen (§§ 74 f. HGB.) stark abweicht. Insbesondere gilt bei den höheren technischen Angestellten weder das Erfordernis der Schriftform (§ 74^{I} HGB.) noch die Karenzentschädigung (§ 74^{IV}) noch die absolute Grenze von zwei Jahren (§ 74a ^{I} S. 3). Für Konkurrenzklauseln von Angestellten, die weder Handlungsgehilfen noch Betriebsbeamte usw. sind, fehlt es an jeder Sondervorschrift, ihre Zulässigkeit ist ausschließlich nach § 138 BGB. zu beurteilen.

Auf den Kündigungsgrund einzugehen, hätte der Kläger nicht nötig gehabt. Er braucht nicht den vom Beklagten behaupteten wichtigen Grund zu widerlegen, sondern es genügt, wenn er in der Klage vorträgt, daß überhaupt fristlos gekündigt war. Alsdann ist es Sache des Beklagten, seinen Kündigungsgrund zu behaupten und im Streitfall zu beweisen.

„In einem Briefe, den ich dem Beklagten noch am 5. August durch den Milchkutscher *Queck* sandte, habe ich ihm meine Dienste ausdrücklich zur Verfügung gestellt und mit Rücksicht auf unsere langjährigen Beziehungen gebeten, mich nicht zu einem Prozeß zu nötigen. Der Beklagte hat darauf gar nicht erwidert. Abschrift des Briefes besitze ich nicht."

Durch den Brief hat Holland den Beklagten in Annahmeverzug (§ 295) mit den Rechtsfolgen des § 615 versetzt. Während der Schuldnerverzug Verschulden voraussetzt (§ 285), wird diese Voraussetzung für den Gläubigerverzug nicht aufgestellt (arg. § 293). Der Dienstberechtigte muß daher die Vergütung auch dann zahlen, wenn er die ihm ordnungsmäßig angebotenen Dienste aus zufälligen Gründen, z. B. wegen Krankheit oder Reise, anzunehmen nicht in der Lage ist. Auf die Länge der Verhinderung kommt es (zum Unterschied von dem S. 1065 besprochenen § 616) nicht an.

„Mein Gehalt beträgt monatlich 360 *RM* brutto, nach Abzug von Lohnsteuer und sozialen Versicherungsbeiträgen 288 *RM*.

Ich erhebe Klage beim Arbeitsgericht Breslau, beantrage die Anberaumung eines Verhandlungstermins und werde in diesem beantragen:

I. festzustellen, daß die vom Beklagten am 5. August 1936 erklärte Kündigung unwirksam ist,

II. den Beklagten zu verurteilen dem Kläger am 31. August 1936, 30. September 1936 und so fort monatlich je 288 *RM* (i. W.) zu zahlen und für ihn die Lohnsteuer und sozialen Abgaben nach einem Gehalt von 360 *RM* (i. W.) zu entrichten.

Abschrift der Klage liegt bei.

Max Holland."

Die Klage geht am 14. August ein.

Termin vor dem Vorsitzenden. Klagebeantwortung. Nachschieben von Kündigungsgründen. Die Vorschriften über vorschußweise Zahlung der Prozeßgebühr (S. 361, 363, 589) haben im arbeitsgerichtlichen Verfahren aller Instanzen keine Geltung. Erst mit Beendigung des Rechtszuges werden die Gerichtskosten fällig (§§ 12^{III}, 66^{II}, 74^{II} AGG.). Wer vor dem Arbeitsgericht klagt, braucht also, um die Terminsansetzung zu erreichen, weder die Gebühr zu entrichten noch das Armenrecht zu erwirken noch darzulegen, daß ihm die Aufbringung der Prozeßgebühr schwer falle und Verzögerung einen besonderen Schaden bringen würde. Da die Kläger meist vermögenslos sind, müssen die Gerichtskosten gewöhnlich niedergeschlagen werden, wenn nicht inzwischen durch Verurteilung des Beklagten ein zahlungsfähiger Kostenschuldner geschaffen ist (oben S. 344).

Gemäß § 54 wird alsbald Termin vor dem Vorsitzenden zum Zwecke der Güteverhandlung angesetzt. Die Einlassungs- und Ladefrist beträgt nur einen Tag, weil Wunderlich am Gerichtssitz wohnt (§ 47^{III}: Zustellung mindestens am zweiten Tag vor dem Termin). Die Ladung wird ihm mit einer Abschrift der Klage zugestellt, eine Aufforderung zur schriftlichen Klagebeantwortung ergeht nicht (§ 47^{I} S. 3). Zustellungstag: 16. August.

„Sitzung des Vorsitzenden Breslau, den 24. August 1936.
der 3. Kammer des Arbeitsgerichts.

Gegenwärtig:

Amtsgerichtsrat *Richter* als Richter,

Justizsekretär *Urkund* als Urkundsbeamter der Geschäftsstelle.

In Sachen *Holland* gegen *Wunderlich*

erschienen bei Aufruf der Sache:

1. der Antragsteller in Person,
2. der Antragsgegner in Person."

Der Vorsitzende bespricht gemäß § 54^{I} S. 2 das Streitverhältnis mit den Parteien und mahnt zum Abschluß eines Vergleichs: Holland soll sich vor den Zeugen des Vorfalles entschuldigen und der Beklagte ihn alsdann behalten.

„Die Güteverhandlung blieb erfolglos.

Auf Antrag des Antragstellers wurde in das Streitverfahren eingetreten, und nunmehr in öffentlicher Sitzung verhandelt.

Der Kläger stellte den Antrag der Klageschrift,

der Beklagte beantragte:

die Klage abzuweisen,

ferner Widerklage erhebend:

den Kläger und Widerbeklagten zur Zahlung von 215 *RM* (i. W.) zu verurteilen: für den Fall der Verurteilung, die vorläufige Vollstreckbarkeit des Urteils auszuschließen.

Der Kläger beantragte:

Abweisung der Widerklage.

Die Parteien verhandelten sodann zur Sache. Der Beklagte überreichte den Schriftsatz vom 22. August 1936 und den Brief des Klägers vom 5. August 1936.

Vorgelesen, genehmigt."

Vgl. S. 363, 364, 379. Die Klagebeantwortung legt dar, daß Wunderlich mit Recht gekündigt habe und daß ihm, nicht dem Kläger, Ansprüche auf Grund des Vertragsverhältnisses zustehen:

„Die Darstellung des Klägers über den Vorfall vom 5. August 1936 ist im großen und ganzen richtig. Nur vergißt der Kläger anzuführen, daß der Beklagte nicht bloß früher Schulden für ihn bezahlt, sondern auch sein Juni- und Juligehalt ohne Abzug entrichtet hat, obgleich der

Kläger vom 10. Juni bis 27. Juli, also länger als 6 Wochen, durch Krankheit an der Leistung von Diensten verhindert war."

Früher war es ein Privileg der Handlungsgehilfen, daß sie im Krankheitsfall sechs Wochen lang Gehalt erhielten (§ 63 [I] HGB.). Der durch die II. NotVO. vom 5. Juni 1931 (RGBl. I 279), 1. Teil Kap. IV § 1 eingeführte zweite Absatz des § 616 BGB. bestimmt zur Entlastung der Krankenkassen, daß (vorbehaltlich abweichender Regelung durch Tarifordnung) bei Angestellten — nicht auch bei sonstigen Arbeitnehmern — als „verhältnismäßig nicht erheblich" ein Zeitraum bis zu 6 Wochen gilt. Dauert die Verhinderung des Dienstverpflichteten länger, so verliert er auch für die ersten 6 Wochen seinen Vergütungsanspruch (JW. 31, 1284[28]). Wunderlich hat sich daher in der Tat großzügig benommen.

„Kläger hätte also allen Anlaß gehabt dem Beklagten dankbar zu sein und bescheiden aufzutreten. Er hat aber, wie die von ihm benannten Zeugen bekunden werden, von Anfang an die Maßnahmen des Beklagten in unsachlicher und überheblicher Weise kritisiert und beleidigende Bemerkungen über den Beklagten eingeflochten, z. B. daß dieser zwar verstehe eine Besitzung in der Zwangsversteigerung vorteilhaft zu kaufen, aber nicht sie richtig zu verwalten. Der Beklagte bewahrte trotzdem seine Ruhe, obgleich es ihm schwer fiel. Nachdem allerdings der Kläger so weit gegangen war den Beklagten als unverschämten Menschen zu bezeichnen, hat der Beklagte, schon im Interesse seiner Autorität mit Rücksicht auf das bei der Unterredung anwesende Gutspersonal, die fristlose Kündigung aussprechen müssen. Bezeichnend ist auch, daß der Brief des Klägers vom 5. August 1936, den ich im Termin überreichen werde, kein Wort des Bedauerns oder der Entschuldigung enthält.

Es wird jedoch auf die Vorgänge vom 5. August 1936 nicht ankommen. Denn wie dem Beklagten von dem, hiefür als Zeugen benannten,

Schweizer *Ruoff* in Drachenbrunn

nachträglich mitgeteilt worden ist, hat der Kläger schon vor der Kündigung die Molkerei des Beklagten bei Landwirten in Drachenbrunn und Umgegend sowie bei Butter- und Vorkosthändlern in Breslau schlecht gemacht. Diese Verdächtigungen hat er nach der Kündigung fortgesetzt. Die Bauern *Ertel* und *Krümmel*, den Großhändler *Carstens* und den Vorkosthändler *Krautwald* hat er geradezu davor gewarnt, mit dem Beklagten in Verbindung zu treten.

Beweis: Zeugnis der Genannten".

Sind die nachgeschobenen Kündigungsgründe zu berücksichtigen? Wenn Gesetz oder Rechtsprechung (S. 409) beim Vorliegen eines „wichtigen Grundes" die vorzeitige Auflösung von Vertragsverhältnissen gestatten, so wird damit der Richter angewiesen nach freiem Ermessen in soziologischer Weise durch Abwägung der beiderseitigen Interessen Recht zu schaffen. Mit begrifflichen Konstruktionen und Kasuistik allein ist die Entscheidung nicht zu finden. Ein wichtiger Grund liegt vor, falls der eine Teil an der vorzeitigen Beendigung des Rechtsverhältnisses ein Interesse hat und dafür so gewichtige Umstände sprechen, daß trotz der entgegenstehenden Belange der anderen Partei die außergewöhnliche Maßnahme gerechtfertigt erscheint. Entsprechendes gilt für die Fälle, in denen das Gesetz von „erheblichem Anlaß", „rechtlichem Interesse", „berechtigtem Interesse" u. dgl. spricht, vgl. z. B. RG. 87, 10 über die Voraussetzungen, unter denen dem Handlungsagenten ein Recht auf Einsicht der Bücher des Geschäftsherrn zusteht. Als wichtige Kündigungsgründe kommen Tatsachen aller Art in Betracht, sogar solche, an denen der Gegner des Kündigenden unschuldig ist (vgl. z. B. §§ 71[1], 72[3] HGB.). Die in einigen Gesetzesbestimmungen aufgeführten Einzeltatbestände sind — auch wenn das Gesetz es nicht ausdrücklich sagt — nur Beispiele, nicht erschöpfend (§§ 71/72: „namentlich"). Andrerseits kann ein Sachverhalt, der normaler Weise einen wichtigen Grund bildet und als solcher im Gesetz genannt wird, durch besondere Umstände diese Eigenschaft verlieren (§§ 71/72: „sofern nicht besondere Umstände eine andere Beurteilung rechtfertigen"). Bei der Interessenabwägung ist u. a. auf die wirtschaftlichen Folgen der Kündigung Rücksicht zu nehmen. Dinge, die bei losen Vertragsbeziehungen und beim Fehlen schwerwiegender Folgen als Kündigungsgrund hinreichen, dürfen nicht zum Anlaß genommen werden ein Vertragsverhältnis zu lösen, auf dem die wirtschaftliche Existenz des Gegners beruht oder mit dessen Auflösung hohe Schadensersatzansprüche verbunden sind. Bei dieser Elastizität des „wichtigen Grundes" braucht der Kündigungstatbestand weder zur Zeit der Kündigung vorhanden, noch als Grund der Kündigung angegeben zu sein. Vielmehr sind auch nachträglich eingetretene oder dem Kündigenden bekannt gewordene Umstände heranzuziehen und können eine, zunächst nicht berechtigte, Kündigung zu einer berechtigten und wirksamen machen. Besteht allerdings der nachträgliche Kündigungsgrund lediglich in Verunglimpfungen des Dienstherrn durch den Dienstverpflichteten, so wird man Letzterem seine durch die Kündigung hervorgerufene große Erregung zugute halten müssen. Umgekehrt hört ein die Kündigung an sich rechtfertigendes Verhalten möglicher Weise auf Kündigungsgrund zu sein, wenn lediglich Übereilung vorliegt und der schuldige Teil sich später entschuldigt. RG. 88, 127; 94, 166; Bensh. (RAG.) 2, 27; 3, 76 c. cit. mit Anm. von Hueck.

„Einen anderen Molkereiverwalter hat der Beklagte erst zum 1. September d. J. finden können. Provisorisch ist vom 9.—31. August der frühere Molkereidirektor *Dankwirth* aus Breslau tätig, welcher außer Ersatz seiner Reisekosten in Höhe von 25 *RM* täglich 20 *RM* erhält. Der Gesamtaufwand von 485 *RM* übersteigt die dem Kläger für die gleiche Zeit zustehende Vergütung von 270 *RM* um 215 *RM*, die den Gegenstand der Widerklage bilden.

Emil Wunderlich."

Die Rechtsfolgen einer — objektiv gerechtfertigten — fristlosen Kündigung ergeben sich aus § 628 BGB.:

1. Hat der Dienstverpflichtete gekündigt, so behält er den Anspruch auf die bis zum Kündigungstag verdiente Vergütung. Für die Folgezeit sind Erfüllungsansprüche nicht mehr denkbar, weil die Kündigung den Vertrag aufgelöst hat. Hatte aber der Dienstherr durch sein vertragswidriges Verhalten den Kündigungsgrund gegeben (was fast immer der Fall sein wird), so kann der Dienstverpflichtete Ersatz des ihm durch die vorzeitige Vertragsauflösung erwachsenen Schadens verlangen, in erster Reihe also entgangener Arbeitsverdienst bis zur Wiedererlangung einer neuen Stellung (als Schadensersatz!); ferner den Minderbetrag, wenn das Gehalt in der neuen Stellung gegen das der alten zurückbleibt.

2. Bei Kündigung des Dienstherrn bleibt ebenfalls grundsätzlich dem Dienstverpflichteten der Vergütungsanspruch bis zur Kündigung, außer wenn seine eigenen Vertragswidrigkeiten die Kündigung veranlaßt haben und wenn außerdem infolge der vorzeitigen Vertragsaufhebung die bisherige Leistung des Angestellten für den Dienstherrn kein Interesse hat. Beispiel: ein Buchhalter wird mitten während der Arbeiten zum Jahresabschluß wegen Unregelmäßigkeiten entlassen und der Nachfolger muß von vorne anfangen. Ferner haftet der Dienstverpflichtete (unter der Voraussetzung eigenen vertragswidrigen Verhaltens) dem Prinzipal auf Ersatz des

diesem durch die Aufhebung des Dienstverhältnisses entstehenden Schadens. Den letzten Anspruch verfolgt Wunderlich mit der Widerklage. Gegenüber den 60 RM, die Holland vom 1.—5. August verdient hatte, erhebt Wunderlich keine Einwendungen, versucht nicht einmal die Aufrechnung. Über diesen verhältnismäßig geringfügigen Betrag Teilurteil (§ 301 ZPO.) zu erlassen, würde keinen Zweck haben. — Die Rechtsprechung gewährt übrigens bei Verträgen aller Art unter dem Gesichtspunkt der positiven Vertragsverletzung dem vertragstreuen Teil, der durch Verschulden des Gegners zur fristlosen Kündigung aus wichtigen Gründen veranlaßt wurde, Ersatz der ihm dadurch erwachsenen Schäden. RG. 76, 367; 89, 398. —

Die Befugnisse des Vorsitzenden und der Beisitzer im Arbeitsgerichtsverfahren bestimmen sich grundsätzlich nach dem Vorbild der Landgerichtskammer (§ 53II AGG.), doch ist die Stellung des Arbeitsgerichtsvorsitzenden eine stärkere und geht in manchen Punkten sogar über die des Einzelrichters (S. 452 f.) hinaus. Die nicht auf Grund mündlicher Verhandlung ergehenden Beschlüsse und Verfügungen des Arbeitsgerichts erläßt er immer allein (§ 53I); hierunter fallen z. B. Arreste und einstweilige Verfügungen (nicht bloß in Eilfällen, wie nach § 944 ZPO.), ferner Armenrechtsentscheidungen, Ergänzung von Beweisbeschlüssen usw. In nicht kontradiktorischen Sachen kann er ohne Weiteres allein erkennen, ebenso in streitigen Sachen, wenn die Parteien es übereinstimmend beantragen (§ 55II AGG.). Die Stellung der Arbeitsrichter entspricht also, auch wenn man von der mehr äußerlichen Frage der Urteilsunterschrift (S. 1059) absieht, mehr der eines Schöffen als eines Handelsrichters.

Holland und Wunderlich stellen keinen Antrag auf Entscheidung durch den Vorsitzenden:

„Es wurde der

Beschluß

verkündet:

Die Sache soll am 25. August vormittags 10¼ Uhr vor der Kammer weiter verhandelt werden.

Richter. *Urkund.*"

Verhandlung vor der Kammer. Beweisbeschluß. Am folgenden Tage wiederholen die Parteien vor der Kammer ihre Anträge und ihre Ausführungen. Die Kammer beschließt über die Vorgänge vom 5. August und die in der Klagebeantwortung behaupteten Geschäftsschädigungen Beweis. Der Zeuge Carstens ist nach Waldsassen in Bayern verzogen. Da dort kein Arbeitsgericht, wohl aber ein Amtsgericht besteht, wird dieses „Mädchen für alles" im Wege der Rechtshilfe um Vernehmung des Zeugen ersucht (§ 58I S. 3, vgl. die analoge Vorschrift für das Kriegsgerichtsverfahren S. 1040). Alle übrigen Zeugen wohnen in der Nähe und sollen deshalb gemäß § 58I S. 1 vor der Kammer vernommen werden. Die Übertragung der Beweisaufnahme auf den Vorsitzenden wird, dem Unmittelbarkeitsprinzip zu Liebe, auf den Fall beschränkt, daß sie außerhalb des Gerichtssitzes aber im Gerichtsbezirke stattfindet, was hauptsächlich für die Landesarbeitsgerichtssachen Bedeutung hat (§§ 58I, S. 2, 64III).

Schlußverhandlung. Kündigungsschutz. Die Vernehmung des Carstens zieht sich längere Zeit hin, weil er von Waldsassen nach Kempten, von da nach Tuttlingen verzogen ist, so daß erst im November Termin zur Beweisaufnahme und Weiterverhandlung vor der Kammer stattfinden kann.

Auf Grund der Aussagen der Zeugen erscheint das Verhalten des Klägers in milderem Lichte und die Entscheidung ist zweifelhaft. Das Arbeitsgericht soll während des ganzen Verfahrens die gütliche Erledigung des Rechtsstreites im Auge behalten (§ 57 II):

„Ein mit den Parteien vorgenommener Sühneversuch war erfolglos.

Die Parteien verhandelten unter Wiederholung der am 24. August 1936 gestellten Anträge zur Sache und über das Ergebnis der Beweisaufnahme.

Auf Befragen erklärte der Beklagte, daß er die Kündigung hilfsweise für den nächsten gesetzlich zulässigen Termin aufrecht erhält.

Die Parteien sind darüber einig, daß der Kläger am 19. Februar 1899 geboren und am 1. April 1932 in die Dienste des früheren Rittergutbesitzer *Gabler* auf Drachenbrunn getreten, bei der Zwangsversteigerung des Gutes im Jahre 1929 sofort vom Beklagten übernommen und seitdem ununterbrochen teils in Drachenbrunn, teils in Braunau im Dienste des Beklagten verblieben ist."

Wer fristlos kündigt, erklärt damit seinen Willen, das Vertragsverhältnis so frühzeitig als möglich zur Aufhebung zu bringen. Daher liegt in der fristlosen Kündigung regelmäßig zugleich eine unter der condicio juris, daß der „wichtige Grund" nicht anerkannt wird, stehende Kündigung zum nächsten gesetzlich zulässigen Termin. Unter Umständen wird freilich der kündigende Dienstherr eine solche Auslegung ablehnen und es vorziehen den Angestellten, wenn er ihn nicht durch fristlose Kündigung loswerden kann, in seinen Diensten zu behalten: z. B. es besteht eine Handlungsgehilfen-Konkurrenzklausel, und der Prinzipal würde bei ordentlicher befristeter Kündigung zwei Jahre lang die Karenzentschädigung in Höhe der Hälfte der letzten vertragsmäßigen Bezüge zu zahlen haben, die bei fristloser Auflösung entfällt (§ 75 III HGB.). In unserem Falle ist schon ein neuer Molkereiverwalter eingetreten, so daß Wunderlich kaum noch zurück kann.

Welche Kündigungsfrist hat nun Holland zu beanspruchen? Durch § 2 Ges. über die Fristen für die Kündigung von Angestellten vom 9. Juli 1926 (RGBl. I 399) — sog. „Kündigungsschutzgesetz" — werden zu Gunsten älterer „Angestellten" im Sinne des AngestVersG. (oben S. 1058), welche der Gefahr der Arbeitslosigkeit erfahrungsgemäß in besonderem Maße ausgesetzt sind, die sonst geltenden gesetzlichen oder vertraglichen Fristen verlängert, und zwar abgestuft von 3 Monaten (bei 5jähriger Dienstzeit) bis zu 6 Monaten (bei 12jähriger Dienstzeit). Da die Kündigung nach dem KündSchG. nur für den Schluß eines Kalendervierteljahres statthaft ist, verlängert sich die Frist praktisch oft noch um mehrere weitere Monate. Das Gesetz gilt für kaufmännische, technische, landwirtschaftliche und sonstige Angestellte, auch wenn ihre Bezüge die Obergrenze der Versicherungspflicht (zur Zeit 8400 RM.) übersteigen (§ 1), aber nur bei Kündigung des Arbeitnehmers, während sie selbst mit der gesetzlichen bzw. vertraglichen Frist unbeschränkt kündigen dürfen. Fristlose Kündigung bleibt beiderseits möglich. Arbeiter genießen niemals die verlängerte Frist; wird ein Arbeiter später Angestellter beim gleichen Arbeitgeber, so findet eine Anrechnung der Beschäftigungsdauer als Arbeiter statt. Bensh. (RAG.) 1, 103; 2, 27. Vorausgesetzt wird ein Mindestpersonalbestand des Betriebes von 3 Köpfen. Nur die nach Vollendung des 25. Lebensjahres liegenden Dienstjahre werden berücksichtigt (§ 2 I S. 3), deshalb die Feststellung des Lebensalters des Klägers.

§ 2 I S. 1 schreibt die Anrechnung der beim Rechtsvorgänger des Kündigenden verbrachten Dienstzeit vor. Der Begriff der „Rechtsnachfolge" ist nicht im strengen

Sinne des Zivilrechts zu verstehen. Wird ein Betrieb übernommen und, gleichgültig in welcher Rechtsform, ohne wesentliche Änderung des Geschäftszweckes fortgeführt, so liegt Rechtsnachfolge vor, sofern nur die früheren Angestellten weiter beschäftigt werden, mag auch der Arbeitgeber neue Verträge mit ihnen schließen. Sogar Fortführung bloßer Betriebsteile oder auf Grund staatspolitischen Hoheitsaktes („Vorwärts"-Druckerei — Deutsche Arbeitsfront im Verhältnis zu einer früheren Gewerkschaft) kann genügen. Vgl. die interessanten RAG.-Entscheidungen bei Bensh. 1, 14; 5, 113, 347, 397; 13, 313; 15, 573, 16, 108, 112; 23, 127, 158, z. T. mit Anm. von Hueck. Daher sind zweifellos sowohl die bei Gabler wie die auf Braunau verbrachte Dienstzeit anzurechnen.

Maßgebend ist der Zeitpunkt an, nicht derjenige, zu welchem gekündigt wird (RAG. bei Bensh. 2, 247). Da Holland am 19. Februar 1924 25 Jahre alt geworden war, hat er von da bis zum 5. August 1936 über 12 anrechnungsfähige Dienstjahre verbracht, so daß ihm die höchste Kündigungsfrist von sechs Monaten zusteht.

„Der Kläger wurde über die Vorschriften des § 61 AOG. belehrt. Er beantragte hilfsweise: Widerruf der vom Beklagten erklärten Kündigung gemäß §§ 56 f. AOG.

Für den Fall der Ablehnung des Widerrufs beansprucht er eine Entschädigung in Höhe von 12 Monatsgehältern.

Der Beklagte beantragte auch gegenüber dem neuen Antrag Klageabweisung.

Die Parteien sind darüber einig, daß in der Molkerei Drachenbrunn in der Regel 12—14 Personen beschäftigt werden.

Vorgelesen, genehmigt."

Mit seinem Hilfsantrag hat Holland den allgemeinen Kündigungsschutz des AOG. in Anspruch genommen. Wie der grundlegende § 56 bestimmt, kann ein Angestellter oder Arbeiter, der in einem Betriebe mit mindestens 10köpfiger regelmäßiger Belegschaft nach einjähriger Beschäftigung gekündigt wird, binnen zwei Wochen beim Arbeitsgericht auf Widerruf der Kündigung klagen, sofern die Kündigung „unbillig hart" und „nicht durch die Verhältnisse des Betriebes bedingt" ist. Der Klage ist eine Bescheinigung des etwa in dem Betrieb bestehenden Vertrauensrates darüber beizufügen, daß die Frage der Weiterbeschäftigung des Gekündigten im Schoße dieses Gremiums — dem ja auch der Betriebsführer stets angehört (§ 5^{I} S. 1) — erfolglos beraten worden war. Statt der Bescheinigung genügt jedoch der Nachweis, daß der Gekündigte den Vertrauensrat innerhalb 5 Tagen seit Zugang der Kündigung angerufen, dieser aber in weiteren 5 Tagen die Bescheinigung nicht erteilt hat. Es können also nicht mehr (wie nach den entsprechenden Vorschriften des aufgehobenen Betriebsrätegesetzes) dadurch Schwierigkeiten entstehen, daß die Bildung eines Vertrauensrates ungesetzlicher Weise unterblieben ist oder der Vertrauensrat die Ausstellung der Bescheinigung sabotiert; für Betriebe zwischen 10 und 20 Beschäftigten, in denen ein Vertrauensrat gar nicht bestehen kann, kommt die Bescheinigung überhaupt nicht in Frage. Zur Erhebung der Widerrufsklage ist nicht der Vertrauensrat, sondern ausschließlich der Gekündigte selbst legitimiert, der folglich das gesamte Kostenrisiko des Prozesses trägt. Erkennt das Gericht auf Widerruf der Kündigung, so ist im Urteil — von Amtswegen! — für den Fall, daß der Unternehmer den Widerruf ablehnt, eine Entschädigung, in der Praxis „Abkehrgeld" genannt, festzusetzen, welche sowohl auf die Lage des Gekündigten wie auf die wirtschaftliche Leistungsfähigkeit des Betriebes und auf die Dauer des Arbeitsverhältnisses Rücksicht nehmen soll. Die Maximalentschädigung beträgt die

Hälfte des letzten Jahresarbeitsverdienstes, das Gericht kann aber ausnahmsweise bis zum vollen Jahresarbeitsverdienst gehen, wenn es die Überzeugung gewinnt, daß die Kündigung offensichtlich willkürlich oder aus nichtigen Gründen unter Mißbrauch der Machtstellung im Betriebe erfolgt war. §§ 57 I, 58 (Fassung vom 30. November 1934, RGBl. I 1193). Wird der Unternehmer verurteilt, so hat er binnen 3 Tagen seit Urteilszustellung dem Gekündigten zu erklären, ob er den Widerruf der Kündigung oder die Abkehrentschädigung wählen will. Er kann also nicht zum Widerruf gezwungen werden, ja es gilt sogar im Zweifelsfall, nämlich wenn der Unternehmer in der dreitägigen Frist gar keine Erklärung abgibt, die Entschädigung als gewählt (§ 57 II S. 1, 2). Der Arbeitnehmer hat darnach letzten Endes kein Recht auf den Kündigungswiderruf, obgleich dieser der Form nach mit der Klage in erster Reihe erstrebt wird, sondern nur auf das Abkehrgeld, und der Unternehmer kann sich von der Verpflichtung zur Zahlung des Abkehrgeldes dadurch befreien, daß er den Widerruf ausspricht. Also eine Regelung, welche der bekannten Rechtsfigur der facultas alternativa entspricht.

Keine Anwendung findet der Kündigungsschutz bei Kündigungen auf Grund einer Verpflichtung, die auf Gesetz oder Tarifordnung beruht (§ 62). Der Hauptfall solcher erzwungenen oder Pflichtkündigungen ergibt sich aus den Bestimmungen über Austausch von Arbeitsplätzen (S. 1053/4 zu 1b). Die behördliche Austauschanordnung stellt zweifellos ein „Gesetz" im Sinne des § 62 dar. Der Vermeidung unbilliger Härten soll innerhalb des Austauschverfahrens Rechnung getragen werden.

Auch gegenüber fristlosen Kündigungen aus wichtigem Grunde gibt es keinen Kündigungsschutz: denn wenn die Kündigung berechtigt und wirksam ist, wird man sie niemals als unbillige Härte betrachten können. Dem Gekündigten bleibt hier zunächst nichts weiter übrig, als sich gegen die Kündigung gerichtlich zur Wehr zu setzen und ihre Unwirksamkeit zu bestreiten, wie es Holland getan hat. Wenn nun der wichtige Grund verneint, die Kündigung aber als ordentliche Terminskündigung aufrecht erhalten wird, so darf der Gekündigte nicht schlechter gestellt werden, als wenn man ihm von Anfang an zum Termin gekündigt hätte. Auch kann man ihm in solchem Falle nicht zumuten, daß er schon in den ersten 5 Tagen nach Empfang der Kündigung zum Vertrauensrat geht, um sich die Bescheinigung aus § 56 II zu beschaffen, weil zunächst nur eine fristlose, keine ordentliche Terminskündigung in Frage steht. Darum darf nach § 61 der Arbeitnehmer den Antrag auf Kündigungswiderruf in dem schwebenden Kündigungsprozeß nachholen, ohne daß es der vorherigen Anrufung des Vertrauensrats und der Beibringung der Bescheinigung bedarf. Er muß aber seine Anträge bei Vermeidung des Verlustes seiner Rechte bis zum Schluß der erstinstanzlichen Verhandlung stellen, und der Vorsitzende des Arbeitsgerichts hat das nobile officium ihn hierauf hinzuweisen. Die 14tägige Ausschlußfrist für die Widerrufsklage gilt als gewahrt, wenn die Unwirksamkeitsklage vor Ablauf von zwei Wochen erhoben war.

Besondere Fälle des Kündigungsschutzes: Neben

1. dem allgemeinen Kündigungsschutz des AOG. und
2. dem KündSchG. für ältere Angestellte

bestehen folgende weitergehenden besonderen Bestimmungen:

3. das Verfahren bei Massenentlassungen. Sollen mehr als 10% (Genaueres s. § 20 I AOG.) der in einem Betriebe Beschäftigten entlassen werden, so muß der Unternehmer dem Treuhänder der Arbeit schriftliche Anzeige erstatten. Es gilt dann eine Sperrfrist von vier Wochen seit Ein-

gang der Anzeige, vor deren Ablauf Entlassungen nur mit besonderer Kündigung des Treuhänders wirksam werden; ausnahmsweise kann der Treuhänder die Sperrfrist bis auf zwei Monate verlängern (§ 20II S. 1, 2). Innerhalb von weiteren vier Wochen seit Ende der Sperrfrist müssen die Entlassungen tatsächlich durchgeführt sein, widrigenfalls die dem Treuhänder erstattete Anzeige ihre Wirkung verliert (§ 20II S. 3). Ist der Unternehmer nicht in der Lage seine Belegschaft bis zum Ablauf der Sperrfrist durchzuhalten, so kann ihm der Treuhänder für die Zwischenzeit eine Arbeitsstreckung gestatten (§ 20III). Etwaige Rechte des Unternehmers zur fristlosen Entlassung bleiben unberührt (§ 20II S. 4).

4. Um die Unabhängigkeit der Mitglieder des Vertrauensrates zu sichern, erklärt § 14I S. 2 die Kündigung des Dienstverhältnisses eines Vertrauensmannes für unzulässig, ausgenommen die Fälle der Betriebsstillegung und des wichtigen Grundes. Es besteht jedoch die Möglichkeit daß der Treuhänder einen Vertrauensmann wegen sachlicher oder persönlicher Ungeeignetheit abberuft (§ 14II), womit dann die Kündigung selbstverständlich zulässig wird. Im übrigen dauert das Amt der Vertrauensmänner bloß ein Jahr, und gegen den Willen des Betriebsführers kann niemand auf die der Gefolgschaft zur Abstimmung vorzulegende Liste gesetzt werden (§§ 9, 11).

5. Einem Schwerbeschädigten kann nur mit vorheriger Zustimmung der Hauptfürsorgestelle und mit einer Frist von mindestens vier Wochen gekündigt werden. Die Zustimmung ist zu erteilen, wenn dem Schwerbeschädigten ein anderer angemessener Arbeitsplast gesichert ist oder wenn der Arbeitgeber an seiner Stelle im Einvernehmen mit der Hauptfürsorgestelle einen anderen Schwerbeschädigten einstellt (§§ 13, 14 SchwerbeschGes., oben S. 1053 zu 1 a). Auch hier werden die gesetzlichen Bestimmungen über fristlose Kündigung nicht berührt. Stellt sich jedoch der wichtige Grund als Folge von Kriegsbeschädigungen dar, so muß, wie immer, die Zustimmung der Hauptfürsorgestelle eingeholt werden (§ 13II).

6. Gegenüber weiblichen Arbeitnehmern ist die — ordentliche — Kündigung des Arbeitgebers in einem Zeitraum von 6 Wochen vor bis 6 Wochen nach der Niederkunft unwirksam. Vgl. § 4 Ges. über die Beschäftigung vor und nach der Niederkunft vom 16. Juli 1927 (RGBl. I 184).

AOG. und KündSchG. gelten auch zu Gunsten der privilegierten Arbeitnehmergruppen zu 3 bis 6. Allerdings wird bei Massenentlassungen die Kündigung gewöhnlich „durch die Verhältnisse des Betriebes bedingt" im Sinne von § 56I AOG., und demgemäß die Widerrufsklage aussichtslos sein.

Urteil. Widerruf der Kündigung. Die Kammer verneint den „wichtigen Grund". Damit fällt die Widerklageforderung. Sie nimmt ferner an, daß die Kündigung unbillig hart und nicht durch die Verhältnisse des Betriebes bedingt sei, spricht aber Holland, weil ihm bereits eine lange Kündigungsfrist zusteht, bloß Abkehrgeld in Höhe von drei Monatsgehältern zu:

„Es wurde folgendes

Urteil

verkündet:

Das Vertragsverhältnis der Parteien ist durch die Kündigung des Beklagten erst zum 31. März 1937 aufgelöst.

Der Beklagte wird verurteilt dem Kläger für die Zeit bis zum 31. März 1937 am Ende jedes Monates 288 RM (i. W.) zu zahlen und für ihn Lohnsteuer, sowie die sozialen Versicherungsbeiträge nach einem Gehalt von 360 RM zu entrichten.

Der Beklagte wird ferner verurteilt, die Kündigung zu widerrufen und für den Fall, daß er den Widerruf ablehnt, dem Kläger 1080 RM (i. W.) zu zahlen.

Die weitergehenden Anträge des Klägers und die Widerklage werden abgewiesen.

Von den Kosten des Rechtsstreits hat der Kläger 1/4, der Beklagte 3/4 zu tragen.

Der Wert des Streitgegenstandes wird auf ...... RM festgesetzt.

Das Urteil ist vorläufig vollstreckbar."

Die Klage „auf Widerruf" der Kündigung, von der §§ 56^{I}, 57^{I} AOG. spricht, ist nicht, wie man meinen könnte, eine rechtsgestaltende, sondern auf Verurteilung des beklagten Unternehmers zum Widerruf gerichtet. Sonst würde er nicht den Widerruf „wählen" (§ 57^{II} S. 1, 4) oder „ablehnen" (§ 57^{I}) können, und sonst würde die vorläufige Vollstreckbarkeit des Urteils (§ 57^{II} S. 1) ohne Interesse sein.

Die Kostenentscheidung beruht auf der Erwägung, daß Holland zwar hinsichtlich des wichtigen Grundes und des Widerrufs obgesiegt hat, daß er sich aber die Kündigung als Terminskündigung gefallen lassen muß und daß ihm Abkehrgeld nur zu einem Teil der beantragten Summe bewilligt worden ist.

Ein Grund, die vorläufige Vollstreckbarkeit gegenüber dem augenscheinlich in geordneten Verhältnissen lebenden Kläger auszuschließen, liegt nicht vor. Sie bezieht sich natürlich nur auf das Abkehrgeld. Um eine vollstreckbare Ausfertigung zu erhalten, muß Holland entweder nachweisen, daß Wunderlich die Entschädigung gewählt, oder daß er sich nicht binnen 3 Tagen nach Urteilszustellung erklärt hat. Nach den Grundsätzen des § 726^{I} ZPO. würde der Beweis durch öffentlich beglaubigte Urkunden geführt werden müssen. § 63 AGG. begnügt sich jedoch mit eidesstattlicher Versicherung.

Der Kündigungswiderruf hat rückwirkende Kraft. Entschließt sich also der Unternehmer zu widerrufen, so hat er (was in unserem Falle wegen der noch laufenden langen Kündigungsfrist selbstverständlich ist) dem Gekündigten auch für die Zeit von der Entlassung bis zur Weiterbeschäftigung seine Vergütung zu zahlen. Er darf sich abziehen, was der Gekündigte in der Zwischenzeit anderweitig verdient oder zu erwerben böswillig unterlassen hat (§§ 59 S. 1, 2 AOG., 615 S. 2 BGB.). Hat der Gekündigte inzwischen eine andere Stellung angenommen, so steht ihm das Recht zu unverzüglich nach Empfang der Widerrufserklärung des Unternehmers die Weiterbeschäftigung bei ihm zu verweigern; alsdann verliert er die Abkehrentschädigung und bekommt bloß Gehalt von der Entlassung bis zum Antritt der neuen Stellung (§ 60 AOG.). Dadurch, daß Wunderlich den Widerruf wählt, wird er nicht gehindert gegen das Urteil Berufung einzulegen. Wird auf seine Berufung die Klage abgewiesen (z. B. weil das Landesarbeitsgericht dem Beklagten einen wichtigen Grund zubilligt oder weil es die unbillige Härte der Kündigung verneint), so büßt nach § 57^{II} S. 5, Abs. III der Widerruf von selbst seine Wirkung ein. Führt die Berufung lediglich zu einer anderen Festsetzung des Abkehrgeldes, so läuft von der Zustellung des Berufungsurteils an für den Unternehmer eine neue Erklärungsfrist von 3 Tagen, d. h. der Beklagte hat die Freiheit seiner Entschließung wieder erlangt!

Gehalt und Abkehrgeld: Die 288 RM. netto (360 RM. brutto) bis 31. März 1937 sind Gehalt und unterliegen dem Lohnsteuerabzug und der Sozialversicherung. Wunderlich kann jederzeit Holland's Dienste in Anspruch nehmen und wenn sie ihm verweigert werden, so wird er für die Zukunft von der Zahlung frei. Verlangt er keine Dienstleistung, so muß sich Holland nach § 615 S. 2 BGB. auf seine Bezüge anrechnen lassen, was er durch anderweite Verwertung seiner Arbeitskraft verdient oder böswilliger Weise nicht verdient. — Dagegen ist Holland's Anspruch auf die Abkehrentschädigung von 1080 RM. unabhängig davon, ob und gegen welches Gehalt er nach dem 1. April 1937 Stellung findet. Die Entschädigung gehört zu den einkommen- (bzw. lohn-) steuerfreien Einkünften. § 3^{7} EinkStG. (S. 1082 Anm. 3).

Soweit es sich um den Widerruf bzw. die Abkehrentschädigung handelt, ist durch § 72^{I} S. 3 AGG. die Revision in der Sache Holland gegen Wunderlich absolut ausgeschlossen. Im übrigen richtet sich ihre Zulässigkeit nach den allgemeinen Vorschriften: Revisionssumme oder besondere Zulassung durch das Landesarbeitsgericht (S. 1059).

Betriebsrisiko.

Ziegelmeister Lehmann, Vorarbeiter Ziegler und die übrigen 28 Beschäftigten der Birkenhagener Ziegelei klagen durch den Arbeitnehmer-Rechtswalter der Deutschen Arbeitsfront gegen den Inhaber der Ziegelei, Robert Heckner, auf Zahlung von Restgehalt bzw. Restarbeitslohn:

„Vom 12.—16. Juli 1936 führte das Rotwasser, in dessen Nähe das Ziegeleigrundstück liegt, Hochwasser. Man versuchte zunächst die Ziegelei vor Überflutung zu schützen, doch durchbrach der Fluß Montag den 13. Juli nachmittags gegen 15 Uhr die Dämme und setzte alles unter Wasser, so daß der Betrieb eingestellt werden mußte. Nachdem das Hochwasser sich verlaufen hatte, wurden bis zum 26. Juli die Aufräumungsarbeiten ausgeführt und am Montag den 27. Juli der Betrieb wieder aufgenommen. Am 15. Juli hatte der Beklagte der gesamten Belegschaft zum nächst zulässigen Termin gekündigt mit dem Bemerken, daß das nur vorsorglich geschehe. Die Beschäftigten haben sich an den Vertrauensrat gewandt und sich, ebenfalls vorsorglich, Bescheinigungen gemäß § 56^{II} AOG. geben lassen, auch den Beklagten auf die bei Massenkündigungen zu wahrenden Sondervorschriften hingewiesen. Bei Wiederaufnahme der Arbeit hat dann der Beklagte die alte Belegschaft vollzählig wieder eingestellt, wodurch sich weitere Schritte erübrigt haben.

Dieser Sachverhalt wird unstreitig sein.

Bei der Lohn- bzw. Gehaltszahlung für Juli hat der Beklagte der gesamten Belegschaft die 11 Arbeitstage vom 14.—18. und vom 19.—25. Juli abgezogen. Dieser Abzug ist unberechtigt.

Nach dem, als Tarifordnung aufrecht erhaltenen, Tarifvertrag für die Ziegeleien der Provinz Niederschlesien vom 15. Januar 1933 (RArbBl. . . ., TarRegNr. . . .) besteht für Ziegeleiarbeiter und -vorarbeiter eine Kündigungsfrist von 14 Tagen, für Ziegelmeister eine solche von 6 Wochen zum Quartalschluß. Diese Fristen waren zur Zeit der Wiederaufnahme des Betriebes noch nicht abgelaufen, so daß die vom Beklagten erklärte Kündigung als unerheblich ausscheidet.

Für den Fall von Betriebsstörungen und -unterbrechungen enthält die Tarifordnung keine Vorschriften.

Auch die für die Ziegelei Birkenhagen gültige Betriebsordnung sah in ihrer ursprünglichen Fassung vom 5. Mai 1934 derartige Fälle nicht vor.

Nachdem im Februar 1935 die benachbarte Ziegelei Krausendorf wochenlang durch Störung des elektrischen Antriebs zur Stillegung gezwungen und es darüber zu Unstimmigkeiten zwischen dem dortigen Betriebsführer und seiner Gefolgschaft gekommen war, hat der Beklagte in seiner Eigenschaft als Betriebsführer am 23. März 1935 einen Nachtrag zur Betriebsordnung vom 5. Mai 1934 erlassen und durch ordnungsmäßigen Aushang nach § 31 AOG. bekannt gemacht, der in die Betriebsordnung nachstehende neue Ziffer 7a einfügte:

‚Wird durch Störungen der Antriebskraft, die von keiner Seite verschuldet sind, der Betrieb vorübergehend lahmgelegt, so erhalten die Beschäftigten für die ersten 3 Tage der Betriebsunterbrechung ihre Bezüge voll ausgezahlt. Vom 4. Tag bis zur Wiederaufnahme des Betriebes ruhen die Bezüge.‘

Der Beklagte wird nicht in Abrede stellen, daß er bei der durch § 6^{II} AOG. vorgeschriebenen Beratung des Nachtrags im Vertrauensrat die neue Bestimmung ausdrücklich mit der Notwendigkeit motiviert hat sich davor zu schützen, daß bei ihm auch so etwas vorkomme wie in Krausendorf. Aus dieser Äußerung geht hervor, daß der Beklagte damals sich die Frage vorgelegt hat, wie die Gehalts- und Lohnzahlung bei vorübergehender Unterbrechung des Ziegeleibetriebes zu handhaben sei. Hätte er sich also auch für den Fall der Überschwemmung bzw. des Hochwassers Abzugsrechte sichern wollen, so wäre es seine Sache gewesen die Überschwemmung im Nachtrag ebenfalls zu erwähnen. Das lag um so näher, als verschiedene Ziegeleien der Umgebung in den letzten Jahren durch Überschwemmung Betriebsstörungen erlitten haben und auch der Beklagte sich im Jahre 1927 einmal genötigt gesehen hatte, den Betrieb in Birkenhagen auf 5 Tage einzustellen, weil ein Wolkenbruch niedergegangen und die Anlage dadurch zum Teil ersoffen war. Der Einwand des Beklagten, daß alle diese Wasserschäden nicht entfernt so schwer gewesen seien wie die jetzige Überschwemmung, kann als berechtigt nicht anerkannt werden.

Die Kläger stehen deshalb auf dem Standpunkt, daß ihnen nicht bloß für die ersten 3 Tage sondern für die gesamte Dauer der Unterbrechung die volle Vergütung gebührt.

Grundsätzlich ist davon auszugehen, daß der Beklagte als Unternehmer und Führer des Betriebes auch die Gefahr aller äußeren Störungen zu tragen hat. Die Kläger trifft an dem ganzen Unglück nicht die geringste Schuld. Nachdem der Beklagte die Einstellung des Betriebes der versammelten Gefolgschaft bekanntgegeben hatte, haben Ziegelmeister *Lehmann* und Vorarbeiter *Ziegler* alsbald namens der sämtlichen Kläger ihm ihre Dienste angeboten. Dadurch ist der Beklagte in Verzug geraten.

Schlimmstenfalls muß der Beklagte die Vergütung für die ersten 3 Tage bezahlen, weil es für die Rechte der Kläger keinen Unterschied machen kann, ob der Betrieb durch zufällige Störung der motorischen Kraft oder durch Naturereignis unterbrochen wird."

Kann der Arbeitgeber aus einem von ihm nicht verschuldeten Grunde keinen Gebrauch von den angebotenen Diensten des Arbeitnehmers machen, so gerät er, wie wir bereits gesehen haben (S. 1063), in Annahmeverzug und muß Lohn zahlen, selbst wenn die Verhinderung noch so lange dauert. Wird die vertragsmäßige Arbeitsleistung durch Zufall absolut unmöglich, so wird er von seiner Vergütungspflicht befreit (§ 323[1] BGB.). Die Grenze zwischen bloßem Annahmeverzug und nachträglicher unverschuldeter Unmöglichkeit läßt sich nicht immer mit Sicherheit ziehen, und es ergeben sich dabei leicht schematische Entscheidungen. So ist die Rechtsprechung dazu übergegangen, für die auf dem Gebiet des Arbeitsrechts vorkommenden Grenzfälle, das sog. „Betriebsrisiko", neue Grundsätze zu entwickeln, die völlig von §§ 323, 615 abstrahieren und auf den Gedanken von Treu und Glauben und einer zwischen Unternehmer und Belegschaft bestehenden (zum erstenmal in RG. 106, 272 für den Fall des Teilstreiks anerkannten) Arbeitsgemeinschaft beruhen. Das grundlegende RAG.-Urteil Bensh. 3, 116 legt das Betriebsrisiko

in erster Linie dem Teil auf, der es durch Vertrag (Betriebsordnung, Tarifordnung) übernommen hat,
in zweiter demjenigen, den das Verschulden trifft,
in dritter der Partei, aus deren Sphäre es kommt.

Das Reichsarbeitsgericht geht davon aus, daß die Rechte des Arbeitnehmers im modernen Arbeitsrecht erweitert sind, daß er (in der Ära des kollektiven Arbeitsvertrags!) nicht mehr als Einzelindividuum sondern kollektivistisch tätig und am Betriebe beteiligt ist, und daß mit der Mitwirkung bei der Betriebsleitung die Beteiligung der Betriebsgefahr Hand in Hand gehen muß. Ob ein Gefahrenmoment zu Lasten des Unternehmers oder der Beschäftigten zählt, beantwortet sich nach den Umständen des Falles, nach Treu und Glauben und aus § 242. Daraus folgt, daß z. B. für Streiks (ein damals sehr wichtiger Fall) die Belegschaft einzustehen hat, mag auch der Einzelne gar nicht daran beteiligt gewesen sein. Was in der Sphäre des Arbeitgebers liegt — wie Mangel an Betriebsstoffen, Versagen von Maschinen, u. dgl. — ist von ihm zu vertreten. Nimmt aber die Störung einen solchen Umfang an, daß der Betrieb nicht in der Lage ist die wirtschaftlichen Nachteile, nämlich die Lohnzahlung für den Arbeitsausfall, zu tragen, so trifft der Schaden die Arbeiterschaft, auch wenn die Störung (Beispiel: Fabrikbrand) dem Bereich des Arbeitgebers entstammt. Darnach ist dem Unternehmer u. a. das Betriebsrisiko auferlegt worden für: das Reißen einer Antriebswelle (Bensh. 4, 149); kurzfristiges Aussetzen des elektrischen Stromes (Bensh. 5, 34; Leipz. Zeitschr. 31, 516[1]); Versagen der Heizungsanlage bei Frostwetter (Bensh. 5, 41); Notwendigkeit der Unterbrechung von Baggerarbeiten wegen Eisgangs (Bensh. 5, 110); Unmöglichkeit, in einem besonders kalten Winter Kohle zum Heizen der Arbeitsräume zu beschaffen (Bensh. 7, 415; 8, 407); Feierschichten infolge Mangels an Aufträgen (Bensh. 9, 537); Mißerfolg eines Varietékünstlers mit seiner Nummer (LAG. Chemnitz, Bensh. 20, 37); Unmöglichkeit, einen Kaffeehausmusiker während der Landestrauer nach dem Tode des Reichspräsidenten von Hindenburg spielen zu lassen (LAG. Hannover bei Bensh. 22, 169; RAG. in JW. 35, 2221[31], dazu Nikisch = Bensh. 23, 219, dazu Hueck). Die Belegschaft trifft die Gefahr für: das Versagen einer Preßluftanlage infolge eines ganz eigenartigen, noch nie dagewesenen und nicht voraussehbaren Sachverhalts (Bensh. 5, 38); Feierschichten im Baugewerbe, weil dieses seiner Natur nach Saisongewerbe ist und entsprechend erhöhte Arbeitslöhne hat (Bensh. 13, 168, dagegen Hueck); Unmöglichkeit einen Lehrling weiter auszubilden, weil infolge der Wirtschaftskrise von 1931 der Betrieb stillgelegt werden mußte (Bensh. 18, 28). Es handelt sich um ein ausgesprochen soziologisches Institut, welches in seiner Entwicklung wie in der Art der Argumentation mit der, ebenfalls soziologischen (S. 409/10), Aufwertungsrechtsprechung starke Ähnlichkeiten aufweist. — Neuerdings ist (von Stoll DAR. 34, 199f.) die Frage aufgeworfen worden, ob nach Beseitigung der kollektivistischen Arbeitnehmerrechte und Aufstellung des Führerprinzips in der Arbeitsverfassung die Arbeitsgemeinschaft in dem früheren Sinne noch bestehe und ob es nicht richtiger sei, dem Unternehmer als Führer des Betriebes jetzt auch das volle Betriebsrisiko aufzubürden. Indessen verlangt gerade die der Gefolgschaft im heutigen Arbeitsrecht auferlegte Treupflicht, daß sie nicht in unbilliger, womöglich für den Dienstherrn ruinöser Weise Lohnforderungen an ihn stellt (so Hueck bei Bensh. 23, 219). Nikisch (zu JW. 35, 221[31]) schlägt als Ausweg vor, in den Fällen des Betriebsrisikos die Gefolgschaft nacharbeiten zu lassen, ihr jedoch den Lohnausfall zu ersetzen.

RAG. in Bensh. 3, 129 hat den Besitzer einer Ziegelei verurteilt, als wegen eines Dauerregens die Arbeiter nicht weiter arbeiten konnten. Wähle er eine Arbeitsstätte im Freien, die Witterungseinflüssen ausgesetzt ist, so gehe das dadurch bedingte höhere Risiko auf seine Rechnung; die Belegschaft müsse vor unverschuldetem Lohnausfall geschützt werden. Auf unseren Fall läßt sich die Entscheidung nicht anwenden, weil hier die ganze Ziegeleianlage durch eine Überschwemmung, wie sie anscheinend in gleichem Ausmaß noch nicht vorgekommen war, unter Wasser gesetzt und wahrscheinlich großer Sachschaden an Maschinen, Vorräten und Fertigfabrikaten verursacht worden ist, der bei bloßem Dauerregen nicht eingetreten wäre. Immerhin dürfte eine Überschwemmung, die nach 11 Tagen die Wiederaufnahme des Betriebes gestattet, im Sinne der Judikatur kein so schweres Unglück sein, daß man damit die Arbeiterschaft belasten sollte, obgleich es doch seiner Natur nach dem Gefahrenkreise des Unternehmers angehört. In erster Reihe wird aber zu prüfen sein, welche konkrete Sonderregelung sich aus § 7a der Betriebsordnung ergibt. Wenn die Kläger diese Frage durch Erforschung des vermutlichen

Willens lösen wollen, den der Beklagte bei Erlaß des Betriebsordnungs-Nachtrags gehabt hatte, so verkennen sie das Wesen der Betriebsordnung. Betriebs- und Tarifordnung sind Normen des objektiven Rechts, woraus folgt, daß ihre Auslegung in der gleichen Weise zu geschehen hat wie bei einem Gesetz. Längst ist man aber davon abgekommen, Gesetze durch Bezugnahme auf die Materialien, Äußerungen von Kommissionsmitgliedern u. dgl. zu interpretieren. (sog. „Motivenjurisprudenz"). Einmal verkündet, hat das Gesetz seine selbständige Existenz und muß als organisches Gebilde betrachtet werden. Deshalb wird es nur aus seinem eigenen Inhalt, aus den in seinem Wortlaut erkennbaren Rechtsgedanken unter ergänzender Zuhilfenahme allgemeiner Rechtsprinzipien ausgelegt. Gehen wir so vor und lassen wir die behaupteten Erwägungen und Erklärungen des quasi-Gesetzgebers außer Betracht, so werden wir nicht zu einem argumentum e contrario, wie es die Kläger wollen, sondern vielmehr zu einem Analogieschluß gelangen. Das Beispiel der Störung der motorischen Kraft bedeutet, daß bei allen Betriebsunterbrechungen **mindestens** vom 4. Tage ab der Arbeitslohn entfällt. Wegen der ersten 3 Tage mag die Entscheidung zweifelhaft sein.

„Die Kläger zu 26—30 sind erst nach Erlaß des Nachtrags vom 23. März 1935 in die Birkenhagener Ziegelei eingetreten, während sich die übrigen Kläger schon länger, größtenteils seit vielen Jahren, beim Beklagten in Stellung befinden. Der Inhalt des Nachtrags und die aus ihm zu ziehenden Schlußfolgerungen kommen aber auch den Klägern zu 1—25 zu statten, weil der Nachtrag ihre Rechtsstellung verbessert. Sollte wider Erwarten angenommen werden, daß der Nachtrag der Klage entgegenstehe, so wird gegen seine Anwendung im Verhältnis der Kläger zu 1—25 zum Beklagten Verwahrung erhoben."

Wird die Bestimmung einer Betriebsordnung aufgehoben, so verliert sie damit — als betriebsordnungsmäßige — ihre Kraft. Sachlich bleibt sie indessen — als Teil des Vertragsinhalts der unter Herrschaft der aufgehobenen Bestimmung abgeschlossenen Einzelarbeitsverträge — weiter wirksam (s. g. „unechte Nachwirkung"). Die Eigenschaft einer Mindestbedingung hat sie mit Aufhebung der unabdingbaren Betriebsordnung eingebüßt, so daß sie nunmehr von den Parteien beliebig aufgehoben oder abgeändert werden kann.

Daß Änderungen von Betriebsordnungsbestimmungen, soweit sie die Rechte der Betriebsangehörigen erweitern, sofort mit unmittelbarer und unabdingbarer Wirkung auch für die bereits laufenden Einzelverträge gelten, folgt eindeutig aus § 30 AOG.

Schwieriger liegt der umgekehrte Fall, daß die Lage der Arbeitnehmer sich durch die Änderung der Betriebsordnung verschlechtert. Manche wollen hier eine „unbeschränkte Nachwirkung" der früheren Bestimmung auf die laufenden Einzelverträge so lange annehmen, bis sie für diese Verträge durch Kündigung, Abänderung oder in sonstiger Weise außer Kraft gesetzt wird. Die Betriebsordnung soll aber in ihrer jeweiligen Fassung die wirkliche Norm der Einzelarbeitsverträge bilden; der Betriebsführer hat in ihr ein Mittel, die Regelung der Arbeitsverhältnisse der gerade gegebenen Wirtschafts- und Geschäftslage anzupassen, und zwar einheitlich. Darum wird die ipso iure-Wirkung auch der ungünstigen Änderungen für laufende Verträge anzuerkennen sein. Allerdings nicht sofort, sondern — in Verwertung des im Art. 171 EG.BGB. aufgestellten Rechtsgedankens — erst von dem Zeitpunkt ab, für welchen der Vertrag nach Erlaß der Änderung frühestens hätte gekündigt werden können. Daß alles das auch bei Aufhebung und Änderung von Tarifordnungen gilt, versteht sich von selbst, Betriebs- und Tarifordnung stehen in dieser Hinsicht auf einer Linie. Vgl. zu der Frage noch Bensh. 4, 177; 5, 278; 12, 84; 13, 190; 15, 641; 17, 214, 237; 21, 69, dazu Nipperdey mit Literaturangaben.

„Für die abgezogenen 11 Arbeitstage stehen den Klägern tarifordnungsmäßig zu:

(folgt spezifizierte Berechnung)

Namens der Kläger, deren Vollmacht ich überreiche, erhebe ich daher Klage beim Arbeitsgericht Breslau und beantrage die Anberaumung eines Verhandlungstermins, in welchem ich beantragen werde:

den Beklagten zu verurteilen, an die Kläger 1653.50 *RM* (i. W.) nebst 4% Zinsen seit Klagezustellung zu zahlen, nämlich:

a) an den Kläger zu 1 72.00 *RM* (i. W.) nebst Zinsen,

b) ....

..........."

Der Referendar: Ich habe gelesen, daß seit Erlaß des AOG. Gesamtstreitigkeiten nicht mehr vor die Arbeitsgerichte gebracht werden können. Wenn hier die gesamte Belegschaft Ansprüche aus einer Tarifordnung erhebt, so dürfte das doch wohl eine Gesamtstreitigkeit sein?

Der Richter: Sie denken an den, durch § 66^1 AOG. aufgehobenen, § 2^1 AGG. alter Fassung. Dort war die Rede von Prozessen zwischen Tarifvertragsparteien oder zwischen Tarifvertragsparteien und Dritten aus Tarifverträgen, über das Bestehen oder Nichtbestehen von Tarifverträgen, oder aus unerlaubten Handlungen zu Zwecken des Arbeitskampfes oder in Ansehung der Koalitionsfreiheit. Mindestens auf einer Seite mußte also an der „Gesamtstreitigkeit" eine Tarifvertragspartei, d. h. ein Arbeitgeber- oder ein Arbeitnehmerverband, als Partei beteiligt sein. In Betracht kamen vor allem Klagen auf Erfüllung des sog. obligatorischen Teils des Tarifvertrages (z. B. auf Wiedereinstellung ausgesperrter Arbeiter oder auf Erfüllung der in den meisten Tarifverträgen versprochenen „Friedenspflicht"); auf Feststellung von Tarifverträgen und der Auslegung ihres Inhalts; auf Schadensersatz wegen Streik, Aussperrung, Boykott. Die besonderen Arbeitgeber- und Arbeitnehmerorganisationen sind beseitigt, es gibt keine Tarifverträge und Tarifvertragsparteien, keine Arbeitskämpfe und Gesamtstreitigkeiten mehr: deshalb wurde die frühere Ziffer 1 des § 2 AGG. als gegenstandslos gestrichen. In unserem Falle handelt es sich um Ansprüche zwischen Beschäftigten und einem einzelnen Arbeitgeber aus dem Arbeitsverhältnis, Ziff. 2 der vormaligen = Ziff. 1 der jetzigen Fassung des § 2. Das ist eine typische „Einzelstreitigkeit" im Sinne der früheren Unterscheidung. Den Klaggrund bildet nicht die Tarifordnung als solche, sondern der Einzelarbeitsvertrag, und die Tarifordnung spielt nur insofern hinein, als sie den Inhalt des Einzelvertrages normiert. Dadurch, daß die Kläger ihre, rechtlich vollkommen selbständigen, Ansprüche in „unechter Streitgenossenschaft" (§ 60 ZPO.) geltend machen, dürfen Sie sich über das wirkliche Wesen dieses Rechtsstreits nicht täuschen lassen.

In der Rechtsantragstelle.

Möbeltransporteur Wälzer: Ich bin beim Spediteur Vogel in Stellung und will für die Belegschaft der Möbelspeditionsabteilung eine Klage erheben.

Der Rechtspfleger: Die Belegschaft als solche kann nicht klagen. Sie müssen die einzelnen Beschäftigten angeben und schriftliche Vollmachten beibringen.

Nach § 10 AGG. alter Fassung waren im arbeitsgerichtlichen Verfahren auch Vereinigungen von Arbeitgebern und Arbeitnehmern ohne Rechtsfähigkeit (wegen ihrer oben S. 326 zu 1 behandelten

„Tarifvertragsfähigkeit") und in gewissen Fällen sogar die Arbeitnehmerschaft, Arbeiterschaft oder Angestelltenschaft eines Betriebes parteifähig. Die Vorschrift ist gestrichen und es gelten für die Arbeitsgerichte die gewöhnlichen Regeln: natürliche und juristische Personen aktiv und passiv, nicht rechts-rechtsfähige Vereine nur passiv parteifähig (§ 50^{II} ZPO.).

Das Vollmachtserfordernis ergibt sich aus § 88^{II} ZPO. mit § 46 S. 1 AGG.

Wälzer: Ich werde Ihnen die Namen sagen und die Vollmachten besorgen. Wir wollen nämlich klagen, daß die neue Betriebsordnung für ungültig erklärt und der Packer Leopold, der jetzt Vertrauensmann ist, abgesetzt wird. In der Betriebsordnung heißt es, daß pro Mann 3 RM. zu zahlen sind, wenn wir während der Arbeit oder zwischen zwei Umzügen länger als eine halbe Stunde Frühstück oder Mittag machen, und daß jede schuldhafte Beschädigung von Umzugsgut nach Schwere des Schadens 1—3 RM. kostet. Das ist doch ganz unmöglich. Wie leicht passiert bei größter Vorsicht etwas, und man muß zwischen der schweren Arbeit auch einmal verpusten können. Wegen solcher Sachen können wir uns doch nicht bestrafen lassen. Bei der Beratung der neuen Betriebsordnung im Vertrauensrat hätte Leopold die Sache dem Prinzipal klarmachen müssen, denn es sind sonst bloß Leute aus der Güterspedition und dem Kontor drin. Wir haben kein Vertrauen mehr zu ihm. An seiner Stelle wollen die Kollegen mich als Vertrauensmann wählen.

Rechtspfleger: Was verdient ein Arbeiter in der Möbeltransportabteilung?

Wälzer: 6 bis 8 Mark täglich, dazu das Trinkgeld, das die Parteien zahlen.

Rechtspfleger: Dann läßt sich gegen die Bestimmung juristisch nichts einwenden. Es handelt sich um keine Strafen sondern um sog. Betriebsbußen, wie sie fast in jeder Betriebsordnung stehen. Das Gesetz verlangt bloß, daß ein Verstoß gegen die Ordnung oder Sicherheit des Betriebes vorliegen muß und daß die Buße einen halben Tagesverdienst nicht übersteigt; für erhebliche, bestimmt bezeichnete Verstöße dürfen sogar Bußen bis zum vollen Tagesverdienst vorgesehen werden. Ihre Betriebsordnung bleibt also in dem gesetzlichen Rahmen. Herr Vogel hat gewiß Beschwerden aus der Kundschaft über Beschädigungen und Unpünktlichkeit bekommen und will sich sichern. Das ist sein gutes Recht. Die Buße soll ja nicht ohne Weiteres verfallen, sondern nur wenn die Arbeiter eine Schuld trifft. Im Übrigen gibt es keine Klage auf Ungültigkeitserklärung einer Betriebsordnung. Glaubt die Mehrheit des Vertrauensrats, daß eine Bestimmung mit den sozialen und wirtschaftlichen Verhältnissen des Betriebes unvereinbar sei, so kann sie sich an den Treuhänder der Arbeit wenden, der berechtigt ist die Entscheidung des Betriebsführers zu ändern, nötigenfalls eine neue Betriebsordnung zu erlassen. Das muß aber unverzüglich geschehen. — Auch mit der Abberufung von Vertrauensmännern hat das Arbeitsgericht nichts zu tun. Sie ist ausschließlich Sache des Treuhänders der Arbeit und nur bei sachlicher oder persönlicher Ungeeignetheit möglich. Sie sind ein vernünftiger Mann und werden sich selbst sagen, daß man einen Vertrauensmann nicht absetzen kann, weil er in einer Einzelfrage anderer Ansicht ist als die Belegschaft.

Bußen: §§ 27^4, 28 AOG., dazu § 20 der II. DfVO. vom 10. März 1934 (RGBl. I 187). Die Verhängung von Bußen erfolgt durch den Führer des Betriebes nach vorheriger Anhörung des Vertrauensrats. Sie fließen der Gemeinschaft „Kraft durch Freude" zu.

Vor Anrufung des Treuhänders der Arbeit müssen die Beschwerdepunkte im Vertrauensrat erörtert werden. Der Betriebsführer hat seine Gründe für die beanstandete Maßregel anzugeben. Dann wird festgestellt, ob die Mehrheit des Vertrauensrats die Sache an den Treuhänder bringen will, wobei der Führer als Mitglied des Vertrauensrats, wie immer, eine Stimme hat. Nicht der Vertrauensrat als solcher ruft den Treuhänder an, sondern die Mehrheit, welche es beschlossen hat; sämtliche Mitglieder der Mehrheit müssen unterschreiben. §§ 16, 19³ AOG., § 15 der II. DfVO.

Abberufung von Vertrauensmännern: § 14^{II} AOG. An Stelle des Ausgeschiedenen tritt für den Rest der Wahlperiode ein Stellvertreter aus der Liste ein, notfalls beruft der Treuhänder neue Vertrauensmänner ein (§ 15). Zu einer Abstimmung der Gefolgschaft kommt es also nicht vor Ablauf des laufenden Geschäftsjahrs. Aber auch dann hängt Wälzers Wahl zunächst davon ab, ob er in die, vom Betriebsführer im Einvernehmen mit der NSBO. aufgestellte, Vorschlagsliste aufgenommen wird (§ 9^{I}).

Wälzer: Dann werden wir wohl gegen den Prinzipal und Leopold beim Ehrengericht Klage wegen unsozialen Verhaltens einreichen müssen.

Rechtspfleger: Beim Ehrengericht können Privatpersonen überhaupt nicht klagen. Nur der Treuhänder der Arbeit darf anklagen, wie ein Staatsanwalt. Es steht Ihnen natürlich frei sich an den Treuhänder zu wenden, ich mache Sie aber darauf aufmerksam, daß dann möglicher Weise gegen Sie vorgegangen wird, wenn Sie schon einmal unbegründete Beschwerden eingebracht haben oder es in Zukunft wieder tun.

Über die soziale Ehrengerichtsbarkeit vgl. 35 f. AOG., dazu III. DfVO. vom 28. März 1934 (RGBl. I 255). § 36 stellt vier Tatbestände auf: 1. böswillige Ausnutzung der Arbeitskraft durch den Unternehmer unter Mißbrauch seiner Machtstellung im Betriebe, sowie Ehrenkränkung von Gefolgschaftsangehörigen, 2. Verhetzung und unzulässige Eingriffe in die Betriebsführung auf Seiten der Gefolgschaftsangehörigen, insbesondere der Vertrauensmänner, 3. wiederholte leichtfertig unbegründete Beschwerden oder Anträge beim Treuhänder der Arbeit, 4. Verrat von Betriebsgeheimnissen und vertraulichen Angaben durch Mitglieder des Vertrauensrats. Diese Aufzählung ist wohl als exklusiv gedacht. Nachdem aber durch Art. I der StGB.-Novelle vom 28. Juni 1935 (RGBl. I 839) auf dem Gebiet des Strafrechts der Grundsatz „nulla poena sine lege" beseitigt wurde, bleibt abzuwarten, ob man nicht auch den § 36 AOG. im Wege der Analogie auf Fälle, die nach den Grundgedanken der Bußvorschriften der Betriebsordnung und nach gesundem Volksempfinden Bestrafung verdienen, ausdehnen wird.

Die ehrengerichtlichen Strafen gehen bis zur Aberkennung der Fähigkeit Betriebsführer zu sein (§ 38⁴) bzw. Entfernung vom bisherigen Arbeitsplatz (§ 38⁵).

Verjährungsfrist: 1 Jahr (§ 37). Entsprechend § 68 StGB. wird die Verjährungsfrist durch den Antrag des Treuhänders beim Ehrengericht und durch jede auf Durchführung des Verfahrens gerichtete Handlung unterbrochen (§ 28^{I} DfVO.).

Ein eigenartiges, in der sonstigen Ehrengerichtsbarkeit unbekanntes, Institut ist die Vorentscheidung des Vorsitzenden des Ehrengerichts, durch welche ohne Mitwirkung der Beisitzer und ohne Hauptverhandlung Strafen bis zu einer gewissen Höhe festgesetzt werden können. Sowohl der Treuhänder wie der Beschuldigte haben das Recht des Einspruchs, der zur Hauptverhandlung vor dem vollbesetzten Ehrengericht führt (§ 46 AOG.).

Gegen das Urteil des Ehrengerichts steht dem Treuhänder stets, dem Angeklagten nur bei höheren Strafen die Berufung an den Reichsehrengerichtshof offen (§ 49).

Als Geschäftsstelle des Ehrengerichts fungiert die Geschäftsstelle des an seinem Sitz befindlichen Arbeitsgerichts (§ 1^{II} DfVO.).

Wälzer: Was sollen wir also tun?

Rechtspfleger: Gehen Sie dorthin, wo Sie sich von Anfang an hätten hinwenden müssen: zur Arbeitnehmer-Rechtsberatungsstelle der Deutschen Arbeitsfront. Das Arbeitsgericht ist bloß dann zuständig, wenn der Betriebsführer auf Grund der neuen Betriebsordnung eine Buße verhängt und der Betroffene sich dadurch beschwert fühlt.

Betriebsbußen sind nicht vollstreckbar. Klagt sie der Unternehmer gegen den Beschäftigten ein, oder will dieser sich den Abzug vom Arbeitslohn nicht gefallen lassen, so liegt eine bürgerliche Rechtsstreitigkeit aus dem Arbeitsverhältnis (§ 2¹ AGG.) vor.

Wie weit geht in einem solchen Prozesse das Prüfungsrecht des Arbeitsgerichts? Selbstverständlich muß die Betriebsordnung zu Grunde gelegt werden, vorausgesetzt daß sie formell ordnungsmäßig zu Stande gekommen war und die Bußvorschriften den Normativvorschriften des AOG. entspricht. Ihre Zweckmäßigkeit oder Unzweckmäßigkeit hat das Gericht nicht zu beurteilen. Aber auch die Frage, ob der in der Betriebsordnung vorausgesetzte Tatbestand gegeben ist, dürfte sich der gerichtlichen Nachprüfung entziehen. Zwar stellt die Buße eine Art zivilrechtlicher Vertragsstrafe (§§ 339 f. BGB.) dar. Man könnte auch an die Anwendung des § 315 (Bestimmung des Inhalts der Leistung durch eine Vertragspartei), besonders dessen Abs. III, denken. Eine derartige Behandlung wurde jedoch außer Acht lassen, daß sich hier nicht zwei gleichberechtigte Privatpersonen gegenüberstehen sondern der Führer des Betriebes und ein Mann der Gefolgschaft, und daß der Führer, indem er Bußen „verhängt" (§ 28ᴵᴵ AOG.), dabei auf Grund einer Art öffentlich-rechtlicher Machtstellung tätig wird. Daher wird die Nachprüfung der Bußfestsetzung auf die formelle Seite zu beschränken sein. Die unter der Herrschaft einer anderen Sozialverfassung (Bensh. 1, 201, 203; 4, 205, 348; 23, 31) ist als überholt zu betrachten.

25. Kapitel.

Beim Finanzamt.

Einkommensteuerveranlagung eines Krankenhausarztes mit Eigenpraxis und Hausbesitz. Familienbesteuerung.

Einkommensteuererklärung. Der Arzt Dr. Schönermark in Hochkirch reicht, nachdem ihm die Frist wegen Krankheit und aus anderen Gründen wiederholt verlängert worden ist, die formularmäßige Steuererklärung (§§ 166 f. AbgO.[1]) §§ 19—22 der I. DfVO. zum EinkStG.[2])) ein:

„Finanzamt Breslau-Land.
Gemeinde Hochkirch.
Steuer-Nummer III/287.

Steuererklärung

für die Veranlagung zur Einkommensteuer für das Kalenderjahr 1935 des Arztes *Dr. Ludwig Schönermark*, geboren am 12. August 1879, und seiner Ehefrau *Ilse* geborenen *Hartebrodt*.

I. Angaben zur Person und zum Familienstand.

Ich bin von Beruf Arzt und wohnte am Ende des Kalenderjahrs 1935 in Hochkirch, Landkreis Breslau, Blücherstr. 6.

Ich bin katholischer Religion, meine Ehefrau ist katholischer Religion.

Zu meinem Haushalt gehörten im Kalenderjahr 1935 vier Monate oder länger meine Ehefrau und zwei minderjährige Kinder (einschließlich Stief-, Adoptiv- und Pflegekinder und deren Abkömmlinge), und zwar:

1. *Paula*, geboren am 17. November 1917,
2. *Hartmuth*, geboren am 2. März 1922.

Paula befindet sich zur Ausbildung auf der Schule für Tanz und rhythmische Gymnastik in Hellerau, wird aber vollständig von mir unterhalten und verlebt die Ferien stets in meinem Hause.

Ich beantrage Kinderermäßigung für die folgenden volljährigen Kinder, die auf meine Kosten im Inland für einen Beruf ausgebildet werden und das 25. Lebensjahr noch nicht vollendet haben:

Heinrich, Studienreferendar in Neustadt O.S., geboren am 18. April 1913.

In meinem Haushalt waren im Kalenderjahr 1935 folgende Hausgehilfinnen beschäftigt:

1. Köchin *Grete Scheunert* vom 1. Januar bis 31. Dezember 1935,
2. Stubenmädchen *Frida Punfut* vom 1. Januar bis 31. März 1935,
3. Stubenmädchen *Marie Denke*, vom 1. April bis 31. Dezember 1935.

---

[1]) Fassung vom 16. Oktober 1934 (RGBl. I, 925).
[2]) vom 6. Februar 1935 (RGBl. I, 153).

Ich habe von dem Betrag, den ich für Hausgehilfinnen aufgewendet habe (an Barlohn, Kost und Wohnung), bei der Ermittlung der Einkünfte nichts für Betriebsausgaben oder Werbungskosten abgezogen."

Das Problem der Familienbesteuerung ist relativ einfach, sofern nur das Familienhaupt Einkommen bezieht. Die gemeinschaftliche Besteuerung aller Familienmitglieder erscheint alsdann selbstverständlich, da eine gesonderte Veranlagung einkommensloser Personen sinn- und zwecklos wäre, überdies die Einkünfte des Frauen- und Kindesvermögens regelmäßig der Nutznießung des Familienhauptes unterliegen (§§ 1363, 1649 BGB.), mithin juristisch Einkommen des Familienhauptes selbst sind; es kann sich bloß darum handeln, die Unterhaltsbelastung des Familienvaters in der Steuerskala angemessen zu berücksichtigen. Sind dagegen in einer Familie mehrere Verdiener, so bedeutet die gemeinschaftliche Veranlagung immer eine Mehrbelastung. Denn die Freigrenze, die bei getrennter Veranlagung jedem Einzelnen zu Gute kommen würde, gelangt dann nur einmal zur Anwendung, und die Zusammenrechnung der Einkommen führt wegen der Progression des Tarifs zur Erhebung höherer Prozentsätze. Aus bevölkerungspolitischen Gründen will das Gesetz die Familie, namentlich die kinderreiche Familie, entlasten. Auf der anderen Seite ist die gemeinschaftliche Veranlagung ein Gebot steuerlicher Gerechtigkeit, weil mehrere in häuslicher Gemeinschaft lebende Personen billiger wirtschaften und daher steuerlich leistungsfähiger sind. Schließlich kommen auch sozial- und wirtschaftspolitische Gesichtspunkte, wie die Bekämpfung der Arbeitslosigkeit, in Betracht. Das EinkStG.[3]) löst die Frage in folgender Weise:

1. Eheleute werden — ohne Rücksicht auf den Güterstand — zusammen veranlagt, es sei denn, daß sie dauernd getrennt leben. Die Voraussetzungen der gemeinschaftlichen Veranlagung (Ehe und Zusammenleben) müssen im Laufe des Steuerjahrs mindestens 4 Monate hindurch bestanden haben. Die frühere Ausnahme, daß die Ehefrau mit dem, was sie durch Arbeit in fremdem Betrieb verdient, gesondert zu veranlagen war, ist beseitigt: das Gesetz wünscht keine Bevorzugung verheirateter Frauen als Arbeitnehmer. § 26.
2. Auch minderjährige Kinder sind ohne weiteres mit dem Familienhaupt zusammen zu veranlagen und begründen für ihn eine „Kinderermäßigung", falls sie 4 Monate oder länger in seinem Haushalt gelebt haben. Hier wird jedoch das Arbeitseinkommen „aus einem dem Haushaltsvorstand fremden Betriebe" getrennt versteuert (§§ 27, 32²). Diese elastische Formel bedeutet, daß der Familienvater die gemeinschaftliche Veranlagung nicht etwa ausschließen kann, indem er sein Geschäft, in dem das minderjährige Kind beschäftigt wird, zum Schein in eine Sozietät umwandelt. So lange der Betrieb wirtschaftlich überwiegend oder doch zu einem wesentlichen Teil dem Haushaltsvorstand gehört, ist er kein „fremder". Die Zugehörigkeit zum Haushalt ist nicht im buchstäblich-räumlichen Sinne sondern nach der Verkehrsauffassung zu verstehen und würde daher bei Paula Schönermark gegeben sein. Stief-, Adoptiv-, Pflegekinder und Kindeskinder stehen den leiblichen Kindern gleich (§ 32² S. 3).
3. Auf besonderen Antrag „kann" (nicht: muß) auch für volljährige Kinder bis zu 25 Jahren Kinderermäßigung gewährt und die gemeinschaftliche Veranlagung auf sie ausgedehnt werden unter der Voraussetzung, daß sie — im

[3]) Fassung vom 16. Oktober 1934 (RGBl. I, 1005).

Haushalt des Steuerpflichtigen oder außerhalb — auf seine Kosten eine Berufsausbildung erhalten. § 32^2 S. 2.

4. Gemeinschaftliche Veranlagung und Kinderermäßigung greifen nur Platz, wenn sowohl der Familienvater wie die Ehefrau bzw. das Kind ihren Wohnsitz im Deutschen Reich haben und demgemäß (§ 1^I) der „unbeschränkten Steuerpflicht" mit ihrem gesamten Einkommen unterliegen. Dabei ist zu beachten, daß Kinder nach § 11^I BGB. zunächst den Wohnsitz ihres Vaters teilen und ihn, so lange sie minderjährig sind, nicht ohne Zustimmung des Gewalthabers verändern können (§ 8). Auswärtiger Aufenthalt zu Studien- und Ausbildungszwecken, zur Erfüllung der Wehrpflicht u. dgl. ist auf den Wohnsitz regelmäßig ohne Einfluß (arg. § 9^{II}). Das muß auch für das Steuerrecht gelten, obgleich es — in § 13 StAnpassG.[4]) — einen eigenen Wohnsitzbegriff aufstellt.
5. Sowohl die allgemeine Einkommensteuer wie die Lohnsteuer (S. 1092 f.) sind für Ledige, kinderlos Verheiratete und Steuerpflichtige mit kleinerer oder größerer Kinderzahl verschieden hoch gestaffelt. Bei den Ledigen ist die Freigrenze am niedrigsten, sie erhöht sich für die Ehefrau und jedes gemeinschaftlich mit zu veranlagende Kind. Vgl. die beiden Tarifanlagen zum EinkStG. Als „ledig" gelten grundsätzlich auch Witwer und Geschiedene. Wer aber aus seiner früheren Ehe ein Kind besitzt (mag es auch nicht zu den gemeinschaftlich zu veranlagenden zählen), oder älter als 55 Jahre ist, oder Anspruch auf Kinderermäßigung hat, oder mindestens 4 Monate im Steuerjahr verheiratet war, wird nach §§ 32^1 EinkStG., 26 I. DfVO. nicht als ledig behandelt; ebenso wenig Vollwaisen unter 25 Jahren im Ausbildungsstadium.
6. Die Kehrseite der gemeinschaftlichen Veranlagung und der Familienermäßigungen zeigt sich in der gesamtschuldnerischen Haftung der veranlagten Personen für die Steuer. Vgl. S. 1125.
7. Abgesehen von den Fällen zu 1 bis 3 — z. B. wenn sich Eltern oder Geschwister im Haushalt befinden; wenn Eheleute dauernd getrennt leben; wenn volljährige Kinder mit eigenem Erwerb im Hause sind oder Kinder über 25 Jahre noch vom Familienhaupt unterhalten werden müssen — erfolgt die Veranlagung der Familienangehörigen gesondert.
8. Hat der Steuerpflichtige anderen als den zu 1 bis 3 bezeichneten Personen Unterhalt zu gewähren, so steht ihm dieserhalb weder die Anwendung eines günstigeren Tarifsatzes noch ein Abzugsrecht zu (§ 12^2 EinkStG.), sondern die Belastung kann höchstens unter dem Gesichtspunkt der „besonderen wirtschaftlichen Verhältnisse" (§ 33, unten S. 1102/3) vom Finanzamt berücksichtigt werden. Folgerichtig bildet die Unterhaltsrente beim Empfänger kein steuerpflichtiges Einkommen: denn sie wird ja bereits vom Geber als Einkommen versteuert. § 22^{1c}. Ausnahme: wenn der Geber nur beschränkt steuerpflichtig ist.
9. Um einen Anreiz zur Anstellung weiblichen Dienstpersonals zu schaffen und dadurch den Arbeitsmarkt zu entlasten, gewähren §§ 10^1, 41^I Z. 2 für jeden vollen Monat, während dessen der Pflichtige eine „Hausgehilfin" beschäftigt hat, einen Abzug von 50 RM. vom steuerpflichtigen Einkommen. Es handelt sich um eine sog. „Sonderausgabe" (unten S. 1099). Die Vergünstigung gilt auch für eine Mehrzahl von Hausgehilfinnen und ohne daß eine Nachprüfung

[4]) vom 16. Oktober 1934 (RGBl. I, 925).

der Notwendigkeit stattfindet. Es muß sich aber um eine wirkliche Gehilfin für den Haushalt handeln, die — überwiegend — Arbeiten gewöhnlicher Art verrichtet und in die häusliche Gemeinschaft ihres Dienstherrn aufgenommen ist, wie Köchinnen, Stubenmädchen, Kindermädchen, Zofen, „Haustöchter" (sofern sie diesen Beruf nicht bloß für kurze Zeit zur Ausbildung ausüben), „Tagesmädchen", nicht: Erzieherinnen, Gesellschafterinnen, Hausdamen, Wasch- und Aufwartefrauen (die bloß stundenweise im Haushalt beschäftigt werden). Die eigene Tochter kann nicht Hausgehilfin im Hause der Eltern sein. Köchinnen, Zimmermädchen usw. in Gasthäusern und Fremdenheimen sind keine Haus- sondern Gewerbegehilfinnen, und es werden für sie nicht die fixierten 50 RM. als Sonderausgabe, sondern die — höheren oder geringeren — tatsächlichen Aufwendungen als Betriebsausgabe bzw. Werbungskosten abgesetzt, §§ 24 LohnstDfVO.[5]), 74^{I}. DfVO. zum EinkStG.

Die Unterhaltsrente der geschiedenen Ehefrau wird nach dem Gesagten im Steuertarif nicht berücksichtigt und begründet für den zahlungspflichtigen Ehemann kein Abzugsrecht. Sie ist, so lange der Mann einen inländischen Wohnsitz hat, vom Mann mit seinem Einkommen zu versteuern, allenfalls kann er sie als besondere Belastung nach § 33 EinkStG. geltend machen. — Die vertragsmäßige Festlegung einer gesetzlichen Unterhaltspflicht, selbst ihre hypothekarische Eintragung im Grundbuch, ändert an der Rechtslage nichts (§ 12^{2}). Zwar sind nach § 10^{2} die auf besonderen Verpflichtungsgründen beruhenden Renten abzugsfähige Sonderausgaben. Aber ein „besonderer" Verpflichtungsgrund liegt eben nur dann vor, wenn nicht das zwischen den Beteiligten bestehende verwandtschaftliche Band und das Bestreben, die Lebenshaltung des Bedachten zu verbessern und zu erleichtern, das wesentliche Motiv für die Zuschußleistung bildete. Auf der anderen Seite sind „freiwillige" Zuwendungen — wie Unterhaltsleistungen an Geschwister, Schwiegereltern und sonstige kraft Gesetzes nicht unterhaltsberechtigte Personen — ebenfalls nicht abzugsfähig und können es auch durch Schaffung eines formalen Verpflichtungsgrundes (notarielle Schuldverschreibung) nicht werden. Hat der Steuerpflichtige das Geschäft eines nicht unterhaltsberechtigten Verwandten übernommen und sich aus diesem Grunde zur Zahlung von Unterhalt verpflichtet, so ist der Unterhalt bei ihm abzugsfähig, und muß vom Empfänger versteuert werden (arg. § 22^{1c}). Vgl. Kommentare zu §§ 9, 10, 12 mit Rechtsprechung.

Familienbesteuerung im Vermögensteuerrecht: Ehegatten sowie Eltern und Kinder werden zur Vermögensteuer unter analogen Voraussetzungen, wie wir sie für Einkommensteuer kennen gelernt haben, gemeinschaftlich veranlagt. Die Freigrenze beträgt für einen einzeln zu veranlagenden Steuerpflichtigen 10000 RM. und erhöht sich für die Ehefrau und jedes gemeinschaftlich zu veranlagende Kind um je 10000 RM. Witwer und Witwe behalten die Freigrenze ihres verstorbenen Ehepartners. §§ 5^{I}, 11 VermStG.[6]). Daneben besteht für ältere Pflichtige mit kleinem Einkommen (Kleinrentner) ein besonderer weiterer Freibetrag von 10000 RM. nach § 5^{II}. Tarifermäßigungen für kinderreiche Pflichtige kommen nicht in Frage, weil die Vermögensteuer einheitlich ½% vom steuerpflichtigen Vermögen beträgt und keine Progression kennt (§ 8). —

Der nächste Abschnitt der Steuererklärung deklariert die einzelnen Einkünfte und die von ihnen abzuziehenden Sonderausgaben. Zu seinem besseren Verständnis ist eine grundsätzliche Betrachtung über Begriff und Arten des Einkommens erforderlich.

Die Quellentheorie, auf welcher das frühere preußische Einkommensteuerrecht und die Einkommensteuergesetze der übrigen Länder beruhten, unterscheidet scharf zwischen Vermögen und Einkommen. Die Einkommensteuer soll nicht von

[5]) vom 29. November 1934 (RStBl. 1489).
[6]) Fassung vom 16. Oktober 1934 (RGBl. I, 1052).

der Substanz des Vermögens entrichtet werden, sondern nur von gewissen regelmäßig wiederkehrenden, gleichsam aus einer ständig fließenden Quelle herrührenden Einkünften: Einkommen aus Grundbesitz, aus Kapitalvermögen, aus Handel und Gewerbe, aus Erwerbstätigkeit und aus periodisch wiederkehrenden Bezügen. Einmalige außerordentliche Einkünfte (wie Schenkungen, Erbschaften, Lebensversicherungssummen, Lotteriegewinne, Kapitalabfindungen) scheiden nach dieser Auffassung ohne weiteres von der Einkommenbesteuerung aus; sie werden als „Vermögenszuwachs" betrachtet und sind nur insofern von Bedeutung, als ihre Erträge einkommenerhöhend wirken. Entsprechend werden Verringerungen des Vermögens lediglich insoweit berücksichtigt, als sie die Erträge mindern. Vertauscht der Steuerpflichtige eine Vermögensanlage mit einer anderen, indem er z. B. Wertpapiere verkauft und ein Hausgrundstück erwirbt, so hat dieser Vorgang als „Vermögensänderung" für die Einkommensteuer keinerlei Bedeutung, selbst wenn damit ein wirtschaftlicher Gewinn realisiert wird. Abweichungen können sich z. T. für Buchführende aus den Eigentümlichkeiten der kaufmännischen Buchführung und Gewinnermittlung ergeben.

Der Quellentheorie stellte der Würzburger Finanzwissenschaftler Schanz in dem vielzitierten Aufsatz FinArch. 1896, S. 1 f. die sogen. Schanz'sche Einkommenstheorie entgegen. Sie erkennt keine strenge Trennung von Einkommen und Vermögen an; denn Vermögen ist nichts anderes als erspartes Einkommen. Schanz definiert das Einkommen als den innerhalb eines bestimmten Zeitraums eingetretenen, durch Vergleichung von Anfangs- und Endvermögen zu ermittelnden, Zuwachs des Gesamt-Reinvermögens, gleichviel auf welchem tatsächlichen oder rechtlichen Grunde er beruht, einschließlich der gezogenen Nutzungen und zuzüglich der zum Verbrauch gemachten Entnahmen. Einkünfte aus einmaliger Tätigkeit, Gewinne und Verluste aus einmaligen Veräußerungsgeschäften, Lotteriegewinne, der Mehrwert einer anfallenden Lebensversicherungssumme gegenüber dem im Vorjahre vorhandenen Rückkaufswert, noch unrealisierte Konjunktursteigerungen, aber auch Konjunkturverluste an den unverändert im Besitz des Pflichtigen verbleibenden Vermögensstücken (z. B. Grundstücken oder Wertpapieren) sind dabei mit zu berücksichtigen. Mit großem Scharfsinn weist Schanz nach, daß ebenso wie der Mietwert der Wohnung im eigenen Hause eigentlich auch der Nutzungswert des eigenen Wagens oder des dem Pflichtigen gehörenden Anzugs sein Einkommen erhöhen. Schanz' Lehre lag dem ersten ReichsEinkStG. von 1920 (Finanzminister Erzberger) zu Grunde, wenn auch ihre letzten Konsequenzen nicht gezogen wurden. Bei den folgenden Änderungen des Einkommensteuerrechts hat die Gesetzgebung die Folgerungen der Schanzschen Theorie teilweise wieder abgebaut.

Das geltende EinkStG. geht in der Erfassung der Einkünfte über die alte Quellentheorie erheblich hinaus und lehnt sich in manchen Einzelpunkten und Formulierungen, z. B. bei der Definition des „Gewinns" (unten S. 1086), an Schanz an. Es sieht aber von der Aufstellung eines allgemeinen Einkommensbegriffs ab, definiert vielmehr (in § 2^{II}) das „Einkommen" lediglich formal als Summe der „Einkünfte" aus den verschiedenen steuerpflichtigen Einkaufsarten nach Abzug der aus einzelnen Einkunftsarten entstandenen Verluste und nach Abzug der „Sonderausgaben". Als steuerpflichtig werden (in § 2^{III}) „nur" 7 bestimmt aufgeführte Arten von Einkünften, nämlich:

1. aus Land- und Forstwirtschaft,
2. aus Gewerbebetrieb,

3. aus selbständiger Arbeit,
4. aus nicht selbständiger Arbeit,
5. aus Kapitalvermögen,
6. aus Vermietung und Verpachtung,
7. sonstige Einkünfte

anerkannt, und (in § 22) auch die „sonstigen" Einkünfte erschöpfend aufgezählt:

a) wiederkehrende Bezüge,
b) Spekulationsgewinne,
c) Einkünfte aus Leistungen.

Die Steuerpflicht hängt also zunächst davon ab, ob die vom Pflichtigen bezogenen Einkünfte und geldwerten Vorteile sich unter einen dieser, im Steuererklärungsformular auseinander gehaltenen, Fälle rubrizieren lassen. Im übrigen bestehen für die einzelnen Einkunftsarten zum Teil verschiedene Grundsätze der Berechnung und der Besteuerung.

„II. Angaben über die Einkünfte und über die Sonderausgaben.

Meine Einkünfte zuzüglich der Einkünfte meiner in meinem Haushalt lebenden Ehefrau und der Einkünfte meiner auf Seite 1 angegebenen Kinder (Arbeitseinkünfte der Kinder aus einem dem Steuerpflichtigen fremden Betriebe sind nicht mit anzugeben) haben im Kalenderjahr 1935 betragen:

Gewinn

1. aus Land- und Forstwirtschaft einschließlich des Eigenverbrauchs und des Nutzungswerts der mit meinem Betriebe verbundenen Wohnung. Mein landwirtschaftliches Wirtschaftsjahr hat am .... begonnen und am .... geendet. nicht vorhanden."

Bei den Einkünften aus Landwirtschaft, Gewerbe und selbständiger Arbeit wird der „Gewinn", in den übrigen Fällen der Überschuß der Einnahmen über die „Werbungskosten" versteuert (§ 2^IV^). Als Gewinn gilt:

a) grundsätzlich der Unterschied zwischen dem Betriebsvermögen am Schluß des Wirtschaftsjahrs und dem Betriebsvermögen am Schlusse des vorangegangenen Wirtschaftsjahrs, vermehrt um den Wert der Entnahmen und vermindert um den Wert der Einlagen (§ 4^{I} S. 1). „Betriebsvermögen" steht hier im Gegensatz zu „Privatvermögen", vgl. S. 289. Über die Bewertung des Betriebsvermögens s. § 6. Nach dieser Berechnungsweise kann sich also — bei unverändertem Bestande der zum Betriebsvermögen gehörenden Gegenstände — Gewinn oder Verlust daraus ergeben, daß die Bewertung zu Anfang und zu Ende des Wirtschaftsjahrs in verschiedener Höhe erfolgt, jedoch bleibt der Wert von Grund und Boden für die Vergleichung immer außer Betracht (§ 4^{I} S. 5). Liegt eine ordnungsmäßig gezogene kaufmännische Bilanz vor, bei deren Aufstellung die Bewertungsgrundsätze des § 6 beachtet sind, so ist sie für die Berechnung des steuerpflichtigen Gewinns maßgebend (§ 5^{I}); andernfalls müssen über das Anfangs- und Schluß-Betriebsvermögen besondere Aufzeichnungen mit Wertberechnung gefertigt werden.
b) Wenn Anfangs- und Schluß-Betriebsvermögen „in der Regel nicht wesentlich abweichen", wie es gerade bei Landwirten meist der Fall sein wird, so läßt § 4^{II} als vereinfachte Gewinnermittlung die Feststellung des Überschusses der Betriebseinnahmen über die Betriebsausgaben zu. Die Berechnung der Anfangs- und Schlußwerte des Betriebsvermögens kommt alsdann in Wegfall.

Für landwirtschaftliche Einkommen bestehen verschiedene Sonderbestimmungen.

Zunächst läuft bei ihnen das Wirtschaftsjahr vom 1. Juli bis 30. Juni. Der Gewinn gilt als in dem Kalenderjahr bezogen, in welchem dieses Wirtschaftsjahr endet (§ 2).

Sodann bleibt von den land- und forstwirtschaftlichen Einkünften ein Betrag von 3000 RM. steuerfrei, vorausgesetzt daß das Gesamteinkommen des Pflichtigen den Betrag von 8000 RM. nicht übersteigt. Erst nach Überschreitung dieser Grenze werden sie voll versteuert (§ 13^{III} S. 1, 2).

Andrerseits findet eine Ausgleichung von Verlusten aus Land- und Forstwirtschaft mit Einkünften aus anderen Quellen (unten S. 1096) nur statt, wenn der Verlust mehr als 1000 RM. beträgt (§ 13^{III} S. 3).

„2. aus Gewerbebetrieb. Das Wirtschaftsjahr meines Gewerbebetriebes hat am .... begonnen und am .... geendet. — nicht vorhanden.

3. aus selbständiger Arbeit, insbesondere aus der Ausübung eines freien Berufs und aus der Tätigkeit als staatlicher Lotterieeinnehmer sowie Tantiemen als Aufsichtsratsmitglied, Vergütungen für Vermögensverwaltung, für Testamentsvollstreckung usw.

Art der Tätigkeit: praktischer Arzt und naturwissenschaftlicher Schriftsteller ..... 4144.56 RM.

Erläuterung:

a) Betriebseinnahmen aus selbständiger Arbeit jeder Art mit Ausnahme der Aufsichtsratsvergütungen:

Privatpraxis .	2055.00 RM
Kassenpraxis	4790.00 RM
von privaten Krankenversicherungen	1867.00 RM
Honorar für Mitarbeit am ‚Handbuch der Pilzkunde', Verlag von *Raimund Elster*, Breslau	650.00 RM
Die Beiträge sind in den Jahren 1933 bis 1935 geliefert, aber erst 1935 honoriert worden.	
	9362.00 RM.

b) Aufsichtsratsvergütungen von inländischen Unternehmen nach Abzug der auf Grund des Gesetzes vom 28. März 1934 (RGBl. I, 253) und der VO. über den Steuerabzug von Aufsichtsratsvergütungen vom 6. Februar 1935 (RGBl. I, 161) einbehaltenen Steuerabzugs, soweit der Steuerabzug auf die Abgabe der Aufsichtsratsmitglieder entfällt: — nicht vorhanden.

In welcher Höhe ist der Steuerabzug einbehalten worden?

c) Aufsichtsratsvergütungen von ausländischen Unternehmen: — nicht vorhanden.

Summe der Einnahmen: 9362.00 RM

Betriebsausgaben:

Mietwert der Praxisräume	500.00 RM
Gehalt und Sozialversicherungsbeiträge meiner als Sprechstundenhilfe und Sekretärin bei mir tätigen volljährigen Tocher *Valerie*	926.00 RM
Kraftwagenunterhaltung für 5 Monate ...	200.00 RM
sonstige sachliche Ausgaben	660.00 RM
Übertrag:	2286.00 RM

Übertrag:	2286.00 RM
Umsatzsteuer	78.44 RM
Gewerbesteuer für das Kalenderjahr 1935	183.00 RM
½ Haftpflichtversicherungsprämie (‚Sekuritas‘ Hamburg, Versicherungsschein H 93528)	45.00 RM
½ der Beiträge zu Berufsständen . . . . (folgt Spezifikation)	30.00 RM
Kaufpreis des im Jahre 1935 für 2700 RM angeschafften Adler-Kraftwagens Marke ‚Trumpf junior‘ Nr. 7648 abzüglich 200 RM Schrottwert	2500.00 RM

Im übrigen besteht das Betriebsvermögen unverändert aus:
(folgt Aufstellung der einzelnen Gegenstände mit Angabe der Werte)
Über alle meine Einnahmen und Ausgaben führe ich entsprechend den Vorschriften des HGB. Buch. Die Anschaffungs- bzw. Herstellungskosten für kurzlebige Wirtschaftsgüter sowie die Absetzungen für Abnutzung sind auf einem besonderen Konto ausgewiesen.

Ausgaben für die Beiträge zum ‚Handbuch der Pilzkunde‘ (Stenotypistinnenhonorare, Bücher und Zeitschriften)	95.00 RM
Der in den Jahren 1933 und 1934 verausgabte Teil dieser Aufwendungen ist in den Steuererklärungen für diese Jahre noch nicht in Abzug gebracht.	
Summe der Ausgaben:	5217.44 RM.

Einnahmen	9362.00 RM
Ausgaben . .	5217.44 RM
Gewinn	4144.56 RM.“

Bei den freien Berufen, welche den Hauptfall der Einkünfte aus selbständiger Arbeit bilden, spielt das „Betriebsvermögen“ gewöhnlich nur eine geringe Rolle, und wesentliche Wertveränderungen sind selten, so daß die Gewinnermittlung meist nicht nach § 4^{I} EinkStG. sondern nach § 4^{II} vorgenommen wird. Durch Verwaltungsvorschriften ist den Angehörigen freier Berufe gestattet ihre Betriebsausgaben in bestimmten, nach Anhörung von Sachverständigen und Berufsvereinigungen festgesetzten Prozentsätzen der Bruttoeinnahmen zu pauschalieren, woraus sich eine weitere Vereinfachung der Steuerberechnung ergibt. Schönermark hat aber die Berechnungsweise nach § 4^{I} gewählt, um (wegen des neu erworbenen Kraftwagens) den Vorteil der Totalabschreibung kurzlebiger Wirtschaftsgüter zu genießen. Damit verhält es sich folgendermaßen:

Die Steuerpflichtigen, deren Einkommen starken Schwankungen unterworfen ist, in erster Reihe die Kaufmannschaft, führen Klage darüber, daß sie in Jahren guten Geschäftsganges infolge der starken Progression des Tarifs einen großen Teil ihres Verdienstes als Steuer abgeben müssen, in den oft unmittelbar darauf folgenden Verlustjahren aber bestenfalls steuerfrei bleiben, so daß sie im Gesamtergebnis erheblich mehr zu zahlen haben, als wenn sich das Einkommen der guten und der schlechten Jahre gleichmäßig verteilt hätte. Besonders nachteilig wirkt sich das aus, wenn der Gewinn des Verdienstjahres in einer Vermehrung des Warenlagers zum Ausdruck kommt und der Pflichtige infolge des späteren Konjunkturrückganges sein Lager nachher nur zu niedrigen Preisen abstoßen kann, der Gewinn also gar nicht vollständig realisiert wird, vielmehr zum Teil auf dem Papier stehen bleibt, während er die für das Gewinnjahr entstandene Steuer trotzdem in gutem Gelde zu entrichten hat. Die frühere preußische Einkommensteuergesetzgebung trug dem dadurch Rechnung, daß sie Kaufleute nicht nach dem Gewinn des letzten Jahres, sondern nach dem Durchschnitt der letzten drei Jahre besteuerte und damit einen Ausgleich herstellte. In das Reichsrecht ist dieser Grundsatz nicht übergegangen, dagegen milderten die Gesetze und Notverordnungen des Reichs den Steuerdruck durch Zulassung sogen. „steuerlich begünstigter Reserven" und des „Verlustvortrags". Das geltende EinkStG. schlägt einen anderen Weg ein, indem es in § 6^1 gewissen Steuerpflichtigen gestattet, bei Wirtschaftsgütern des Anlage- (nicht auch des Umlauf-)vermögens, „deren betriebsgewöhnliche Nutzungsdauer erfahrungsgemäß 5 Jahre nicht übersteigt", die Absetzungen für Abnutzung höher zu bemessen, als dem Verhältnis des Erwerbspreises zur Lebensdauer entspricht, und ohne Rücksicht auf den, sonst die Untergrenze der Bewertung bildenden „Teilwert" (d. i. der Betrag, den ein Erwerber des ganzen Betriebs im Rahmen des Gesamtkaufpreises für das einzelne Wirtschaftsgut unter der Voraussetzung, daß er den Betrieb fortführen — nicht ausschlachten — will, zahlen würde). Die Absetzung kann so weit gehen, daß bereits im Anschaffungsjahr der volle Kaufpreis abgeschrieben wird, doch muß in der Schlußbewertung des Betriebsvermögens mindestens der Geldbetrag, den das Objekt als Altmaterial unter allen Umständen behält („Schrottpreis"), verbleiben. Durch Aufstellung einer sehr umfassenden Liste der „kurzlebigen" Güter (Erlaß vom 20. Dezember 1934, RStBl. 35, 1) ist der Vorschrift ein weites Anwendungsgebiet gesichert. Damit erreicht das Gesetz einen starken Auftrieb der Wirtschaft: denn der Steuerpflichtige, der gut verdient hat, wird sich leichter zu Neuanschaffungen und Modernisierungen entschließen, wenn er dadurch Steuern sparen kann.

§ 6^1 EinkStG. beschränkt die Vergünstigung auf buchführende Gewerbetreibende, Land- und Forstwirtschaft, doch stellt § 9 der I. DfVO. die buchführenden Angehörigen freier Berufe gleich. Sogar bei Rechtsanwälten werden die Aufwendungen zur Anschaffung und Betrieb eines Kraftwagens unter Umständen als Betriebsausgaben anerkannt (RStBl. 31, 905; 32, 732, 734); umso mehr ist ein Kraftwagen billiger Preislage zum Betriebsvermögen eines Landarztes zu rechnen. Neben vielen anderen Gegenständen zählt der Erlaß vom 20. Dezember 1934 auch Personen- und Lastkraftwagen auf. Die formale Voraussetzung, daß der Steuerpflichtige in seiner Buchführung ein Spezialkonto über die kurzlebigen Güter, ihre Anschaffungskosten und die Absetzungen für Abnutzung führt (§ 8 der I. DfVO.), ist nach der Versicherung des Pflichtigen gewahrt. Mithin geht die Abschreibung der 2500 RM. in Ordnung.

Dr. Schönermark befindet sich, wie wir noch sehen werden, infolge verschiedener Verluste und Aufwendungen gerade in schwieriger Lage, so daß man es verstehen kann, wenn er durch die Absetzung seine Einkommensteuer für dieses Jahr etwas niedriger hält. Allgemein muß aber davor gewarnt werden, daß Steuerpflichtige die gesetzlich gegebenen Abschreibungsmöglichkeiten bis an die Grenze des Erlaubten erschöpfen. Einmal wird durch allzu hohe Absetzungen (soweit die Steuerbilanz mit der Handelsbilanz übereinstimmt) die Kreditfähigkeit des Kaufmanns geschwächt. Außerdem vergrößert jede Abschreibung, wenn sie über die tatsächliche Wertminderung hinausgeht, zwangsläufig den Gewinn künftiger Jahre. Irgendwann muß der in der Bilanz des Anschaffungsjahres noch verborgene Mehrwert später in die Erscheinung treten, und falls das in einem Jahre noch besseren Verdienstes geschieht, so ist der Kaufmann steuerlich „aus dem Regen in die Traufe" geraten. Letzten Endes droht die Liquidationssteuer (S. 1116). Schon im eigenen Interesse wird ein gut beratener Geschäftsmann von der Aufstellung einer Bilanz absehen, die von dem Stande seines Vermögens und der Höhe seines Gewinns ein unrichtiges und verzerrtes Bild gibt.

Zu den übrigen Positionen der Schönermarkschen Gewinnberechnung:

Kassenpraxis: Honorare, die ein nicht bei der Kasse angestellter, sondern in freier Praxis tätiger Arzt von Krankenkassen für die Behandlung ihrer Mitglieder bezieht, zählen zum selbständigen Arbeitseinkommen. Einkommensteuerrechtlich besteht daher zwischen Kassenpraxis, Honoraren privater Krankenversicherungen und Privatpraxis kein Unterschied. Jedoch sind nach § 4^{11} UmsStG.[7]) die von reichsgesetzlichen Versicherungsträgern oder Ersatzkassen für ärztliche Hilfeleistungen u. dgl. gezahlten Entgelte umsatzsteuerfrei. Auf die Leistungen privater Versicherungsgesellschaften für nicht krankenversicherungspflichtige Personen erstreckt sich die Befreiung nicht.

Umsatzsteuerfrei ist auch das Schriftstellerhonorar, weil die Summe der umsatzsteuerpflichtigen Einnahmen des Pflichtigen 6000 RM. nicht übersteigt (§ 4^{13}). Eine einkommensteuerrechtliche Besonderheit dieses Honorars ergibt sich daraus, daß die 650 RM. eine Entlohnung für eine Tätigkeit darstellen, die sich über mehrere Jahre erstreckt. Vgl. 34^{II} Z. 1 EinkStG., unten S. 1103/4.

Aufsichtsratsvergütungen unterliegen, sofern sie höher als 100 RM. sind, einer Sondersteuer von 10%, welche im Abzugsverfahren erhoben wird. In ihren Einkommensteuererklärungen haben unbeschränkt einkommensteuerpflichtige Aufsichtsratsmitglieder die, um die abgezogene Steuer gekürzte, Tantieme einzusetzen. Eine Anrechnung auf die Einkommensteuer (wie bei der Kapitalertragsteuer, unten S. 1094) findet nicht statt, die Aufsichtsratssteuer stellt eine Vorwegbelastung der Empfänger dar. Vgl. § 8 der VO. Deshalb schreibt das Formular der Steuererklärung den getrennten Ausweis derartiger Vergütungen vor.

Der als Ausgabe eingestellte Mietwert der Praxisräume im eigenen Hause wird durch einen gleich hohen Einnahmeposten zu 6 des Formulars ausgeglichen.

Die volljährige Tochter Valerie versteuert ihr Einkommen allein, ohne Zusammenrechnung mit dem Vater. Da die Bezüge, die sie als Sprechstundenhilfe und Sekretärin von ihm erhält, unter 80 RM. bleiben, ist dieses Einkommen gänzlich steuerfrei (vgl. Lohnsteuertarif, Rubrik für Ledige). — Wenn Schönermark seine Frau oder ein minderjähriges Kind gegen Gehalt in seiner ärztlichen Praxis beschäftigte, so würde das Gehalt zwar sein Einkommen mindern. Es hätte aber eine gemeinschaftliche Veranlagung zu erfolgen, so daß es unter den Einnahmen aus nicht selbständiger Arbeit (4 des Formulars) wieder erscheinen müßte.

Haftpflichtversicherungsprämien werden in § 10^4 EinkStG. unter den „Sonderausgaben" aufgeführt (vgl. S. 1101). Das hindert nicht, daß sie im Einzelfall Betriebsausgaben oder Werbungskosten sein können. Daß z. B. Gastwirte, Spediteure, Hauseigentümer sich gegen die sie in dieser Eigenschaft treffenden Haftpflichtschäden versichern, ist verkehrsüblich, und man muß ihnen daher den Abzug der Prämien vom Einkommen aus Gewerbe bzw. aus Vermietung oder Verpachtung zubilligen. Das selbe gilt beim Arzt oder Rechtsanwalt, ferner für Kraftfahrzeughaftpflicht, sofern der Wagen zum Betriebsvermögen gehört. Die Prämien hat Schönermark, ebenso wie die berufsständischen Beiträge, auf Praxis und Gehalt (4 des Formulars) verteilt.

Beiträge zu Berufsständen und sonstigen Berufsverbänden, deren Zweck nicht auf einen wirtschaftlichen Geschäftsbetrieb gerichtet ist, erkennt § 9^3 bei den Einkünften des § 2^{III} Z. 4—7 besonders als Werbungskosten an. Bei den Einkünften aus Landwirtschaft, Gewerbe oder selbständiger Arbeit sind sie, auch ohne daß das gesetzlich besonders bestimmt wird, als Betriebsausgaben anzusehen.

Ausstehende Forderungen oder Verbindlichkeiten: Nach den Regeln kaufmännischer

---

[7]) Fassung vom 16. Oktober 1934 (RGBl. I, 942).

Buchführung wird eine Forderung, z. B. die Kaufpreisforderung für verkaufte Waren, sofort bei ihrer Entstehung im Debetkonto des Schuldners gebucht; erfolgt später die Zahlung, so wird der Schuldner auf der Kreditseite seines Kontos für den Betrag erkannt. So lange kein Ausgleich erfolgt ist, erscheint die Forderung in der Bilanz als Aktivum. Für zweifelhafte Außenstände macht der Kaufmann entweder einen allgemeinen Abzug (z. B. 5% oder 10% vom Gesamtnominalbetrag seiner Außenstände), oder eine Sonderabschreibung bei einzelnen Posten oder Gruppen von Außenständen. Geht im folgenden Jahr mehr als der Betrag ein, mit dem die Forderung zu Buche stand, so bildet der Mehrbetrag einen Gewinn; fällt sie gänzlich aus, so stellt der Fehlbetrag einen Verlust des nächsten Geschäftsjahres dar. Entsprechend sind Verbindlichkeiten sofort als Passiva zu verbuchen.

Das EinkStG. beläßt es hierbei, soweit es sich um buchführungspflichtige Kaufleute handelt (arg. § 5^{I}). Im übrigen bestimmt es, daß Einnahmen innerhalb des Kalenderjahres als „bezogen" gelten, in welchem sie dem Pflichtigen „zugeflossen" sind, und daß Ausgaben im Jahre der „Leistung" abgesetzt werden (§ 11^{I} S. 1, Abs. II S. 1). Es entscheidet also weder der Zeitpunkt der Entstehung noch der der Fälligkeit, und Schönermark brauchte nicht die verwickelte kaufmännische Berechnung vorzunehmen. Anders ausgedrückt: er hat seine Praxiseinnahmen nicht nach dem Hauptbuch, sondern nach dem Kassenbuch deklariert, und ausstehende Honorarforderungen treten ebenso wenig in Erscheinung wie offene Verbindlichkeiten.

Bei der, dem Arzt in vielem ähnlichen, Tätigkeit des Rechtsanwalts entsteht eine Komplikation durch die Institution des Kostenvorschusses, auf den der Anwalt nach § 84 GebORA. ein gesetzliches Recht hat. Erhebt der Anwalt bei Übernahme eines Prozesses Vorschuß in Höhe von 2 oder 3 Gebühren (S. 435), so ist zunächst in der Regel bloß ein Teil, nämlich die Prozeßgebühr, verdient und wenn es nachher nicht zur Entstehung der Verhandlungs-, Beweis- und weiteren Verhandlungsgebühr kommt, muß der Vorschußrest zurückerstattet werden. Nach den strengen kaufmännischen Buchführungsgrundsätzen würde also zu ermitteln sein, in welcher Höhe die Vorschüsse am 31. Dezember ins Verdienen gebracht, in welcher Höhe sie überhoben, endlich zu welchem Betrage durch Vorschuß nicht gedeckte Gebührenforderungen entstanden waren. Jedoch war es von jeher üblich, daß auch die Rechtsanwälte einfach nach dem Kassenbuch versteuern, denn unverbrauchte Vorschüsse und ungedeckte Außenstände pflegen sich einigermaßen die Waage zu halten. —

Die Steuererklärung geht jetzt zu den Einkünften über, bei denen der Überschuß der Einnahmen über die Werbungskosten zu versteuern ist (§ 2^{IV} Z. 2 EinkStG.). Diese Formel bedeutet praktisch das Gleiche wie die Besteuerung nach dem Gewinn beim Nichtvorhandensein wesentlicher Abweichungen zwischen Anfangs- und Schluß-Betriebsvermögen (§ 4^{II}, oben S. 1086).

„Überschuß der Einnahmen über die Werbungskosten:

4. aus nicht selbständiger Arbeit. Es handelt sich hier um Gehälter, Löhne, Gratifikationen, Provisionen, Tantiemen, Wartegelder, Ruhegelder, Witwengelder oder unter sonstiger Benennung gewährte laufende und einmalige Bezüge — einschließlich der Sachbezüge — für eine Dienstleistung oder für eine frühere Dienstleistung. Art der Arbeit: angestellter Krankenhausarzt im Krankenhaus der Borromäerinnen in Hochkirch . . 4125.00 RM

Erläuterung:

Höhe des rohen Arbeitslohns ohne jeden Abzug:

a) Betrag der Barbezüge (laufende und einmalige) . . . . 4200.00 RM

b) Wert der Sachbezüge (Dienst-, Werkswohnung, freie Beköstigung und Wohnung, Deputate usw.) nicht vorhanden.

Summe der Einnahmen: 4200.00 RM

	Übertrag: 4200.00 RM
Werbungskosten (½ der Haftpflichtversicherungsprämie plus ½ der Beiträge zu Berufsständen) . .	75.00 RM
Überschuß der Einnahmen über die Werbungskosten	4125.00 RM
Außerdem habe ich im Kalenderjahr 1935 die folgenden Beträge erhalten, für die ich Steuerfreiheit in Anspruch nehme:	
c) aus meinem privaten Dienstverhältnis: Reisekosten, Tagegelder, Fahrtauslagen u. dgl. in Höhe von	287.00 RM
d) aus öffentlichen Kassen: Dienstaufwandsentschädigungen	nicht vorhanden
In welcher Höhe ist im Kalenderjahr 1935 Lohnsteuer einbehalten worden?	56.16 RM
Durch welchen Arbeitgeber? Krankenhaus der Borromäerinnen in Hochkirch."	

Vgl. §§ 19, 38—42, 46 EinkStG., dazu LohnstDfVO. Die Kategorie des unselbständigen Arbeitseinkommens umfaßt beamtete und private Arbeitnehmer, feste Gehälter und Tantiemen, Ruhegelder und Hinterbliebenenpensionen in gleicher Weise. Ob ein Rechtsanspruch auf die empfangenen Leistungen besteht oder nicht, ist unerheblich. Der Wert von Naturalbezügen wird vom Landesfinanzamt für seinen Bezirk verbindlich festgesetzt (§ 3 DfVO.). Soweit gezahlte Reisekosten usw. über die tatsächlichen Aufwendungen hinausgehen, sind sie den Bareinkünften hinzuzurechnen.

Einkünfte aus nicht selbständiger Arbeit unterliegen dem **Lohnabzug** und der **Lohnsteuer**. Alljährlich lassen sich die Lohn- und Gehaltsempfänger von der Gemeindebehörde eine Steuerkarte ausstellen, die dem Arbeitgeber ausgehändigt wird (§ 42 EinkStG.). Dieser kürzt bei jeder Lohn- und Gehaltszahlung die auf den Arbeitnehmer entfallende Lohnsteuer, führt sie zu bestimmten Terminen an die Finanzkasse ab, reicht ebenfalls periodisch der Finanzkasse „Lohnsteuer-Anmeldungen" (§ 44 DfVO.) ein, vermerkt nach Ablauf des Jahres die Höhe des Arbeitslohns und des einbehaltenen Lohnabzugs auf der Karte („Lohnsteuerbescheinigung", § 47) und gibt sie dem Arbeitnehmer zurück. Wünscht der Arbeitnehmer besondere Ermäßigungen, so hat er sich an das Finanzamt zu wenden, welches darüber entscheidet und die abzugsfähigen Beträge auf der Karte einträgt (§ 41 EinkStG.). Hiervon abgesehen, wickelt sich das ganze Verfahren ohne Mitwirkung des Finanzamts, insbesondere ohne Veranlagung ab.

Die Erhebung der Lohnsteuer „an der Quelle" soll das Verfahren vereinfachen, Beitreibungsmaßnahmen ersparen und den pünktlichen Eingang der Steuerbeträge nach Möglichkeit gewährleisten. Deshalb erklären §§ 38 EinkStG., 46 DfVO. neben dem Lohn- oder Gehaltsempfänger den Arbeitgeber, der ja meist zahlungsfähiger ist, für haftbar. Er haftet sogar primär und in der Regel allein, denn der Arbeitnehmer wird nur dann in Anspruch genommen, wenn

entweder der Arbeitgeber den Lohn nicht vorschriftsmäßig gekürzt hat (§ 38^{III} Z. 1 EinkStG.)

oder der Arbeitnehmer weiß, daß die Abführung der einbehaltenen Lohnteile unterblieben ist, und es unterläßt das dem Finanzamt unverzüglich mitzuteilen (§ 38^{III} Z. 2).

Liegt keiner der beiden Ausnahmefälle vor, so wird der Arbeitnehmer im Verhältnis zum Finanzamt schon durch die Einbehaltung befreit; die Abführung des Lohnabzugs an die Finanzkasse geht nicht mehr auf seine Gefahr. Formale Durchführung der Haftung. § 46$^{\text{III, IV}}$ DfVO., vgl. unten S. 1121/2.

Weiterhin unterscheidet sich die Lohnsteuer von der allgemeinen Einkommensteuer durch die Höhe. Der Einkommensteuertarif stuft nach Netto-Jahreseinkommenzahlen, der Lohnsteuertarif nach dem Brutto-Monatseinkommen ab. Die Steuersummen des Lohnsteuertarifs sind durchweg niedriger, doch wird der Unterschied für Lohnsteuerpflichtige mit hohen Werbungskosten und Sonderausgaben ganz oder teilweise dadurch ausgeglichen, daß ein Betrag von 40 RM. für Werbungskosten und Sonderausgaben nach § 10^{2-5} EinkStG. in den Lohnsteuertarif bereits einkalkuliert ist, so daß nur wegen eines etwaigen Mehrbetrages oder auf Grund des Hausgehilfinnenabzugs (§ 10^{1}) Ermäßigung bewilligt werden kann (arg. § 41). Verbleibt es nun bei der Lohnsteuer als endgültiger Besteuerung der Lohn- und Gehaltsempfänger? oder handelt es sich bloß um eine Form der provisorischen Besteuerung, die später durch Veranlagung nach dem allgemeinen Einkommensteuertarif ausgeglichen wird? Hierüber bestimmt § 46:

1. Falls die Einkünfte, die der Pflichtige außer seinem unselbständigen Arbeitseinkommen bezogen hat, nicht mehr als 300 RM. und sein Gesamteinkommen nicht mehr als 8000 RM. betragen, so findet keine Veranlagung statt.
2. Sind sonstige Einkünfte über 300 RM. vorhanden, so wird der Pflichtige — sowohl von diesen wie vom nichtselbständigen Arbeitseinkommen — nach allgemeinen Grundsätzen veranlagt. Als Werbungskosten des unselbständigen Arbeitseinkommens werden dabei, wenn der Pflichtige keine höheren Beträge geltend macht, 200 RM. abgesetzt.
3. Eine Veranlagung des Gesamteinkommens nach allgemeinen Grundsätzen findet auch dann statt, wenn unselbständiges Arbeitseinkommen und sonstige Einkünfte zusammen die Grenze von 8000 RM. übersteigen.

Das Gesetz spricht von Einkünften, „von denen ein Steuerabzug vorgenommen worden ist". War also der Lohnsteuerabzug zu Unrecht unterblieben, so wird das unselbständige Arbeitseinkommen wie sonstige Einkünfte behandelt. Dagegen kommt es auf die tatsächliche Abführung der einbehaltenen Lohnteile an die Finanzkasse nicht an. — Wichtig ist, daß durch Steuerabzug einbehaltene Lohnbeträge niemals zurückerstattet werden, selbst wenn später eine Veranlagung erfolgt und die Steuer sich dabei als überzahlt herausstellt (§ 47^{III} S. 2). Lohn- und Gehaltsempfänger, deren Belastung durch Werbungskosten und Sonderausgaben 40 RM. im Monat übersteigt oder die wegen besonderer wirtschaftlicher Verhältnisse einen Ermäßigungsanspruch zu haben glauben, müssen also im eigensten Interesse den Antrag aus § 41 stellen, bevor der Abzug ohne Berücksichtigung dieser Umstände vorgenommen worden ist. Sonst bleibt ihnen bloß noch der Antrag auf Erstattung aus Billigkeitsgründen nach der allgemeinen Vorschrift des § 131 AbgO. (unten S. 1128).

„5. aus Kapitalvermögen. Es handelt sich hier um Gewinnanteile (Dividenden) und sonstige Bezüge aus Aktien, Kuxen, Genußscheinen, G.m.b.H.-Anteilen, Genossenschaftsanteilen usw., um Einkünfte aus der Beteiligung an einem Handelsgewerbe als stiller Gesellschafter, um Zinsen (z. B. aus Hypotheken, Darlehen, Anleihen, Einlagen bei Sparkassen, Banken usw.), um Renten aus Rentenschulden usw. 762.00 *RM*

Erläuterung:

Höhe Ihrer Einnahmen:

a) an Gewinnanteilen (Dividenden), Zinsen und sonstigen Bezügen aus Aktien, Kuxen, Genußscheinen, G.m.b.H.-Anteilen, Anteilen an Erwerbs- und Wirtschaftsgenossenschaften, Kolonialgesellschaften, der Reichsbank und bergbautreibenden Vereinigungen (ausgenommen Reichsbahn-Vorzugsaktien); aus der Beteiligung an einem Handelsgewerbe als stiller Teilhaber; an Zinsen aus Teilschuldverschreibungen mit Recht auf Umtausch in Gesellschaftsanteile (Wandelanleihen) oder Zusatzverzinsung nach der Höhe der Gewinnausschüttung (Gewinnobligationen), die dem Steuerabzug vom Kapitalertrag im Inland unterlegen haben . . . . 280.00 RM

Wie heißt die Firma, an der Sie als stiller Gesellschafter beteiligt sind und wo hat diese ihren Sitz?

In welcher Höhe ist Ihnen im Kalenderjahr 1935 Steuerabzug einbehalten worden? 28.00 RM.

b) aus Kapitalvermögen jeder Art, die dem Steuerabzug im Inland nicht unterlegen haben (z. B. Zinsen aus Hypotheken und Grundschulden, Renten und Rentenschulden, Zinsen aus Darlehen, Anleihen, Einlagen bei Sparkassen, Banken usw.) . . . . 521.00 RM

Der Betrag ist um 300 RM niedriger als im Vorjahr, weil die am 31. Dezember 1935 fälligen Halbjahreszinsen der meiner Frau gehörigen Hypothek von 10000 RM auf Schönborn Blatt Nr. 18 erst am 23. Januar 1936 eingegangen sind.

Summe der Einnahmen: 801.00 RM

abzüglich Summe der Werbungskosten . . . . 39.00 RM
(folgt Spezifikation)

Überschuß der Einnahmen über die Werbungskosten . . . . 762.00 RM."

Innerhalb der Einkünfte aus Kapitalvermögen sind kapitalertragsteuerpflichtige und nicht-kapitalertragsteuerpflichtige Bezüge auseinander zu halten. Vgl. §§ 20, 43, 44 EinkStG., dazu KapErtrStDfVO. vom 22. Dezember 1934 (RMinBl. 35, 18). Das Verfahren bei der Kapitalertragsteuer entspricht im Großen und Ganzen dem der Lohnsteuer: Erfassung des Einkommens an der Quelle durch Abzug seitens des Schuldners, der eine Steueranmeldung einzureichen und die Steuer periodisch abzuführen hat und — abgesehen von den beiden auf S. 1092 angeführten Ausnahmetatbeständen — allein für die Steuer haftet. Eine Steuerkarte gibt es nicht. Zum Unterschied von der nach sozialen Rücksichten gestaffelten Lohnsteuer kennt aber die Kapitalertragsteuer weder Freigrenze noch Progression, sondern sie macht einheitlich 10% von jedem selbst dem geringsten Betrage aus (§ 44 I S. 1, Abs. II EinkStG.). Folglich wird die Frage, wann Veranlagung stattfindet und wann nicht (S. 1093), diesmal besonders brennend. Wiederum wird der Pflichtige mit seinem Gesamteinkommen veranlagt, sofern er mehr als 300 RM. an solchen Einkünften bezogen hat, von denen kein Steuerabzug vorgenommen wurde (§ 46 2), oder sein Gesamteinkommen 8000 RM. übersteigt (§ 46 1). Dazu tritt hier der dritte Fall, daß im Einkommen eines „ledigen" (S. 1083) Pflichtigen kapitalertragsteuerpflichtige Einkünfte über 1000 RM. enthalten sind (§ 46 3). Denn der ledige Steuerpflichtige soll von dem höheren Satze des allgemeinen Steuertarifs erfaßt werden.

Schönermarks Ansicht, er brauche die verspätet eingegangenen Hypothekenzinsen des zweiten Halbjahrs 1935 erst für 1936 zu versteuern, ist irrtümlich. Von der Regel, daß es auf den Zeitpunkt des Zufließens bzw. der Leistung ankommt (S. 1091), besteht nämlich gerade für regelmäßig wiederkehrende Einnahmen und

Ausgaben, wie es Hypothekenzinsen sind, eine Ausnahme. Wenn solche Posten „kurze Zeit vor Beginn oder kurze Zeit nach Beendigung des Kalenderjahrs, zu dem sie wirtschaftlich gehören", dem Steuerpflichtigen zufließen oder von ihm bezahlt werden, so gelten sie als im Jahre der wirtschaftlichen Zugehörigkeit bezogen bzw. geleistet (§ 11[1] S. 2, Abs. II S. 2).

Als „Werbungskosten" kommen bei Kapitaleinkünften vor allem Depotgebühren, Safemiete, Prozeßkosten und Ähnliches in Betracht. Kosten eines besonderen Vermögensverwalters sind als Werbungskosten nur bei erheblichen Vermögen anzuerkennen. Im Übrigen werden Kosten der allgemeinen Vermögensverwaltung (z. B. des mit Ausarbeitung der Steuererklärung beauftragten Anwalts, Steuerberaters oder Bücherrevisors) nicht berücksichtigt. RStBl. 32, 515; 34, 250.

„6. Einkünfte aus Vermietung und Verpachtung von unbeweglichem Vermögen, insbesondere von Grundstücken, Gebäuden usw., einschließlich des Nutzungswerts der Wohnung und Praxisräume im eigenen Hause mit 1300 *RM*, aus Vermietung und Verpachtung von Sachinbegriffen, aus zeitlich begrenzter Überlassung von Rechten, aus der Veräußerung von Miet- und Pachtzinsforderungen: Verlust 745.00 *RM*

Erläuterung:

a) Einkünfte aus Vermietung und Verpachtung von unbeweglichem Vermögen (Grundstücken, Gebäuden, Gebäudeteilen, Schiffen, selbständigen Gerechtigkeiten):

Wo befindet sich der Grundbesitz? Hochkirch, Blücherstraße 6.
Nutzungswert der Wohnung im eigenen Haus (Zimmerzahl 4, 1. Stockwerk): 800.00 *RM*
dazu 2 Praxisräume im Erdgeschoß 500.00 *RM* 1300.00 *RM*
Miet- und Pachteinnahmen (einschließlich derjenigen aus der Weitervermietung und des Werts der Naturalbezüge), aus Gebäuden, Gebäudeteilen, Grundstücken und Geschäftsräumen und von Reklameflächen . . . . 730.00 *RM*

Bei voller Vermietung betragen diese Einnahmen 1260 *RM*. Im Jahre 1935 hat aber die Wohnung mit Laden im Erdgeschoß 7 Monate lang leergestanden und bei dem Mieter des 2. Stockwerkes habe ich 180 *RM* Miete verloren.

Summe der Einnahmen: 2030.00 *RM*.

Davon sind folgende Ausgaben für Werbungskosten abzuziehen, soweit sie nicht von den Mietern getragen werden:

Grund- und Gebäudesteuern (einschließlich der Zuschläge der Gemeinden und Gemeindeverbände) und Hauszinssteuer 233.00 *RM*

Instandsetzungen (nicht auch Ergänzungen)
1250.00 *RM*.

Art der Instandsetzungen:

a) Dachreparatur infolge der Sturmschäden vom 7. Oktober 1935 (Ausführender: Dachdeckermeister *Kupfer* in Drachenbrunn) 1100.00 *RM*
b) verschiedene kleinere laufende Instandsetzungsarbeiten 150.00 *RM*

Davon ist abzusetzen der Betrag für erhaltene öffentliche Zuschüsse —.— *RM*, bleiben	1250.00 *RM*	
Abnutzung 2½% des Gebäudewertes von 23000 *RM* (ist das Gebäude vor oder nach dem 1. Januar 1925 erbaut? Nach dem 1. Januar 1925).	575.00 *RM*	
Versicherungsprämien	87.00 *RM*	
Sonstige Werbungskosten (z. B. Lohn für Pförtner und Hausverwalter)	30.00 *RM*	
Schuldzinsen, Lasten usw., die lediglich das Grundstück betreffen . . .	600.00 *RM*	
Summe der Werbungskosten:		2775.00 *RM*
Überschuß der Werbungskosten über die Einnahmen:		745.00 *RM*

b) Einkünfte aus Vermietung und Verpachtung von Sachinbegriffen, insbesondere von beweglichen Betriebsvermögen — nicht vorhanden.

c) Einkünfte aus zeitlich begrenzter Überlassung von Rechten, insbesondere von schriftstellerischen, künstlerischen und gewerblichen Urheberrechten, von gewerblichen Erfahrungen, von Gerechtigkeiten und Gefällen — nicht vorhanden.

d) Einkünfte aus der Veräußerung von Miet- und Pachtzinsforderungen — nicht vorhanden.

Gesamteinkünfte aus Vermietung und Verpachtung: Verlust 745.00 *RM*."

Besteuerung der Einkünfte aus Vermietung und Verpachtung: § 21. Auch hier ist Pauschalierung der Werbungskosten üblich.

Der Verlust aus dem Grundstücksabschluß wird von den positiven Einkünften in Abzug gebracht, denn als Einkommen gilt gemäß § 2^{II} die Summe der verschiedenen steuerpflichtigen Einkünfte „nach Ausgleich mit Verlusten, die sich aus einzelnen Einkunftsarten ergeben", und nach Abzug der Sonderausgaben. Verluste, die mit steuerpflichtigen Einkunftsarten nicht in Zusammenhang stehen, z. B. Spielverluste, dürfen nicht abgezogen werden.

Wann sind Verluste des Steuerpflichtigen an seiner Vermögenssubstanz zu berücksichtigen? Hier wird der Unterschied zwischen „Gewinn" und „Überschuß der Einnahmen über die Werbungskosten" (S. 1086) von Bedeutung. Da die Gewinnermittlung auf einer Vergleichung von Anfangs- und Endvermögen beruht, fallen bei ihr Vermögenseinbußen selbstverständlich als gewinnmindernd ins Gewicht. Anders in den Fällen der zweiten Gruppe. Wenn von den Einnahmen lediglich die „Werbungskosten" zu kürzen sind, so heißt das, daß z. B. Kapitalverluste des Rentners (§ 2^{III} Ziff. 5), Beschädigungen oder sonstige Wertverringerungen des dem Hausbesitzer gehörigen Zinshauses (§ 2^{III} Ziff. 6) außer Betracht zu bleiben haben.

Ausfälle aus früheren Steuerjahren sind niemals abzugsfähig.

Besitzt ein Pflichtiger, der im Gesamtergebnis des Steuerjahres Verlust gehabt hat, ein die Freigrenze übersteigendes Vermögen, so muß er zwar keine Einkommen-, wohl aber Vermögensteuer zahlen.

Beschränkungen des Verlustausgleichs beim landwirtschaftlichen Einkommen S. 1087, beim Einkommen aus Spekulationsgeschäften S. 1098, beim Einkommen aus Veräußerung kapitalistischer Beteiligungen S. 1117.

„7. aus sonstigen Einkünften nach § 22 EinkStG. Es handelt sich hier um wiederkehrende Bezüge (z. B. vererbliche Renten, Leibrenten, Leibgedinge, Altenteile, Zeitrenten und andere unvererbliche Renten — Altersrenten, Renten aus der Invaliden-, Angestellten- und Knappschaftsversicherung — sowie Zuschüsse und sonstige Vorteile, die als wiederkehrende Bezüge gewährt werden), um Spekulationsgewinne, sofern sie im Kalenderjahr mindestens 1000 RM betragen haben, und um Einkünfte aus Leistungen, z. B. aus gelegentlichen Vermittlungen und aus der Vermietung beweglicher Gegenstände, sofern die Einkünfte daraus im Kalenderjahr mindestens 300 RM betragen haben 1381.00 RM

Erläuterung:

a) vererbliche Renten, Leibrenten, Leibgedinge, Altenteile, Zeitrenten und andere unvererbliche Renten (z. B. Altersrenten, Renten aus der Invaliden-, Angestellten- oder Knappschaftsversicherung) sowie Zuschüsse und sonstige Vorteile, die als wiederkehrende Bezüge gewährt werden: Kriegsbeschädigtenrente von monatlich 48 RM . 576.00 RM."

Die Kriegsbeschädigtenrente gehört begrifflich zu den nach § 22^{1b} steuerpflichtigen unvererblichen Renten. Aus sozialpolitischen Gründen nimmt aber § 3^1 alle Versorgungsgebührnisse und verwandten Bezüge — ohne Rücksicht auf die Höhe — von der Steuerpflicht überhaupt aus.

Unter den steuerfreien Einkünften finden wir in § 3 ferner das uns bereits bekannte Abkehrgeld (S. 1072), weiterhin u. A.: die Kleinrentnervorzugsrenten aus Anleihe-Altbesitz (Ziff. 4); Bezüge aus Krankenversicherung und der reichsrechtlichen Unfallversicherung sowie Sachleistungen (z. B. Heilverfahren) aus den übrigen Zweigen der Reichsversicherung (Ziff. 6; dagegen sind Renten aus der Invaliden-, Angestellten- und vertraglichen Unfallversicherung steuerpflichtig); Kapitalabfindungen auf Grund der Reichsversicherung, der Beamtenpensionsgesetze und der Militärversorgung (Ziff. 8); Arbeitslosen-, Krisen- und Kurzarbeiterunterstützungen (Ziff. 9); Heiratsbeihilfen, die einer Arbeitnehmerin beim Ausscheiden aus dem Arbeitsverhältnis gewährt werden (Ziff. 12).

In § 22 sind unter dem Sammelnamen „sonstige Einkünfte" Dinge zusammengefaßt, die vom finanzwissenschaftlichen Standpunkt aus ganz heterogene Natur haben. Die wiederkehrenden Bezüge des § 22^1 z. B., mit denen sich Abschnitt a der Erläuterung befaßt, würden als periodische Hebungen auch nach der Quellentheorie der Einkommensteuer unterliegen. Ganz anders der folgende Fall, die Spekulationsgewinne:

„b) Einnahmen aus Spekulationsgeschäften gemäß § 23 EinkStG.: nominell 1000 RM Aktien der ‚Lusatia' Braunkohlenbrikett-AG. in Senftenberg, erworben im Oktober 1934 zum Kurse von 76.00, verkauft im Juni 1935 zum Kurse von 136.50, mithin Verdienst . 605.00 RM

Es handelt sich aber um keine Spekulation, denn ich habe das Papier s. Zt. nicht zum Zwecke der Weiterveräußerung, sondern auf Empfehlung des bei der Gesellschaft tätigen, mit mir befreundeten Direktors *Durchholz* als dauernde Vermögensanlage gekauft. Der Verkauf war notwendig, weil ich meiner Schwägerin *Emma Hartebrodt* den Erlös für eine Kaution, die sie wegen Übernahme einer Kurpension in Bad Altheide zu stellen hatte, darlehnsweise überlassen mußte. Inzwischen ist der geliehene Betrag (insgesamt 1800 RM) als verloren zu betrachten, da sie die Pachtung aufgeben mußte und völlig vermögenslos ist. Deshalb bitte ich von einer Besteuerung des bloß auf dem Papier stehenden Gewinns abzusehen.

ab Werbungskosten aus Spekulationsgeschäften: . . . . nicht vorhanden."

Schönermarks Verteidigung gegen den Vorwurf spekulativer Absichten war überflüssig, weil Spekulationsgewinne (was übrigens aus dem Formular selbst zu entnehmen ist) nur versteuert werden, wenn sie — nach Abzug der Verluste aus gleichartigen Geschäften — mindestens 1000 RM. im Jahre betragen (§ 23^{IV} S. 2). Wäre diese Summe erreicht, so würden die Darlegungen unerheblich gewesen sein, denn das EinkStG. verwendet zwar das Schlagwort „Spekulationsgeschäft", gibt jedoch (in § 23^{I}) eine Begriffsbestimmung, welche nicht auf die schwer nachprüfbaren inneren Absichten, sondern ausschließlich auf äußere Merkmale abstellt. Es werden nämlich erfaßt:

1. Gewinne aus Veräußerungsgeschäften, die bei Grundstücken innerhalb von 2 Jahren, bei Wertpapieren oder sonstigen mobilen Wirtschaftsgütern innerhalb eines Jahres seit dem Erwerb vorgenommen sind,
2. ohne Rücksicht auf den zeitlichen Abstand zwischen Anschaffung und Wiederveräußerung: Gewinne aus Geschäften, bei denen die Veräußerung dem Erwerb vorangegangen ist (das typische „Fixen" der Baisse-Spekulanten).

War die Sperrfrist der Ziff. 1 gewahrt und liegt der Tatbestand der Ziff. 2 nicht vor, so findet selbst dann keine Besteuerung statt, wenn der Erwerb von vornherein zum Zwecke spekulativen Weiterverkaufs erfolgte. Umgekehrt läßt das Gesetz bei Unterschreitung der Frist keinen Gegenbeweis zu, daß die Spekulationsabsicht gefehlt habe. In einem Fall wie dem vorliegenden mag das hart sein, besonders da der Gewinn schließlich in nichts zerronnen ist, es entspricht jedoch dem Willen des Gesetzes.

Veräußerungs- und namentlich Spekulationsgewinne kommen auch im Rahmen von Handelsgeschäften und anderen Betrieben vor. Dann fallen sie systematisch nicht unter § 23, sondern unter §§ 13 f., 15 f., 18 in Verbindung mit §§ 4—6. Der Gewinn wird also ohne Rücksicht auf seine Höhe, auf die vom Erwerb bis zur Weiterveräußerung verflossene Zeit und auf die Motive des Ankaufs versteuert. Den Regeln ordnungsmäßiger kaufmännischer Buchführung entspricht es, die zum Geschäftsvermögen gehörigen Wertpapiere in den Abschluß mit den Kursen des Bilanzstichtages einzusetzen, so daß sich aus einer Kurssteigerung ein Gewinn ergeben kann, der noch gar nicht realisiert ist und von dem man nicht weiß, ob er jemals realisiert oder durch spätere Kursrückgänge wieder aufgehoben werden wird. Auf der anderen Seite sind Verluste aus Spekulationsgeschäften innerhalb des kaufmännischen Abschlusses unbeschränkt abzugsfähig. — Dem gegenüber bezieht sich § 23 auf gelegentliche Veräußerungsgewinne am Privatvermögen. Der Quellentheorie würde deren Besteuerung kaum entsprechen. Das EinkStG. zieht sie zwar zur Steuer heran, jedoch nur soweit sie — durch Verkauf — realisiert sind, ferner unter Beachtung der Sperrfristen und der hohen Freigrenze. Interessant ist die Behandlung der Spekulations*verluste*. Stellt man die Spekulation als Steuergrundlage neben Gewerbe, Landwirtschaft, freie Berufe usw., so müßten folgerichtig Verluste aus Spekulationsgeschäften vom Gesamteinkommen abgezogen werden, was eine bedenkliche Ermutigung des Spekulantentums bedeuten würde. Deshalb gestattet § 23^{IV} S. 3 den Ausgleich der Spekulationsverluste nur mit den im gleichen Jahre aus Spekulationsgeschäften erzielten Gewinnen, nicht auch mit dem positiven Abschluß anderer Einkunftskategorien.

„c) Einnahmen aus Leistungen, soweit sie nicht zu den anderen Einkunftsarten, oder zu a oder b gehören (z. B. Einnahmen aus gelegentlichen Vermittlungen und aus der Vermietung beweglicher Gegenstände) . . . . nicht vorhanden.
ab Werbungskosten

Überschuß der Einnahmen über die Werbungskosten und Verluste . 1181.00 *RM*."

Vgl. § 22³ mit besonderer Freigrenze und Besonderheit bezüglich des Verlustabzuges. Berufsmäßige Vermittlung gehört zu den freien Berufen, kann aber auch Gegenstand eines (Handels)gewerbes sein.

„Vorsorglich führe ich noch einen Gewinn meiner Tochter *Paula* aus der Volkswohlfahrtslotterie (Los Nr. 281 514) in Höhe von . . . . . . 200.00 *RM*

an, da ich nicht weiß, ob solche Gewinne steuerpflichtig sind. Zusammen . 1381.00 *RM*."

Wie die erschöpfende Aufzählung der steuerfreien Einkünfte in §§ 2ᴵᴵᴵ, 22 lehrt, unterliegen Lotteriegewinne nicht der Einkommensteuer. Ihre Besteuerung würde den Anreiz, sich an der Lotterie zu beteiligen, gar zu sehr beeinträchtigen. Ebenso sind Erbschaften, Schenkungen, anfallende Lebensversicherungssummen u. dgl. einkommensteuerfrei.

Es folgt die Addition der positiven Zahlen der Hauptspalten (zu 3, 4, 5, 7) abzüglich der Verlustziffer zu 6:

„Gesamtsumme der Einkünfte . . . . 9667.56 *RM*.

Vom Gesamtbetrag der Einkünfte sind abzuziehen als Sonderausgaben:

1. ein Betrag von 50 *RM* für jede Hausgehilfin, und zwar für jeden vollen Kalendermonat, in dem sie zum Haushalt des Steuerpflichtigen gehört hat, mithin für die auf Seite 1 genannten Hausgehilfinnen im vorliegenden Falle insgesamt . . . . 1200.00 *RM*."

Es liegt in der Natur der Einkommensteuer, daß alle Ausgaben, welche das Nettoeinkommen tatsächlich mindern, von den Einkünften abzusetzen sind, nicht dagegen solche Ausgaben, die sich als Einkommensverbrauch darstellen. Letzteres wird hinsichtlich der Haushaltskosten und des Unterhalts der Familienangehörigen — einschließlich der sogenannten Repräsentationskosten („Aufwendungen für die Lebensführung, die die wirtschaftliche oder gesellschaftliche Stellung des Steuerpflichtigen mit sich bringt, auch wenn sie zur Förderung des Berufs oder der Tätigkeit des Steuerpflichtigen erfolgen") — in § 12¹ ausdrücklich bestimmt. Bisweilen gestattet jedoch das Gesetz aus Billigkeits-, sozialpolitischen oder anderen Gründen den Abzug der für gewisse Zwecke verbrauchten Einkommensteile. Von den abzugsfähigen „Sonderausgaben" des § 10 sind Schuldzinsen und Renten (Ziff. 2) echte Einkommensminderungen, alle übrigen privilegierter Verbrauch. In die zweite Gruppe fällt auch der bereits S. 1083/4 besprochene und motivierte Hausgehilfinnenabzug: denn ob der Pflichtige Teile seines Einkommens auf Nahrung, Bekleidung, Miete oder Halten von Hauspersonal ausgibt, macht begrifflich keinen Unterschied.

Für weibliche Arbeitnehmer, die zum Haushalt des Pflichtigen gehören, aber Arbeiten landwirtschaftlicher oder gewerblicher Art verrichten, sind nicht die fixierten 50 *RM* je Monat als

Sonderausgabe, sondern die — höheren oder geringeren — tatsächlichen Aufwendungen für Betriebsausgaben bzw. Werbungskosten abzuziehen. Trifft die Begriffsbestimmung der Hausgehilfin (S. 1084) deshalb nicht zu, weil Arbeiten höherer Art geleistet werden, so findet überhaupt kein Abzug statt.

Die Hausgehilfin selbst unterliegt als selbständiges Steuersubjekt mit allen ihren Einkünften der Lohn- und Einkommensteuer. Freilich werden ihre Bezüge, auch unter Einrechnung der Sachleistungen, nur in den seltensten Fällen die Freigrenze übersteigen.

„Schuldzinsen, auf besonderen Verpflichtungsgründen beruhende Renten und dauernde Lasten, die weder Betriebsausgaben oder Werbungskosten sind, noch mit Einkünften in wirtschaftlichem Zusammenhang stehen, die bei der Veranlagung außer Betracht bleiben . . . . . nicht vorhanden."

Durch Zinsleistungen des Pflichtigen wird das ihm zum Verbrauch verbleibende Reineinkommen und damit seine steuerliche Leistungsfähigkeit verringert. Deshalb bildet nach § 10^2 die Abzugsfähigkeit die Regel, gleichviel auf welchem Grunde die Kapitalschuld beruhte. Von den beiden, aus dem Gesetz in das Formular übernommenen, Ausnahmen ist die erste eine bloß scheinbare; denn wenn die Zinsen Betriebsausgabe oder Werbungskosten (vgl. § 9^1) sind, so hat sie der Pflichtige schon von den Einkünften, mit denen sie zusammenhängen, abgezogen (wie Schönermark die Hypothekenzinsen bei Berechnung der Einkünfte aus Vermietung und Verpachtung, S. 1096). Was aber bedeutet die zweite Ausnahme: „noch mit Einkünften in wirtschaftlichem Zusammenhang stehen, die bei der Veranlagung außer Betracht bleiben"? War das Darlehn für absolut unproduktive, mit Erwerbszwecken und Erwerbsquellen nicht im Zusammenhang stehende, Dinge — zur Bestreitung der Haushaltskosten, Anschaffung von Kunstwerken, Luxusgrundstücken, Rennpferden, sogar zur Deckung von Spielverlusten — verwandt worden, so ist die Abzugsfähigkeit der Zinsen außer Streit: der Verschwender, der reine Konsumtionskredite aufnimmt, wird durch den Zinsabzug prämiiert. Der Ausnahmetatbestand liegt ferner einwandfrei vor, falls ein nicht im Deutschen Reich Wohnhafter und daher bloß beschränkt Steuerpflichtiger (§ 1^{II}) Geld entleiht, um damit außerhalb des Reichsgebiets Geschäfte zu machen und Gewinne zu erzielen, die als nichtinländische (§§ 49, 50) von der deutschen Einkommensteuer nicht erfaßt werden. Unklar und uneinheitlich ist die Rechtsprechung zu der wichtigen Frage des Aktienkaufs und Kaufs von Beteiligungen mit geborgtem Geld. Der Reichsfinanzhof unterscheidet, je nachdem der Kauf in Spekulationsabsicht oder zu Anlagezwecken erfolgte, und gestattet beim Spekulationskauf den Zinsabzug nur insoweit, als ein s t e u e r p f l i c h t i g e r Spekulations- bzw. Liquidationsgewinn (S. 1097/8, 1116) wirklich entstanden ist, RStBl. 28, 312; 31, 487, 488, 820, 888, 889; 33, 227; 35, 793; JW. 31, 1939^1, dazu Fleck.

Anders als Zinsen sind K a p i t a l s r ü c k z a h l u n g e n zu behandeln. Bei Berechnung des Reinvermögens für die Vermögensteuer wird die Kapitalschuld selbstverständlich in Abzug gebracht (§§ 62, 74^1 RBewertG. vom 16. Oktober 1934, RGBl. I 1035). Bei der Einkommensteuer muß sie grundsätzlich außer Betracht bleiben, weil Schulden nicht aus Einkünften, sondern aus der Substanz des Vermögens zu bezahlen sind. Alles das gilt auch für Kapitalsabschlagszahlungen, doch wird bei Amortisationshypotheken die, nach der juristischen Logik notwendige, scharfe Trennung von Zins- und Tilgungsbetrag (vgl. S. 723 f.) in der Praxis nicht immer durchgeführt. — Als „besondere Verhältnisse" im Sinne des § 33 EinkStG. (S. 1102/3) kann die Belastung des Steuerpflichtigen mit Kapitalsrückzahlungen natürlich Berücksichtigung finden.

Von dem in der gleichen Ziffer vorgesehenen Abzug der Renten sind gerade die wichtigsten, nämlich die Unterhaltsrenten, meist ausgenommen. Vgl. S. 1084.

„3. Kirchensteuern, soweit sie im Kalenderjahr 1935 entrichtet worden sind . 85.00 *RM*."

Wann können Steuern vom steuerpflichtigen Einkommen abgesetzt werden? Die von dem Pflichtigen bezahlten Verkehrs- und Realsteuern (Umsatzsteuer, Kapitalverkehrssteuer, Grundvermögens- und Hauszinssteuer, Gewerbesteuer) rechnen vom Standpunkt der Einkommensermittlung in gleicher Weise zu den Betriebsausgaben bzw. Werbungskosten (§§ 2^{IV}, 4 f., 9), wie irgend welche persönlichen oder sachlichen Geschäftsspesen, woraus die Berechtigung ihres Abzuges folgt. Auf der anderen Seite untersagt § 12^{3} den Abzug der Steuern vom Einkommen und Vermögen. In Ermangelung besonderer gesetzlicher Regelung würde die Kirchensteuer den Einkommen- und Vermögenssteuern gleichzustellen sein, da sie den Pflichtigen als Angehörigen einer Religionsgemeinschaft (näheres S. 1109), also als Persönlichkeit, trifft und zu seinem Erwerb und seinen Einkünften keine Beziehung hat. Wenn § 10^{3} trotzdem den Abzug gestattet, so waren hierfür Erwägungen kirchenpolitischer Art maßgebend.

„4. Beiträge und Versicherungsprämien des Steuerpflichtigen für sich, seine Ehefrau und seine Kinder, für die ihm Kinderermäßigung gewährt wird, zu Kranken-, Unfall-, Haftpflicht-, Angestellten-, Invaliden- und Erwerbslosenversicherungen, zu Versicherungen auf den Lebens- oder Todesfall an eine Versicherungsgesellschaft (Lebensversicherungs-AG. ‚Sekuritas' in Hamburg, Versicherungsschein Nr. 80 257), und zu Witwen-, Waisen-, Versorgungs- und Sterbekassen	1374.60 *RM*
5. Beiträge des Steuerpflichtigen für sich, seine Ehefrau und seine Kinder, für die ihm Kinderermäßigung gewährt wird, an eine Bausparkasse zur Erlangung von Baudarlehen	nicht vorhanden.
Gesamtbetrag der Sonderausgaben	2659.60 *RM*.

Zusammenstellung:

Gesamtbetrag der Einkünfte	9667.56 *RM*
Gesamtbetrag der Sonderausgaben	2659.60 *RM*
Einkommen	7007.96 *RM*."

Daß Versicherungsbeiträge (Sozialversicherung, Versicherung auf Gegenseitigkeit) und Prämien (vertragsmäßige Versicherung) der Ziffern 4 und 5 des Formulars (= § $10^{4,5}$ EinkStG.) ihrer Natur nach nicht abzugsfähig sein würden, liegt klar auf der Hand. Leistungen für eine Krankenversicherung z. B. müßten eigentlich ebenso behandelt werden wie Ausgaben eines Nichtversicherten für Arzt, Medikamente oder Krankenhaus, d. h. als Verbrauch. In der Lebensversicherung vereinigt sich das aleatorische Moment der Risikoversicherung mit dem der Kapitalbildung, denn diese Versicherung bedeutet volkswirtschaftlich eine besondere Form des Sparens, namentlich wenn der Versicherte den Ablauf der Versicherungsfrist erlebt. Der Beitrag zur Bausparkasse ist sogar reine Kapitalrücklage. Die Zulassung dieser Gruppe von Abzügen soll (bei der Sozialversicherung) den Beteiligten den mit der Versicherung verbundenen Zwang erleichtern. Sie nimmt Rücksicht auf die Denkweise des Arbeitnehmers, der nicht den Brutto- sondern den zur Auszahlung gelangenden Nettolohn als sein Einkommen ansieht. Im übrigen hat sie ausgesprochen erzieherische Tendenz und soll zugleich Versicherungsgewerbe und Bauwirtschaft fördern. Der Hinweis auf die Steuerfreiheit der Prämien ist, besonders bei Lebens- und Bausparversicherung, zu einem beliebten und wirksamen Werbemittel geworden. Damit mit der Vergünstigung kein Mißbrauch getrieben wird, setzt § 10 II für die Sonderausgaben zu 4 und 5 eine gemeinschaftliche Höchstgrenze fest, die mit 500 RM. beginnt und sich nach der Zahl der zusammen zu veranlagenden Familienmitglieder staffelt; bei Schönermark (Frau und 3 Kinder) beträgt sie 2100 RM. Bei den anderen Sonderausgaben (Hausgehilfin, Schuldzinsen und Renten, Kirchensteuern) gibt es kein gesetzliches Maximum. Andrerseits bestimmt § 10 III für die Sonderausgaben mit Ausnahme des Hausgehilfinnenabzugs einen Mindestpauschbetrag von 200 RM.

Der Abschnitt

„III. Erläuterungen und Fragen zu den Angaben auf Seite 2"

ist, soweit für unseren Fall von Interesse, bereits bei den einzelnen Einkünften wiedergegeben.

„IV. Bei der Berechnung des Einkommens sind die folgenden Zinsen von Hypotheken, von Grundschulden und von anderen Schulden und die folgenden Lasten abgezogen worden:

a) Bei den Einkünften aus Vermietung und Verpachtung:	
10000 *RM* zu 3% Hypothek des Landkreises Breslau (Hauszinssteuerhypothek)	300.00 *RM*
4000 *RM* zu 7½% Hypothek der Rentnerin *Thea Großkopf* in Bonn	300.00 *RM*
b) bei den übrigen Einkünften.	Nichts.
zusammen:	600.00 *RM*.

V. Sonstige Bemerkungen.[8])

Im Kalenderjahr 1935 bin ich nicht bloß durch den Verlustabschluß meines Grundstücks (II 6) und die bei meiner Schwägerin *Emma Hartebrodt* verlorenen 1800 *RM* (Erläuterung zu II 7b), sondern auch dadurch besonders belastet worden, daß ich für meinen jetzt 27jährigen Sohn *Manfred* 1200 *RM* und für den Vater meiner Frau 400 *RM* aufzuwenden hatte. *Manfred* ist voll ausgebildeter Verkehrspilot, hatte als solcher früher eine Stellung, die er aber wegen eines Bruchleidens aufgeben mußte. Er hat sich jetzt ein technisches Büro eingerichtet. Hierzu war ein Studium von mehreren Semestern an der Technischen Hochschule sowie die Teilnahme an Handelskursen erforderlich. Mein Schwiegervater brauchte das Geld zu einer ärztlich vorgeschriebenen Kur in Bad Neuenahr, da er schwer zuckerkrank ist und als Kleinrentner die Mittel nicht allein aufbringen konnte.

(folgen Einzelheiten und Beweismittel)

Dazu kommt, daß ein Teil meiner Einkünfte aus selbständiger Arbeit, wie zu II 3 dargelegt, die Entlohnung für eine sich über mehrere Jahre erstreckende Tätigkeit darstellt. Aus all diesen Gründen beantrage ich gemäß § 33 EinkStG. eine entsprechende Ermäßigung der an sich geschuldeten Einkommensteuer.

Ich versichere hierdurch, die Angaben nach bestem Wissen und Gewissen gemacht zu haben.

Hochkirch, den 15. August 1936.

Dr. Ludwig Schönermark."

[8]) Die bei Abfassung dieses Kapitels vorhandenen weiteren Abschnitte des Formulars über Steuergutscheine und Steuererleichterungen werden wegen der zeitlichen Begrenzung dieser Vergünstigungen hier weggelassen.

§ 33 gestattet die Berücksichtigung besonderer wirtschaftlicher Verhältnisse, die die steuerliche Leistungsfähigkeit des Steuerpflichtigen wesentlich beeinträchtigen, durch Ermäßigung der Einkommensteuer. Vorausgesetzt wird ein Antrag, und daß das Einkommen nicht mehr als 20 000 RM. — bei Pflichtigen mit Kinderermäßigung für 3 oder mehr Kinder: 30 000 RM. — beträgt. Als solche „besonderen Verhältnisse" führt das Gesetz an:

1. Unterhalt von Kindern oder bedürftigen Angehörigen, auch wenn sie nicht zum Haushalt des Steuerpflichtigen zählen,
2. Ausgaben wegen Krankheit, Todesfalls oder Unglücksfalls.

Doch sind das nur Beispiele, neben denen die Generalklausel: „sonstige notwendige Aufwendungen, die nicht zu den Sonderausgaben im Sinne des § 10 gehören", steht. Diese „Notwendigkeit" braucht kein rechtlicher Zwang zu sein, es genügt, wenn Aufwendungen von jedem normal denkenden und handelnden Steuerpflichtigen ebenfalls gemacht worden wären. Daraus ergibt sich im Einzelnen:

Dem Verlust aus der Bewirtschaftung des Grundstücks ist bereits durch Abzug von der Summe der übrigen Einkünfte Rechnung getragen. Der Ausfall bei Emma Hartebrodt könnte nach § 33 Berücksichtigung finden, natürlich unter Abzug der 605 RM. Spekulationsgewinn, da diese ja nicht versteuert werden. Auch wegen der Aufwendungen für den Sohn Manfred und den Schwiegervater besteht kein grundsätzliches Bedenken. Bei Kindern über 25 Jahren bildet § 33 überhaupt den einzigen Weg, auf dem eine juristische oder moralische Unterhaltsverpflichtung des Familienvaters zur Steuerermäßigung führen kann. „Angehörige" im Sinne von § 33¹ sind, wie in allen Steuergesetzen, ausschließlich die in § 10 StAnpassG. Aufgeführten: Verlobte, Ehegatten (auch nach Scheidung der Ehe), gradlinige Verwandte und Verschwägerte, Seitenverwandte 2. und 3. Grades, Seitenverschwägerte 2. Grades, durch Adoption gradlinig Verbundene, Pflegeeltern und -kinder. Das hindert nicht, daß Aufwendungen für andere Personen unter Umständen nach Ziff. 2 als „notwendig" anerkannt werden.

Eine besondere Bedeutung kommt dem vorletzten, auf die brutto 650 RM., netto 555 RM. Autorenhonorar bezüglichen, Satze der „sonstigen Bemerkungen" zu. Erhält der Steuerpflichtige für eine sich über mehrere Jahre erstreckende einheitliche Tätigkeit Vergütung, und müßte er diese in dem Jahr, in welchem sie „zugeflossen" ist (§ 11^I S. 1 EinkStG.), mit den stark progressiven Sätzen des allgemeinen Tarifs versteuern, so würde er unter Umständen einen großen Teil seiner Einnahme als Steuer ausgeben. Darum stellt § 34¹ für derartige Fälle der „außerordentlichen Einkünfte" besondere Besteuerungsgrundsätze auf. Das Gesamteinkommen des Pflichtigen wird in das Einkommen, das er neben den außerordentlichen Einkünften hat, und die außerordentlichen Einkünfte zerlegt. Der erste Teil wird in gewöhnlicher Weise besteuert, von den außerordentlichen Einkünften dagegen (ohne nochmalige Freigrenze) bei Ledigen 15—35%, bei anderen Pflichtigen 10 bis 25% erhoben. Innerhalb des bezeichneten Spielraums hat das Finanzamt freies Ermessen, doch darf die Gesamtsteuer natürlich keinesfalls höher sein, als wenn alles Einkommen nach dem regulären Tarif zu versteuern wäre. Anders als in § 33, hat hier der Steuerpflichtige beim Vorliegen des gesetzlichen Tatbestandes ein festes Recht auf die Vergünstigung. Besondere Voraussetzungen: das Gesamteinkommen muß 6000 RM. übersteigen (weil bei den für niedrigere Einkommen geltenden mäßigen Steuersätzen kein Bedürfnis nach einer Ermäßigung besteht), und es muß ein besonderer Antrag gestellt sein, der in unserem Falle darin gefunden werden kann, daß Schönermark (dem die Bestimmung des § 34 anscheinend nicht bekannt ist), die Verteilung des Schriftstellerhonorars auf mehrere Jahre in anderem Zusammenhang als Argument für eine Steuerermäßigung anführt.

Vereinbarte oder gebührenordnungsmäßige Honorare, die ein Rechtsanwalt nach Abschluß einer mehrjährigen Straf-, Zivilprozeß- oder sonstigen größeren Rechtsangelegenheit ausgezahlt erhält, sind keine außerordentlichen Einkünfte, weil der Beruf des Anwalts es mit sich bringt, daß er fortlaufend in den einzelnen Steuerjahren neben Vergütungen für Tätigkeiten innerhalb eines Jahres auch solche für eine Tätigkeit bezieht, die mehrere Jahre umfaßte. Nur dann greift die Besteuerung nach § 34 Platz, wenn entweder die mehrjährige Tätigkeit ganz außerhalb seiner sonstigen Berufssphäre liegt (wie Schriftstellerei), oder die eine große Sache so sehr dominierte, daß alle gleichzeitig bei ihm laufenden kleineren Angelegenheiten völlig in den Hintergrund getreten sind. Konkursverwaltungen, Testamentsvollstreckungen, Liquidationen zählen in diesem Sinne zur engeren Berufstätigkeit des Anwalts. RFH. 12, 228; DJZ. 31, 91.

Als „außerordentliche Einkünfte" werden außer den Entlohnungen für mehrjährige Tätigkeit auch Liquidationsgewinne (S. 1116) anerkannt (§ 34²). Ferner Entschädigungen, die als Ersatz für entgangene oder entgehende Einnahmen, für Aufgabe einer Beschäftigung u. dgl. gewährt werden (§§ 24¹, 34³).

Prüfung. Bei jedem Finanzamt, das Steuern vom Einkommen, vom Ertrage, vom Vermögen oder vom Umsatz verwaltet (nicht also bei den für Verbrauchssteuern und Zölle zuständigen Hauptzollämtern, welche im Sinne der AbgO. gleichfalls „Finanzämter" sind), ist ein „Beirat" gebildet, zusammengesetzt aus den Leitern der Gemeinden des Bezirks sowie Ehrenbeamten aus verschiedenen Wirtschaftszweigen. In manchen Fällen — z. B. vor der Entscheidung über einen Einspruch (S. 1110 f.), der nicht rein rechtlicher Natur ist — „hat" das Finanzamt einen oder mehrere Beiratsmitglieder zu hören, in anderen — wie bei der Feststellung von Durchschnittssätzen und ähnlichen Fragen von allgemeiner Bedeutung — „soll" es das tun. §§ 30 f. AbgO. In der Schönermarkschen Sache liegt zur Zuziehung des Beirats kein Anlaß vor, so daß der Dezernent Einkommen und Einkommensteuer selbständig feststellen kann.

Die Prüfung der Steuererklärungen ist Offizialtätigkeit, die nicht einseitig, sondern auch zu Gunsten der Pflichtigen vorgenommen wird (§ 204 I S. 2) und bei der dem Finanzamt weitreichende Möglichkeiten der Aufklärung zu Gebote stehen (§§ 204 f.). In unserem Falle vergleicht der Sachbearbeiter zunächst die in den Akten befindlichen älteren Einkommensteuererklärungen, die Vermögens- und Umsatzsteuererklärungen. Es besteht kein Anlaß den tatsächlichen Angaben Schönermarks zu mißtrauen. Daher wird ohne besondere Ermittlungen auf Grund der von dem Pflichtigen gemachten Angaben, aber mit teilweise abweichender rechtlicher Beurteilung, in der üblichen Form des „Berechnungsbogens"[9]) verfügt.

„Gewinn aus:

1. Land- und Forstwirtschaft	— —
2. Gewerbebetrieb	— —
3. selbständiger Arbeit	4144.56 RM
Überschuß der Einnahmen über die Werbungskosten aus:	
4. nicht selbständiger Arbeit .	4125.00 RM
5. Kapitalvermögen	1062.00 RM

[9]) Einzelne Rubriken des Berechnungsbogens, die sich auf Vorschriften mit zeitlich begrenzter Geltung beziehen, werden hier weggelassen.

Hier sind den deklarierten 762 RM. die verspätet eingegangenen 300 RM. Hypothekenzinsen hinzugerechnet.

„6. Vermietung und Verpachtung, Verlust		745.00 RM
7. Sonstige Einkünfte		— —."

Denn alle von Schönermark unter der letzten Rubrik angegebenen Einkünfte sind, wie wir gesehen haben, in Wahrheit nicht steuerpflichtig.

„8. Gesamtbetrag der Einkünfte		8586.56 RM
9. Abgezogen sind für erhöhte Abnutzung bei kurzlebigen Wirtschaftsgütern 2500.00 RM		
Sonderausgaben:		
10. 2 Hausgehilfinnen (24 Monate je 50 RM)	1200.00 RM	
11. Schuldzinsen, Renten usw., Kirchensteuern, Versicherungsprämien und Beiträge zu Bausparkassen	1459.60 RM	
Sonderausgaben		2659.60 RM
14. Einkommen		5926.96 RM
16. abgerundet auf 50 RM nach unten		5900.00 RM
17. Nach § 48 EinkStG. tritt an Stelle des Einkommens der Verbrauch (abgerundet auf 50 RM nach unten)		— —
18. Stufe von mehr als 5750 RM bis 6250 RM Mittelbetrag		6000.00 RM
19. Der Pflichtige ist verheiratet und hat Kinderermäßigung für 3 Kinder (2 minderjährige nach § 32 Ziff. 2 S. 1, ein volljähriges nach § 32 Ziff. 2 S. 2)		
20. Einkommensteuer nach Tabelle		242.00 RM
....		
Hiervon ab:		
23. wegen besonderer wirtschaftlicher Verhältnisse (§ 33 EinkStG.)		Nichts.
....		
25. Festgesetzte Steuerschuld		242.00 RM."

Eine Ermäßigung nach § 34 kommt nicht mehr in Frage, weil das steuerbare Einkommen unter 6000 RM. bleibt.

„Anrechnungen auf die Steuerschuld:		
26. einbehaltene Kapitalertragsteuer, soweit sie auf die im Kalenderjahr 1935 bezogenen Kapitalerträge entfällt	28.00 RM	
27. einbehaltene Beträge für Lohnsteuer, soweit sie auf die im Kalenderjahr 1935 bezogenen Einkünfte aus nicht selbständiger Arbeit entfallen	56.16 RM	
		84.16 RM
30. Verbleiben		157.84 RM.
31. Zuschlag wegen verspäteter Abgabe — Nichtabgabe — der Steuererklärung gemäß § 168 II AbgO.		
32. Steuerbetrag		157.84 RM."

Vorauszahlung und Abschlußzahlung. Eine abschließende Feststellung des Einkommens und der davon zu zahlenden Steuer ist erst nach Beendigung des Steuerjahres möglich. Es gab und gibt Steuersysteme, welche aus diesem Grunde die Steuer überhaupt erst vom Einkommen des verflossenen Jahres erheben. Unser geltendes EinkStG. lehnt diese Methode ab, will vielmehr, daß die Steuer vom Einkommen eines Jahres tunlichst noch im Laufe des selben Jahres gezahlt wird. Bei Steuerpflichtigen, die lediglich Lohn- oder Gehaltsempfänger sind oder kapitalertragsteuerpflichtige Bezüge haben, geschieht das in einfacher Form, indem sie von ihren Einkünften in kurzen Zeitabschnitten die Steuer durch Lohn- bzw. Kapitalertrags-Abzug entrichten. Im Übrigen geht das Gesetz so vor, daß auf das Einkommen des z. Zt. laufenden Jahres (hier: des Kalenderjahrs 1935) zunächst periodische „Vorauszahlungen" geleistet werden und daß nach Ende des Steuerjahres (also im Laufe des Kalenderjahres 1936) die Veranlagung und der endgültige Ausgleich vorgenommen wird. Die Vorauszahlungen (§§ 35 f.) sind am 10. März, 10. Juni, 10. September und 10. Dezember fällig und betragen regelmäßig je $^1/_4$ der zuletzt veranlagten Jahressumme. Das kann für den Pflichtigen sehr drückend sein, wenn sein Einkommen zurückgegangen ist, und § 37^{II} gestattet deshalb eine niedrigere Bemessung, sofern eine Verringerung um mindestens 20% und absolut 1000 RM. glaubhaft gemacht wird (die analoge in § 37^{I} bei einer Einkommenssteigerung um mindestens 20% und absolut 2000 RM. vorgesehene Erhöhung der Vorauszahlungen spielt in der Steuerpraxis keine Rolle, weil die Finanzämter die Einkommenserhöhungen nicht kennen und der Pflichtige kein Interesse daran hat, sie der Behörde mitzuteilen). Ist die Veranlagung abgeschlossen, so erfolgt der Ausgleich dadurch, daß man Vorauszahlungen und anrechnungsfähige Lohn- und Kapitalertragsabzüge zusammenrechnet und nunmehr der Pflichtige, falls die Summe hinter der veranlagten Steuer zurückbleibt, die Differenz als „Abschlußzahlung" binnen einem Monat zu entrichten hat (§ 47^{II}), während sie ihm im umgekehrten Falle zurückerstattet oder auf geschuldete Steuerzahlungen angerechnet wird (§ 47^{III} S. 1). Daß eine Erstattung von Beträgen, die durch Steuerabzug einbehalten wurden, niemals stattfindet, wissen wir bereits (S. 1093).

Die Höhe der im Laufe des Kalenderjahrs 1935 von Schönermark auf die Steuer dieses Jahres geleisteten Vorauszahlungen stellt die Steuerkasse des Finanzamtes fest.

Veranlagungsbescheid.

„Finanzamt Breslau-Land.
Gemeinde Hochkirch. Breslau, den 25. August 1936.
Steuer-Nr. III/287.

Einkommensteuerbescheid
für das Kalenderjahr 1935.

A. Steuerfestsetzung.

I.	Auf Grund des EinkStG. ist die Einkommensteuer für Sie und Ihre Ehefrau für das Kalenderjahr 1935 festgesetzt auf	242.00 *RM*	
	Nach Anrechnung der Steuerabzugsbeträge von	84.16 *RM*	
	verbleiben		157.84 *RM.*
II.	Die künftigen Vorauszahlungen betragen demgemäß vierteljährlich	39.46 *RM*	

B. Abrechnung und Zahlungsanforderung.

I.	Für das Kalenderjahr 1935 entrichtete Vorauszahlungen auf die Einkommensteuer	192.00 *RM.*
II.	Demnach sind zu viel entrichtet und werden ausgeglichen	34.16 *RM.*

(III. Demnach sind zu wenig entrichtet ......
Der zu wenig entrichtete Betrag ist als Abschlußzahlung zu leisten, und zwar ....)

IV. Als künftige Vorauszahlungen sind ohne Rücksicht auf die bereits am 10. März und 10. Juni fällig gewesenen Vorauszahlungen zu entrichten:
bis zum 10. September 1936 39.46 *RM* abzüglich des gemäß Abschnitt B V durch Aufrechnung getilgten Betrages von 34.16 *RM* = 5.30 *RM*
bis zum 10. Dezember 1936 . . . . 39.46 *RM*,
für das Kalenderjahr 1937 bis zum Empfang des nächsten Steuerbescheids bis zum 10. März, 10. Juni, 10. September usw. je . . . . 39.46 *RM*.

V. Von dem zu viel gezahlten Betrag (Abschnitt B II) sind aufgerechnet: 34.16 *RM* gegen Einkommensteuervorauszahlung III/1936.
(Der Restbetrag von ...... *RM* wird Ihnen demnächst durch Postscheck oder durch Überweisung zugehen).

C. Erläuterungen zur Steuerfestsetzung.

Die Berechnung der Steuer ist aus Abschnitt F ersichtlich.

Bei Berechnung des Einkommens ist in folgenden Punkten von den Angaben in der Steuererklärung abgewichen worden:

1. Die Einkünfte aus Kapitalvermögen erhöhen sich um die im Januar 1936 eingegangenen Hypothekenzinsen von 300 *RM*, weil es sich um regelmäßig wiederkehrende Einnahmen handelt, die Ihnen kurze Zeit nach Beendigung des Kalenderjahrs zugeflossen sind, zu dem sie wirtschaftlich gehörten (§ 11^{I} S. 2 EinkStG.)
2. Die von Ihnen als „sonstige Einkünfte" angegebenen Einnahmen sind nach § 3^{1} bzw. § 23 steuerfrei.
3. Eine Ermäßigung nach § 33 kann nicht bewilligt werden, weil das festgesetzte steuerpflichtige Einkommen niedriger ist als die von Ihnen deklarierten Einkünfte, und weil Sie bereits einen Betrag von 2500 *RM* für kurzlebige Wirtschaftsgüter abgezogen haben.

D. Bemerkungen zu den Vorauszahlungen.

Die Vorauszahlungen sind gemäß § 35^{II} EinkStG. bemessen worden.

E. Belehrung über die Rechtsmittel und über die Folgen nicht rechtzeitiger Zahlung.

Gegen die Steuerfestsetzung steht dem Steuerpflichtigen der Einspruch an das Finanzamt zu. Gegen die Festsetzung der Vorauszahlungen und gegen die Festsetzung eines Zuschlags wegen verspäteter Abgabe oder Nichtabgabe der Steuererklärung ist die Beschwerde an das Landesfinanzamt zulässig. Einspruch und Beschwerde kann bei dem Finanzamt schriftlich eingereicht oder zu Protokoll erklärt werden. Dies kann nur bis zum Ablauf eines Monats geschehen, gerechnet von dem Ende des Tages ab, an dem der Steuerbescheid dem Steuerpflichtigen bekannt gegeben worden ist. Als Tag der Bekanntgabe gilt:

a) wenn der Steuerbescheid dem Steuerpflichtigen durch einfachen oder durch eingeschriebenen Brief zugesandt worden ist: der 3. Tag nach der Aufgabe zur Post,
b) wenn der Steuerbescheid dem Steuerpflichtigen förmlich zugestellt worden ist: der Tag der Zustellung.

Durch Einlegung eines Rechtsmittels wird die Wirksamkeit des Steuerbescheides nicht gehemmt, insbesondere die Erhebung der Steuer nicht aufgehalten.

Wird eine Steuerzahlung nicht rechtzeitig entrichtet, so ist mit dem Ablauf des Fälligkeitstages der Säumniszuschlag verwirkt. Nach Ablauf der Zahlungsfrist werden rückständige Beträge angemahnt oder durch Postnachnahme eingezogen und erforderlichen Falls beigetrieben. Mahngebühren, Nachnahme- und Zwangsvollstreckungskosten fallen dem Zahlungspflichtigen zur Last.

Steuerpflichtige, die es hinsichtlich einer Zahlung oder einer Vorauszahlung zu einer zweimaligen erfolglosen Mahnung kommen lassen, werden außerdem in die Liste der säumigen Steuerzahler aufgenommen.

F. Berechnung des Einkommens und der Steuer.
(entspricht dem Berechnungsbogen, oben S. 1104 f.)
i. A.:
Dr. Steuer
Regierungsrat."

Vgl. §§ 88, 210, 211, 228 f., 245, 246, 249, 251 S. 1 AbgO., 20 StAnpassG., 1^{I}, 3^{I}, 6, 9^{I} StSäumnG. vom 24. Dezember 1934 mit DfVO. vom gleichen Tage (RGBl. I 1271 bzw. RStBl. 1693), ferner RdErl. des RFM. vom 1. August 1934 (RStBl. 933). Von rückständigen Abgaben werden keine Verzugszinsen sondern — ohne Rücksicht auf die Dauer des Verzuges — ein fester „Säumniszuschlag" von 2% erhoben. In gewissen Fällen sieht man von dem Zuschlag ab. Besonders gefürchtet ist die „schwarze Liste" der säumigen Steuerzahler, weil sie zur öffentlichen Einsicht ausliegt.

Auch die Stundungszinsen sind abgeschafft, wenigstens für Einkommens-, Vermögens- und einige andere Steuern (§§ 20^{II} StAnpassG., 10 StSäumnG.). —

Außer von der Einkommensteuer, wird das Einkommen der Pflichtigen noch von verschiedenen anderen Steuern erfaßt, für welche der Einkommensteuerveranlagungsbescheid indirekt ebenfalls Bedeutung besitzt:

I. Bürgersteuer.

Sie ist eine durch Reichsrecht — jetzt BürgStG. vom 16. Oktober 1934, dazu DfVO. vom 17. Oktober 1934 (RGBl. I 985 bzw. 987), beide mit Novellen vom 16. Oktober 1935 (RGBl. I 1237 bzw. 1241) — angeordnete und geregelte kommunale Sondersteuer vom Einkommen, der grundsätzlich auch die Einkommensteuerfreien unterliegen. Einzelne, wirtschaftlich besonders schlecht gestellte, Kategorien sind von der Steuer befreit, darunter Arbeitslosen- und Krisensteuerempfänger (§ 2^{2} BürgStG.), Fürsorgeempfänger (§ 2^{3}), schließlich alle Personen, deren Einkommen nicht mehr als 150% — bei Ledigen 130% — der Sätze der „allgemeinen", unter Umständen der „gehobenen", Fürsorge beträgt (§ 2^{4}); diese Beträge kann man gewissermaßen als Freigrenze der Bürgersteuer betrachten. Der Tarif (§ 3^{I}) ist nach dem Einkommen gestaffelt, aber ohne die ausgesprochene Progression des Einkommensteuertarifs, die unterste Stufe umfaßt die Einkommensteuerfreien, die oberste alle Personen mit über 500000 RM. Dabei kommt es auf das Einkommen an, das der Pflichtige im vorletzten Jahre vor dem Erhebungsjahr bezogen hat (also für die Bürgersteuer 1936 auf das Einkommen von 1934, für die Bürgersteuer 1937 auf das Einkommen von 1935). §§ 2^{I}, 3^{V} S. 1 BürgStG., 10^{1a} DfVO. Die Erhebung erfolgt bei Lohn- und Gehaltsempfängern durch Anforderung auf der Lohnsteuerkarte (S. 1092), Lohnabzug und Abführung seitens des Arbeitgebers an die Gemeindekasse (§§ 14^{2}, 17 DfVO.), bei den „Veranlagten" auf Grund eines von der Gemeinde zu erlassenden Bürgersteuerbescheids (§§ 14^{1}, 16). Die rechtskräftige Festsetzung der Reichseinkommensteuer ist für die Höhe der Bürgersteuer endgültig maßgebend (§ 26 S. 2). Je nach der Höhe der in der Gemeinde zur Erhebung gelangenden Realsteuern (Grund- und Gewerbesteuer) müssen die Gemeinden die Bürgersteuer in bestimmten Hundertsätzen des Grundtarifs erheben (§ 4 BürgStG.).

Die Steuer hat eine finanzpolitisch überaus interessante Vorgeschichte. So lange nämlich die Einkommensteuer Landessteuer war, erhoben die Gemeinden prozentuale Einkommensteuerzuschläge, welche die wichtigste Stütze der Gemeindeetats bildeten. Das änderte sich mit Einführung der Reichseinkommensteuer (1920). Das Aufkommen dieser Steuer, deren Sätze gegenüber denen der früheren Landessteuern stark erhöht sind, wird nach einem festen, ziemlich komplizierten, Schlüssel zwischen Reich, Land und Wohnsitzgemeinde verteilt, dafür ist den Gemeinden die Erhebung eigener Steuern vom Einkommen sowie von Zuschlägen zur Reichseinkommensteuer untersagt. §§ 22 FinAusglG. vom 27. April 1926 (RGBl. I 203), § 1 pr. AG. vom 31. Juli 1930 (GS. 249), § 38 StAnpassG. (oben S. 1083 Anm. 4). Das Bedürfnis der Gemeinden, über den ihnen automatisch zufließenden Anteil der Reichseinkommensteuer hinaus das Einkommen ihrer Angehörigen zu besteuern, erwies sich indes als so stark, daß (zuerst durch eine Brüning'sche Notverordnung) die Bürgersteuer als beweglicher Faktor des Gemeindeetats geschaffen wurde.

II. Gewerbesteuer.

Da die seit längerer Zeit vorgesehene reichsrechtliche Regelung bisher nicht in Kraft getreten ist beruht die Gewerbesteuer noch immer auf der pr. VO. vom 15. März 1927 (GS. 21) mit zahlreichen Novellen, darunter die besonders wichtige vom 17. April 1930 (GS. 93). Sie wird von den Gemeinden erhoben, welche dabei die Höhe in Prozentsätzen des gesetzlichen Grundtarifs bestimmen. Es unterliegen ihr alle „stehenden Gewerbe", zu denen auch die freien Berufe des Arztes, Rechtsanwalts, Architekten u. dgl. zählen, da als Gewerbebetrieb jede fortgesetzte, auf Gewinnerzielung gerichtete selbständige Tätigkeit gilt, welche sich als Beteiligung am allgemeinen wirtschaftlichen Verkehr darstellt (§ $1^{I,II}$), nicht dagegen Landwirtschaft und verwandte Berufe (§ 3^{1}) sowie die Ausübung eines der „reinen Kunst oder reinen Wissenschaft" gewidmeten, d. h. in der Hauptsache auf schöpferische oder forschende, Lehr-, Vortrags- oder schriftstellerische Tätigkeit beschränkten, freien Berufs (§ 3^{2}). Die Heranziehung freier Berufe zur Gewerbesteuer war s. Zt. Gegenstand vieler Auseinandersetzungen, doch hat der Staatsgerichtshof die Vorschrift für verfassungsmäßig erklärt (RG. 133, 29*). Für die eigentlichen Gewerbetreibenden gibt es eine Gewerbesteuer vom Gewerbeertrag und eine solche vom Gewerbekapital, an deren Stelle übrigens die Gemeinde die Gewerbesteuer von der im Betriebe verausgabten Lohnsumme setzen kann; für die gewerbesteuerpflichtigen freien Berufe nur die Steuer vom Ertrag (§ 4). Der Gewerbeertragssteuer wird der für die Einkommensteuer veranlagte Ertrag des Vermögens für das dem Rechnungsjahr vorangegangene Kalenderjahr (§ 16^{II}) mit gewissen Abweichungen zu Grunde gelegt; z. B. sind manche Ausgaben, wie Zinsen des gewerblichen Kapitals, nicht abzugsfähig (§ 5a), Freigrenze: 1500 RM., bei den freien Berufen: 6000 RM. (§ 5^{III}). Entsprechend findet bei der Gewerbekapitalsteuer kein Abzug der zur Anlage oder Erweiterung des Geschäfts, Verstärkung des Betriebskapitals oder sonstigen Verbesserungen aufgenommenen Schulden statt (§ 6a): die Gewerbesteuer soll davon, ob das Unternehmen mit eigenem oder fremden Kapital betrieben wird, unabhängig sein. Die Steuer trifft nicht den einzelnen Unternehmer, sondern den Betrieb als solchen, z. B. die offene Handelsgesellschaft, die Anwaltssozietät usw.

III. Kirchensteuer.

Nach Art. 137^{IV} RVerf. sind alle Religionsgesellschaften, welche die Eigenschaft von Körperschaften des öffentlichen Rechts besitzen, berechtigt eigene Steuern „auf Grund der bürgerlichen Steuerlisten" zu erheben. Das Nähere regelt das Landesrecht, vgl. für Preußen KirchG. vom 26. Mai 1905 (Kirchl. G.- u. VOBl. 31), Ges. vom 14. Juli 1905 (GS. 277), VO. vom 23. März 1906 (GS. 53), Ges. vom 3. Mai 1929 (GS. 35), Kirch. NotVO. vom 28. September 1928 (GS. 36), Ges. vom 14. Juli 1905 (GS. 56), vom 25. November 1920 (GS. 66), vom 3. Mai 1929 (GS. 43), dazu § 1^{III} Verw.-ZwVerfG. (vgl. Kap. 26). In der Regel werden die Kirchensteuern in einem Prozentsatz der Einkommens- oder Vermögenssteuer erhoben. Bei gemischten Ehen erhält jede der beiden kirchlichen Gemeinschaften Steuern von der Hälfte des den Eheleuten gehörenden Einkommens bzw. Vermögens. Die Veranlagung, Einziehung und gegebenen Falls Beitreibung der Kirchensteuern geschieht durch die Finanzämter.

Einspruchsentscheidung. Berichtigung von Veranlagungen. Besteuerung nach dem Verbrauch.

„Finanzamt Breslau-Land. Breslau, den 28. August 1936.
Gemeinde Annahof.
Steuer-Nr. III/546.
Einspruchskontrolle 29. 36.

Einspruchsentscheidung.

Auf den Einspruch des Kaufmanns *Felix Badrutt* in Annahof, Landkreis Breslau, gegen den berichtigten Einkommensteuerbescheid für 1934 vom 6. Juni 1936 ergeht folgende Entscheidung:

Der Steuerbescheid wird dahin abgeändert, daß der steuerpflichtige Verbrauch für 1934 auf 11800 *RM*, die davon zu entrichtende Einkommensteuer auf 1208 *RM* festgesetzt wird. Im übrigen wird der Einspruch zurückgewiesen.

Die Kosten des Verfahrens hat zur Hälfte der Steuerpflichtige, zur anderen Hälfte das Reich zu tragen.

Der Wert des Streitgegenstandes beträgt 2400 bis 2500 *RM*.

Gegen diese Entscheidung ist als Rechtsmittel die Berufung an das Finanzgericht bei dem Landesfinanzamt in Breslau gegeben, die bei dem unterzeichneten Finanzamt schriftlich eingelegt oder zu Protokoll erklärt werden kann. Die Frist für Einlegung der Berufung beträgt einen Monat und beginnt mit Ablauf des Tages, an dem dieser Bescheid zugestellt wird."

Hinsichtlich des Rechtsmittelzuges sind Zölle und Verbrauchssteuern (Bier-, Tabak-, Zucker- usw. -Steuer) auf der einen, alle übrigen Steuern (z. B. Einkommen-, Körperschaft-, Vermögen-, Erbschaft-, Umsatz-, Kapitalverkehrsteuer) auf der anderen Seite zu unterscheiden. Bei letzteren ist das „Berufungsverfahren", bei den Zöllen und Verbrauchssteuern das „Anfechtungsverfahren" gegeben. Instanzenzug des Berufungsverfahrens:

1. Einspruch an das Finanzamt,
2. Berufung an das mit 2 beamteten und 3 ehrenamtlichen Mitgliedern, welche sämtlich richterliche Unabhängigkeit genießen, besetzte Finanzgericht beim Landesfinanzamt,
3. Rechtsbeschwerde an den Reichsfinanzhof, dessen Senate in der Besetzung von 5 Mitgliedern entscheiden.

Instanzenzug des Anfechtungsverfahrens:

1. Anfechtung an das Landesfinanzamt (nicht: Finanzgericht),
2. Rechtsbeschwerde an den Reichsfinanzhof.

Die Rechtsmittelfrist beträgt durchweg einen Monat. Es gibt keinen Anwaltszwang, nicht einmal für Rechtsbeschwerden. §§ $48^{II,V}$, 52^{III} S. 1, 228—230, 245 AbgO. Eine Beschränkung der Rechtsmittel zum Nachteil solcher Steuerpflichtigen, die schuldhafter Weise die vorgeschriebenen Steuerklärungen nicht abgegeben haben, ist (abweichend von früheren Gesetzen) im geltenden Recht nicht enthalten.

Statt des Einspruchs kann mit Zustimmung der Gegenpartei sofort „Sprungberufung" eingelegt werden.

In der Berufungs- und Rechtsbeschwerdeinstanz ist mündliche Verhandlung vorgesehen, spielt jedoch praktisch keine erhebliche Rolle (§§ 272 f., 294). Immer aber entscheiden diese Instanzen durch Urteil im Namen des Deutschen Volkes (§§ 281, 283). Auf Einsicht der Akten und Beiakten, insbesondere der Finanzamtsakten, besteht bloß ein beschränktes Recht (§§ 256, 267).

Reformatio in pejus ist auf Grund neu bekannt gewordener Tatsachen oder

Beweismittel sowie wegen abweichender rechtlicher Beurteilung (nicht dagegen infolge anderer Würdigung des alten Tatsachen- und Beweismaterials) statthaft (§ 243III).

Einspruch und Berufung sind ohne Rücksicht auf die Höhe des Objekts zulässig. Für Berufungssachen bis 100 RM. gilt aber die Besonderheit, daß das Finanzgericht ohne weitere Aufklärung des Sachverhalts und ohne Stellungnahme zu Rechtsfragen nach freiem Ermessen entscheiden und seine Entscheidung lediglich mit dem Hinweis auf dieses freie Ermessen begründen darf (§ 265).

Rechtsbeschwerden sind an das Vorhandensein eines Streitgegenstandes von mehr als 500 RM. oder besondere Zulassung des Rechtsmittels durch das Finanzgericht geknüpft (§ 286I, vgl. die parallele Erscheinung im arbeitsgerichtlichen Instanzenzug, oben S. 1059). Sie können, außer auf Gesetzesverletzung und Mängel im Verfahren, auch auf „Verstoß gegen den klaren Inhalt der Akten" gestützt werden (§ 288), gehen also nicht unwesentlich über den Umfang einer zivilprozessualen Revision hinaus. Richtet sich die Rechtsbeschwerde gegen eine der häufigen Ermessensentscheidungen, so muß der Reichsfinanzhof lediglich prüfen, ob sich die Entscheidung der Vorinstanz in den Grenzen hält, die das Gesetz dem Ermessen zieht (§ 297). Z. B. wird im Falle des § 33 EinkStG. (S. 1102/3) zu prüfen sein, ob der Begriff, der die steuerliche Leistungsfähigkeit wesentlich beeinträchtigenden Verhältnisse verkannt, nicht aber, ob von der dort dem Finanzamt verliehenen Befugnis in concreto der richtige Gebrauch gemacht worden war. Bei § 34 (S. 1103) untersucht der Reichsfinanzhof nicht die Festsetzung der Steuer im Rahmen der Skala von 10—25% bzw. 15—35% sondern bloß, ob die Voraussetzungen der „außerordentlichen Einkünfte" gegeben sind. — Bei Meinungsverschiedenheiten zwischen mehreren Senaten findet eine Anrufung des „großen Senats", der die beim Reichsgericht früher dem Plenum zugewiesenen Funktionen ausübt, nur dann statt, wenn die kollidierende ältere Entscheidung in der amtlichen Entscheidungssammlung publiziert war! (§§ 64, 66 AbgO.). Hieraus erklärt sich die Seltenheit der Entscheidungen des großen Senats, da selbst grundlegende Entscheidungen häufig nicht in der RFH.-Sammlung, sondern bloß im Reichssteuerblatt abgedruckt werden. — Neben seiner entscheidenden Tätigkeit hat der Reichsfinanzhof auch die Aufgabe, auf Ersuchen des Reichsfinanzministers oder der obersten Landesbehörden Gutachten über die Auslegung von Steuergesetzen zu erstatten (§ 63).

Der Rechtsweg vor den ordentlichen Gerichten ist in Steuersachen ausgeschlossen. Das gilt auch für die Rückforderung bezahlter Steuern oder anderer Leistungen (§ 242). Der Steuerschuldner kann daher eine streitige Frage nicht auf dem Wege vor das ordentliche Gericht bringen, daß er die Steuer bezahlt und nachher, weil nicht geschuldet, mit der condictio zurückverlangt; vielmehr gehören Ansprüche auf Erstattung bezahlter Steuern zur Zuständigkeit der Finanzbehörden und -gerichte (§§ 150 f.). Dagegen bleibt unter den Voraussetzungen von Art. 131 RVerf., § 839 BGB. (oben S. 64 f.) für Schadensersatzklagen gegen den Steuerfiskus der Rechtsweg offen. Natürlich darf das vom Kläger behauptete Beamtenverschulden nicht tatsächlich mit der Frage des Bestehens oder Nichtbestehens der Steuerschuld identisch sein, sondern die Behörde muß „in offenbarer Willkür" gehandelt haben. Schließlich sind Klagen beim ordentlichen Gericht möglich, sofern die Haftung des Klägers auf einem rein privatrechtlichen Titel (Übernahme im Kaufvertrag, Sicherungsübereignung aus Anlaß einer Steuerstundung und dergl.) beruht. Vgl. des Näheren RG. 60, 353; 67, 402; 78, 418; 105, 30; 118, 227; 123,

228; 127, 337; 140, 84, 307; 146, 257, 317; JW. 30, 2300[5]; aus der Judikatur des Reichsfinanzhofs zum steuerrechtlichen Bereicherungsanspruch RFH. 5, 298; 8, 157; 16, 175.

Instanzenzug in besonderen Steuersachen: 1. bei Kommunalabgaben Einspruch an die Gemeinde, alsdann Verwaltungsstreitverfahren. Vgl. das Berufungsurteil in Kap. 26.

2. Bürgersteuer: Einspruch an den Leiter der Gemeinde, Berufung an das Finanzgericht, Rechtsbeschwerde an den Reichsfinanzhof. § 25 DfVO. zum BürgStG. (oben S. 1108).

3. Gewerbesteuer: Einspruch an den Gewerbesteuer-Ausschuß, Berufung an den besonderen Gewerbesteuer-Berufungsausschuß, Rechtsbeschwerde an das Oberverwaltungsgericht. § 33 pr. Gew.-StVO. (oben S. 1109).

4. Grundvermögens- und Hauszinssteuer: Einspruch an den Grundvermögenssteuerausschuß, Berufung an den Berufungsausschuß für Grundvermögenssteuer, Rechtsbeschwerde an das Oberverwaltungsgericht. § 8 pr. Ges. vom 14. Februar 1923 (GS. 29), 8[II] pr. HauszStVO. vom 2. Juli 1926 (GS. 213).

5. Kirchensteuer: Einspruch an den Gemeindevorstand, Beschwerde an den Bischof, alsdann Klage beim Oberverwaltungsgericht. §§ 19 KirchG. vom 26. Mai 1905, Art. IV pr. Ges. vom 14. Juli 1905, §§ 21—23, 27 pr. Ges. vom 14. Juli 1905 (vgl. oben S. 1109).

Stempelsteuersachen wurden früher im ordentlichen Rechtsweg entschieden, weil zivilrechtliche Begriffe und Rechtsverhältnisse bei dieser Steuer eine große Rolle spielen. Jetzt ist die, schon lange von den Finanzämtern verwaltete, preußische Stempelsteuer dem Berufungsverfahren der AbgO. unterstellt. § 1 RechtsmO. vom 23. Mai 1933 (GS. 192).

Kostenentscheidung des Einspruchsbescheids: §§ 307 f. AbgO. Kosten eines Anwalts werden dem obsiegenden Steuerpflichtigen nicht erstattet (§ 316 S. 3, 4; die Geltung der Vorschrift ist vorläufig bis zum 31. März 1937 befristet).

Streitwertfestsetzung: § 320.

Rechtsmittelbelehrung: § 246. Ist sie unterblieben oder nicht ordnungsmäßig, so wird keine Rechtsmittelfrist in Lauf gesetzt!

„Gründe.

Auf Grund der Einkommensteuererklärung des Pflichtigen vom 19. Februar 1935, welche seine Einkünfte wie folgt angab:

aus dem Gewerbebetrieb als Geschäftsvermittler brutto 2315 RM, netto	1470.00 RM
aus Kapitalvermögen brutto 420 RM, netto	396.00 RM
zusammen	1866.00 RM
abzüglich Sonderausgaben für Hausgehilfin	600.00 RM
Reineinkommen	1266.00 RM

wurde durch Veranlagungsbescheid vom 10. März 1935 sein steuerpflichtiges Einkommen für das Kalenderjahr 1934 auf 1266 RM, die von ihm als Ledigen zu entrichtende Steuer auf 84 RM festgesetzt. Der Bescheid ist rechtskräftig geworden. Im März 1936 ging beim Finanzamt von der Bardame *Rosa Hübscher* die Anzeige ein, daß der Pflichtige in Wahrheit ein Einkommen von über 12000 RM gehabt habe. Nach Anstellung von Ermittlungen wurde durch den angefochtenen Bescheid vom 6. Juli 1936 die Einkommensfestsetzung auf 12100 RM berichtigt und die Steuer demgemäß auf 2560 RM bestimmt. Hiergegen hat der Pflichtige frist und formgerecht Einspruch eingelegt und Wiederherstellung des Veranlagungsbescheides vom 10. März 1935 beantragt."

Wann sind Nachforderungen von Steuern und Abänderungen rechtskräftiger Veranlagungsbescheide zulässig?

In erster Reihe kommt es auf die Verjährungsfrist an. Sie beträgt:
bei Zöllen und Verbrauchssteuern ein Jahr,
bei den übrigen Steuern (z. B. Einkommen-, Vermögen-, Umsatzsteuer) 5 Jahre,
bei hinterzogenen Beträgen sämtlicher Steuerarten 10 Jahre,
alles vom Ablauf des Jahres gerechnet, in welchem der Steueranspruch entstanden ist (§§ 144, 145). Im Einzelnen gilt Folgendes:

1. Liegt kein Steuerbescheid vor, so sind Nachforderungen innerhalb der Verjährungsfrist unbeschränkt möglich (§ 223).

Verwirkung? Die Rechtsprechung des Reichsgerichts hat für die durch wirtschaftliche Unsicherheit gekennzeichnete Periode der Inflation und ihrer Folgejahre das Institut der „Verwirkung" geschaffen. Darnach können auf gewissen Rechtsgebieten, namentlich im Aufwertungs-, Wettbewerbs- und Arbeitsrecht, an sich berechtigte Ansprüche schon vor Eintritt der Verjährung durch Verwirkung verloren gehen, wenn der Berechtigte ihre Erhebung längere Zeit hindurch unterlassen hat und es deshalb gegen Treu und Glauben verstößt, sie jetzt noch geltend zu machen. Den Versuchen, diese Lehre über jene Zeit hinaus anzuwenden und auf das ganze Gebiet des bürgerlichen Rechts (z. B. auf Bereicherungsansprüche) auszudehnen, ist das Reichsgericht (Bd. 144, 23) allerdings scharf entgegengetreten. Die Übernahme des Verwirkungsgedankens auf öffentlich-rechtliche Steueransprüche wird von RFH. 38, 77 überhaupt abgelehnt. In dem zur Entscheidung gelangten Falle waren auf Grund eines, der Steuerbehörde seit Jahren bekannten, Sachverhalts nachträglich hohe Steueransprüche erhoben und die Beteiligten, welche mit ihrer Heranziehung zur Steuer nicht mehr gerechnet hatten, dadurch empfindlich geschädigt worden.

2. Ist ein Steuerbescheid erlassen und rechtskräftig geworden, so wird die Abänderung nur zugelassen
zum Nachteil des Pflichtigen: wenn innerhalb der Verjährungsfrist neue Tatsachen oder Beweismittel bekannt werden, bei manchen Steuerarten außerdem, wenn anläßlich einer Nachprüfung durch die Aufsichtsbehörde innerhalb der Frist Fehler aufgedeckt werden,
zu Gunsten des Pflichtigen: beim Bekanntwerden neuer Tatsachen oder Beweismittel innerhalb der Verjährungsfrist infolge einer Buch- oder Betriebsprüfung sowie bei der Aufdeckung von Fehlern anläßlich einer Nachprüfung durch die Aufsichtsbehörde innerhalb der Frist (nicht also schon, wenn der Pflichtige selbst merkt, daß er wichtige Tatsachen nicht angeführt oder Fehler nicht beanstandet hatte.
Vgl. § 222^{1-4}. Nachträglicher Wechsel in der Rechtsprechung des Reichsfinanzhofs begründet niemals die Abänderung einer Veranlagung (§ 222^{II}).

„Nachdem weitere Beweise erhoben worden sind, kann die Berichtigungsveranlagung vom 6. Juli 1936 nicht in vollem Umfang aufrecht erhalten werden.

Auch wenn die Aussagen der Anzeigenden *Hübscher*, die sich über Bruch eines ihr angeblich von dem Pflichtigen gegebenen Eheversprechens beklagt, als unglaubwürdig ausgeschieden werden, besteht auf Grund der Bekundungen der Zeugen Maurermeister *Colden*, Ingenieur *Dreher*, Chemiker *John*, Apotheker *Kolbe* und *Rabsahl* starker Verdacht, daß der Pflichtige im Jahre 1934 außer den von ihm zugegebenen Vermittlungsprovisionen von 1470 *RM* weitere 8000 *RM* durch Kokainhandel sowie 5 bis 6000 *RM* durch Vermittlung und Verkauf mehrerer gebrauchter amerikanischer Luxusautos verdient hat. Er bestreitet das und erklärt den Aufwand, den er nachgewiesenermaßen im Jahre 1934 getrieben hat, damit, daß er am Totalisator und beim Pokern besonders Glück gehabt hätte. Außerdem habe er alten Familienschmuck im Werte von ungefähr 4000 *RM* zu guten Preisen verkauft."

Spielgewinne sind, weil in §§ 2^{III}, 22 EinkStG. nicht aufgeführt, keine steuerpflichtigen Einkünfte.

„Für den Verdienst aus Kokainhandel und Autoverkaufsvermittlung ist ein direkter Beweis nicht erbracht, denn die von den Zeugen bekundeten Äußerungen können in der Tat bloße Renommistereien gewesen sein, mit denen der Pflichtige seinen Freunden imponieren wollte. Deshalb mußte die von ihm gegebene Darstellung als wahr unterstellt werden. Darnach hat er aber im Jahre 1934 einen Verbrauch von mindestens 11 500 *RM* gehabt.

(wird näher berechnet)

Mithin war sein Verbrauch um mehr als die Hälfte höher als das Einkommen, und mußte gemäß § 48 EinkStG. die Besteuerung nach diesem Verbrauch mit dem halben Satze des allgemeinen Tarifs erfolgen.

(folgt Begründung von Kostenentscheidung und Wertfestsetzung)

i. A.

Dr. Steuer, Regierungsrat."

Die Besteuerung nach dem Verbrauch beruht auf der Erwägung, daß ein Steuerpflichtiger, der wesentlich mehr als sein Einkommen konsumiert hat, billiger Weise auch in der Lage sein muß, entsprechende Einkommensteuer, allerdings nach einem ermäßigten Satze, zu zahlen. Die Verbrauchsbesteuerung beginnt erst bei einem Aufwand von über 10 000 RM., und diese Grenze erhöht sich für jedes Kind, für welches Kinderermäßigung gewährt wird (S. 1082/3), um weitere 2000 RM. Zudem sind vom Verbrauch neben den „Sonderausgaben" eine Reihe anderer Ausgaben, die bei der Ermittlung des Einkommens nicht in Abzug gebracht werden dürfen, abzusetzen. Vgl. § 48^{III}. —

Der Referendar: Hätte die Einnahme aus Kokainhandel, wenn sie als erwiesen angesehen worden wäre, überhaupt die Grundlage einer Einkommensbesteuerung bilden können? Es handelt sich doch um Geschäfte, die nach dem Opium-Ges. vom 10. Dezember 1929 (RGBl. I, 215), Fassung vom 22. Mai 1933 (RGBl. I, 287) und 9. Januar 1934 (RGBl. I, 22), dazu Gesetz vom 1. April 1930 (RGBl. I, 113), verboten und strafbar sind. Wollte der Staat von dem daraus erworbenen Gewinn Steuern erheben, so würde er eine ungesetzliche Handlung legalisieren und das ist undenkbar.

Der Sachbearbeiter: Verstößt ein Tun oder Unterlassen, das den Tatbestand der Steuerpflicht ganz oder zum Teil erfüllt, gegen gesetzliche Verbote oder die guten Sitten, so wird, wie § 5^{II} StAnpassG. es formuliert, dadurch die Besteuerung „nicht ausgeschlossen". Es müssen also, wenn man das Moment des Unerlaubten und Unsittlichen ignoriert, die Merkmale des Steuergesetzes im Übrigen erfüllt sein. So wurde die Steuerpflicht b e j a h t für: verbotene Effektengeschäfte eines Bankiers, Privattotalisator beim Billardwettkampf, Weinverkauf unter Überschreitung vorgeschriebener Höchstpreise, Handel einer Schwindelfirma mit gestohlenen und veruntreuten Stoffen (Einkommensteuer); verbotswidrig ins Inland eingeführte Ware (Zollpflicht); gesetzwidrige Gründungen (Kapitalverkehrssteuer); Bordellbetrieb (Beherbergungssteuer). N i c h t s t e u e r p f l i c h t i g ist der Erwerb des Bordellmädchens, weil er unter keine der Einkommenskategorien des § 2^{III} EinkStG. fällt, sowie die Veruntreuung der einem Bankier zur Aufbewahrung übergebenen Wertpapiere, denn sie gehört nach der Verkehrsauffassung nicht zu seinem Gewerbebetrieb. RGSt. 59, 90; RFH. 3, 173; 5, 228; 8, 21, 140; 14, 251; 15, 347; 17, 284; 18, 111; 28, 15; 30, 386; St. u. W. 30 Nr. 338. Auf den illegalen Rauschgifthandel treffen die Voraussetzungen der Steuerpflicht zweifellos zu. Die Ansicht, welche Sie geäußert haben, wurde früher auch in der Rechtsprechung vertreten (RGSt. 45, 97; 46, 237; 54, 49), ist aber — schon lange vor der Regelung der Frage durch das StAnpassG. — aufgegeben worden. Denn warum soll in Zeiten starken Steuerdrucks gerade der Gewinn aus unerlaubten Geschäften steuerfrei ausgehen, während jeder redliche Erwerb mit Steuern schwer belastet wird? Es würde das geradezu auf eine mittelbare Förderung des unsittlichen Tuns hinauslaufen. — Verwandte Grundsätze werden — zu gunsten des Steuerpflichtigen — angewandt, wenn ein Gewerbetreibender geltend macht, in seinem Betrieb zur Förderung des Absatzes Schmiergelder ausgegeben zu haben. Obgleich derartige Zahlungen nach § 12 UWG. verboten und strafbar sind, erkennt sie die Rechtsprechung dennoch als Betriebsausgabe bzw. Werbungskosten an, ja sie stellt sogar feste Richtlinien auf, wie weit die Aufklärungspflicht des Steuerpflichtigen gegenüber dem Finanzamt wegen seiner „diskreten Ausgaben" gehen soll. RFH. in JW. 32, 3138[1] c. cit.

Sicherungsverfahren. Liquidationssteuer.

„Finanzamt Breslau-Land. Breslau, den 31. August 1936.
Gemeinde Domslau.
Steuer-Nr. III/116.

Arrestanordnung.

Zur Sicherung des Anspruchs, der dem Reichssteuerfiskus gegen den Bäckermeister *Georg Klesse* in Domslau, Skagerrakstraße 28, auf Zahlung von Einkommensteuer, insbesondere von dem Gewinn, den er im Juni 1936 bei der Veräußerung des unter der Firma ‚Landbrotbäckerei Domslau *Georg Klesse*' betriebenen Gewerbebetriebes, erzielt hat, zusteht, wird hiermit auf Grund des § 378 AbgO. der Arrest in das bewegliche und unbewegliche Vermögen des Pflichtigen in Höhe von

5500 RM (i. W.)

angeordnet, da zu besorgen ist, daß sonst die Verwirklichung dieses Anspruchs vereitelt oder wesentlich erschwert wird.

Der Betrag, durch dessen Hinterlegung die Beseitigung des Arrestes und die Aufhebung des vollzogenen Arrestes erreicht werden kann, wird auf 6000 RM (i. W.) festgesetzt.

Gegen diese Anordnung ist die Berufung an das Finanzgericht beim Landesfinanzamt Schlesien in Breslau zulässig, die innerhalb eines Monats nach Bekanntgabe bzw. Zustellung dieser Anordnung beim unterzeichneten Finanzamt zu Protokoll zu erklären oder schriftlich einzureichen ist.

Gründe.

Der Pflichtige hat im Juni 1936 das unter der eingetragenen Firma ‚Landbrotbäckerei Domslau *Georg Klesse*' seit 17 Jahren von ihm betriebene Großbäckereigeschäft mit Wirkung vom 1. Juli 1936 an die Bäckermeister *Adolf* und *Franz Strietzel* in Breslau veräußert. Wie sich aus dem am 14. Juni 1936 zwischen den beiden Käufern geschlossenen Gesellschaftsvertrag, Nr. 332 für 1936 des Registers des Notars *Siegel* in Breslau, ergibt, betrug der Kaufpreis 43000 RM, wovon 10000 RM als Anzahlung sofort, weitere 10000 RM bis zum 15. Juli 1936 zu zahlen waren, während der Rest am 15. September 1936 fällig ist. Die für den 31. Dezember 1935 aufgestellte Bilanz, deren Abschrift der Pflichtige mit seiner Einkommensteuererklärung für 1935 überreicht hat, weist ein Geschäftsvermögen von 18055.00 RM aus. Unter der Voraussetzung, daß das Geschäftsvermögen bis zur Veräußerung unverändert geblieben ist, würde daher gemäß § 16 EinkStG. ein steuerpflichtiger Veräußerungsgewinn von 43000 — 18055 = 24945 RM entstanden sein. Wird weiter unterstellt, daß der Pflichtige, der in kinderloser Ehe lebt, die Versteuerung als außerordentliche Einkünfte beantragt, so ist nach §34 als Steuer vom

Veräußerungsgewinn ein Betrag zwischen 10 und 25% zu entrichten. Vorläufig wird ein Satz von 20% oder rund 5000 RM zu Grunde gelegt, und die vom sonstigen Einkommen des Pflichtigen zu zahlende Einkommensteuer — im Anschluß an die Veranlagung des Vorjahres — auf rund 500 RM geschätzt, so daß sich die voraussichtliche Einkommensteuer für 1936 auf insgesamt 5500 RM belaufen dürfte."

Obwohl Geschäftsaufgabe im allgemeinen zu schweren Substanzverlusten führt (S. 31), gibt es doch bisweilen günstige Fälle, in denen ein Überschuß über den Buchwert erzielt werden kann, besonders wenn es gelingt das Geschäft durch Verkauf im Ganzen zu verwerten. De lege ferenda ist die Besteuerung solcher Liquidationsgewinne überaus zweifelhaft. Vom Standpunkt der Quellentheorie liegt kein Einkommen, sondern lediglich eine Veränderung der Vermögenssubstanz des Steuerpflichtigen vor. Von einem Gewinn „aus Gewerbebetrieb" läßt sich kaum sprechen: denn infolge der Geschäftsaufgabe hat der Betrieb des Gewerbes durch den Pflichtigen ja gerade aufgehört. Wirtschaftlich betrachtet, besteht der Mehrerlös einmal aus den „stillen Reserven" (S. 31, 313), also aufgespeicherten Gewinnen früherer Jahre, die man dank der damals vorgenommenen vorsichtigen Bewertung nicht in die Erscheinung treten ließ und damit der Steuer entzogen hat; sodann aus dem „goodwill" oder Firmenwert (S. 31), den das Unternehmen als Ganzes und als dauernde Quelle von Erträgen über den Betrag der Sachwerte und Forderungen hinaus besitzt und den ein gewissenhafter Kaufmann nicht als Aktivum in seine Bilanz einstellt. Zum mindesten die Erfassung der nunmehr realisierten stillen Reserven entspricht der steuerlichen Gerechtigkeit. Freilich muß dabei vermieden werden, daß mit Hilfe der progressiven Steuersätze des Tarifs von den zusammengerechneten stillen Reserven der Vorjahre mehr weggesteuert wird, als wenn sie in jedem Jahre einzeln versteuert worden wären. Das Gesetz schlägt einen Mittelweg ein: Besteuerung der Liquidationsgewinne, aber nur als „außerordentliche Einkünfte" (S. 1103/4) und mit einer Freigrenze von 10000 RM. Von der „Liquidationssteuer", wie man sie nennt, werden im einzelnen erfaßt die Gewinne:

1. aus der Veräußerung eines Gewerbebetriebs im Ganzen oder eines Teilbetriebs (§ 16^{I}),
2. aus der Veräußerung der Anteile an offenen Handelsgesellschaften, Kommanditgesellschaften (Komplementär oder Kommanditist), oder sonstigen Gesellschaften, sofern der Veräußernde als Mitunternehmer anzusehen ist (z. B. bei einer Gesellschaft von Minderkaufleuten), vgl. §§ 15^{2}, 16^{2},
3. aus der Veräußerung des Anteils eines persönlich haftenden Gesellschafters bei der Kommanditgesellschaft auf Aktien (§ 16^{3}),
4. aus der Liquidation (§ 16^{III}),
5. aus der Veräußerung des Anteils an einer Kapitalgesellschaft (Aktiengesellschaft, G. m. b. H. usw.), sofern der Veräußerer allein oder zusammen mit seinen „Angehörigen" im Sinne des Steuerrechts (oben S. 1103) innerhalb der letzten 5 Jahre zu mehr als 25% am Kapital unmittelbar oder mittelbar — durch Treuhänder oder „holding companies" — beteiligt war (§ 17).

In den Fällen 1—4 wird der Gewinn durch Vergleichung mit dem Buchwert z. Zt. der Veräußerung, im Falle 5 durch Vergleichung mit den Anschaffungskosten berechnet (§§ 16^{II}, 17^{II}).

Bei Veräußerung landwirtschaftlicher Betriebe oder des einem freien Beruf dienenden Betriebsvermögens bzw. Aufgabe des freien Berufs gilt — mit einigen Modifikationen — nach §§ 14, 18^{III} das Gleiche.

Interessant ist die Bestimmung des §17 V, daß zwar Gewinne aus der Veräußerung von Anteilen an Kapitalgesellschaften steuerpflichtige Einkünfte, nicht aber Verluste aus solcher Veräußerung ausgleichungsfähige Verluste gemäß § 2 II darstellen. Sie erinnert an die Behandlung der Spekulationsgeschäfte (oben S. 1098).

„Während der letzten Jahre hat der Pflichtige seine Steuern teils pünktlich, teils kurz nach Fälligkeit bezahlt. Die am 10. Juni 1936 fällige Einkommensteuervorauszahlung von 122.50 *RM* ist noch mit einer Verzögerung von wenigen Tagen beglichen worden. Dagegen wurde die am 10. August 1936 fällige Vermögensteuerrate von 17.50 *RM* nicht abgeführt. Als eine Mahnung erfolglos blieb und am 23. August der Vollziehungsbeamte *Pfänder* die Zwangsvollstreckung in das bewegliche Vermögen vornehmen wollte, stellte sich heraus, daß der Pflichtige sein Geschäft verkauft und den Käufern übergeben, die Wohnung am 15. Juli geräumt und die Möbel eingestellt hatte. Durch Nachfrage gelang es die Wohnungseinrichtung beim Spediteur *Vogel* ausfindig zu machen und festzustellen, daß der Pflichtige mit seiner Frau zu deren Verwandten nach der Tschechoslowakei gereist war. Es ergab sich ferner, daß seit Anfang Juli eine Reihe von Gläubigern, die ersten mit Erfolg, die späteren fruchtlos, gepfändet haben und daß am 29. Juli 1936 auf Antrag des Gläubigers *Neusch* wegen einer Forderung von 3600 *RM* nebst Zinsen und Kostenpauschquantum der dingliche Arrest in das Vermögen des Pflichtigen angeordnet worden ist. Die Akten *Neusch* gegen *Klesse*, 22 Q 59.36 des Landgerichts Breslau, enthalten auf Blatt 4 einen Brief des Pflichtigen vom 3. Juni 1936, in welchem er den Gläubiger *Neusch* zu überreden sucht sich für seine Forderung mit 2000 *RM* bei sofortiger Auszahlung abfinden zu lassen, weil der Pflichtige:

‚obgleich das Geschäft gesund ist und gut geht, aus Gründen privater Natur stark verschuldet'

sei. Blatt 5 der gleichen Akten versichert der Geschäftsreisende *Mehlhose* an Eidesstatt, daß der Pflichtige wenige Tage nach dem Verkauf des Geschäfts ihm erklärt habe:

‚Jetzt werde ich sehen mich mit meinen Gläubigern zu setzen. Ich habe mich nicht dazu von meinem Geschäft getrennt, um den Gläubigern und dem Finanzamt alles in den Rachen zu werfen. Ich will von dem Geld auch für mich etwas behalten.'

Ob der Pflichtige ins Ausland zu gehen und sein Geld dorthin zu verbringen beabsichtigt, kann darnach dahingestellt bleiben. In jedem Falle ist zu besorgen, daß ohne Arrest die Erzwingung der Steuerleistung durch Machenschaften des Pflichtigen vereitelt oder wesentlich erschwert werden und daß er insbesondere versuchen wird, die am 15. September 1936 auszuzahlenden 23000 *RM* Restkaufgeld dem Zugriff des Finanzamts zu entziehen. Gemäß § 378 AbgO. ist deshalb wegen der Steuerforderung von 5500 *RM* der Arrest in sein bewegliches und unbewegliches Vermögen angeordnet und der Geldbetrag, durch dessen Hinterlegung der Pflichtige die Beseitigung des Arrestes und die Aufhebung des vollzogenen Arrestes erreichen kann, auf 6000 *RM* bestimmt worden.

Dr. Steuer,

Oberregierungsrat,

Vorsteher des Finanzamts Breslau-Land."

Das Sicherungsverfahren der §§ 378f. entspricht in den Grundzügen dem Arrestverfahren des Zivilprozesses (vgl. 423f.). Auch der „Steuer-(Finanz-)arrest" ist entweder ein dinglicher (§ 378 AbgO. mit der Besonderheit, daß er auf das bewegliche oder unbewegliche Vermögen beschränkt werden kann) oder ein persönlicher (§ 379). Es wiederholt sich — besonders scharf in § 77 I BeitreibO. (oben S. 644) herausgearbeitet — der Gegensatz von Arrestanspruch und Arrestgrund. Der Arrestanspruch braucht zahlenmäßig noch nicht festzustehen.

Die Berechnung der Klesse'schen Einkommensteuer für 1936 schwebt vorläufig in der Luft. Wir kennen zwar einigermaßen die Höhe des Liquidationsgewinns, aber weder die Einkünfte, die Klesse bis zur Veräußerung seines Geschäfts aus diesem oder aus anderen Einkommensquellen bezogen hat, noch diejenigen, die er im Rest des Jahres haben wird. Es ist sogar denkbar, daß der Liquidationsgewinn bis zum Jahresende durch Verluste aus anderen Einkunftsarten ganz oder teilweise ausgeglichen werden wird (§ 2^{II} EinkStG.), und der Liquidationsgewinn selbst kann kleiner oder geringer sein als 24945 RM., je nachdem der Wert des Betriebsvermögens z. Zt. der Veräußerung, wie er sich unter Zugrundelegung der letzten Bilanz bei ordnungsmäßiger Fortschreibung ergibt, unter 18055 RM. gefallen oder darüber gestiegen war. Durch Veränderungen der letzten Art wird freilich die Endsumme des Einkommens nicht berührt (denn im ersten Fall wird der zwischen dem 31. Januar und dem Veräußerungstag eingetretene Verlust von dem um ebenso viel höheren Liquidationsgewinn abgezogen, während im zweiten der bis zum Verkauf erzielte Geschäftsgewinn zu dem entsprechend verringerten Liquidationsgewinn hinzuzurechnen ist). Für die Steuer macht das aber doch einen Unterschied, weil der eigentliche Geschäftsgewinn nach dem allgemeinen Tarif, dagegen der Liquidationsgewinn nach § 34 besteuert wird. — Praktische Bedeutung hat der Finanzarrest vor allem für noch nicht fällige oder ziffermäßig noch nicht bestimmte Steueransprüche. In allen andern Fällen kann nämlich das Finanzamt ohne Arrestanordnung zur sofortigen Beitreibung im Verwaltungszwangsverfahren schreiten.

Der Arrestgrund: „wenn zu besorgen ist, daß sonst die Erzwingung der Leistung vereitelt oder wesentlich erschwert wird" deckt sich durchaus mit § 917 ZPO. Wie dort angenommen wird, daß Vermögensverfall und drohende Konkurrenz anderer Gläubiger für sich allein den Arrest nicht rechtfertigen (27. Kap.: „Verschlechterung der Vermögenslage des Käufers"), so darf der Steuerarrest auf Grund eines solchen Tatbestandes ebenfalls nicht angeordnet worden. St. u. W. 23 Nr. 528. Den Hauptanwendungsfall bilden kriminelle Handlungen oder bevorstehende Vermögensverschiebungen des Steuerpflichtigen. Auch verschwenderisches Verhalten kann Arrestgrund sein. St. u. W. 22 Nr. 4. Ferner selbstverständlich drohende Flucht ins Ausland, obgleich es an einer dem § 917^{II} entsprechenden Spezialvorschrift fehlt. — Die AbgO. spricht nicht von „Glaubhaftmachung", doch leitet die Judikatur aus der Eigenart und der Aufgabe des Verfahrens her, daß für den Arrest ein geringeres Maß von Beweisführung genügt, wie für eine endgültige Steuerfestsetzung. St. u. W. 22 Nr. 428, 429.

Die Entscheidung über Anordnung eines Arrestes soll grundsätzlich der Vorsteher des Finanzamts selbst treffen. § 77^{II} BeitreibO.

Als Rechtsmittel gibt § 378^{I} S. 4 AbgO. nicht den Einspruch, sondern ausschließlich Berufung an das Finanzgericht, gegen dessen Entscheidung Rechtsbeschwerde an den Reichsfinanzhof stattfindet.

Die Vollziehung des Finanzarrestes hat nach §§ 930f. ZPO. „unter entsprechender Anwendung der Vorschriften dieses Abschnitts" zu geschehen (§ 378^{II} AbgO.). Es sind also nur Sicherungs-, nicht Befriedigungsmaßnahmen zulässig. § 929 ZPO. ist nicht mit zitiert. Trotzdem wird anzunehmen sein, daß auch diese Vorschrift gilt. Entgegen der Regel der §§ 326, 341 AbgO. (unten S. 1122) darf daher — analog § 929^{III} S. 1 ZPO. — der Arrest vollzogen werden, bevor er dem Vollstreckungsschuldner bekannt gegeben ist. Folgerichtig muß dann die Nachholungsfrist des § 929^{III} S. 2 gleichfalls eingehalten werden, widrigenfalls die ganze Vollziehung unwirksam wird. Denn es geht nicht an aus dem Zusammenhang der zivilprozessualen Vorschriften lediglich die dem Schuldner ungünstige, und nicht ebenso die zu seinem Schutz bestimmte, anzuwenden. RFH. 10, 34 (Gutachten); RG. in RStBl. 24, 2; § 78^{II} BeitreibO.

Schadensersatzpflicht wegen ungerechtfertigter Arrestvollziehung: oben S. 434.

Warum wurde der Arrest nicht bald auch wegen der Reichsfluchtsteuer angeordnet, da doch gegen Klesse der Verdacht besteht, daß er ins Ausland gehen will? Die Fluchtsteuer beruht auf dem 1. Abschn. der IV. Brüning'schen NotVO. vom 8. Dezember 1931 (RGBl. I, 699) 7. Teil, Kap. III; dazu NotVO. vom 23. Dezember 1932 (RGBl. I, 571) 4. Teil; Ges. vom 18. Mai 1934 (RGBl. I, 392); § 43 StAnpassG. Vgl. Seweloh in StuW. 34, 953f., 1133f., 1329f. Ihre Geltung ist zeitlich begrenzt, zuletzt bis 31. Dezember 1937. Die Steuer gelangt zur Entstehung, wenn der Auswandernde

entweder am 1. Januar 1931 oder bei einer späteren Vermögensteuerveranlagung steuerpflichtiges Vermögen von mehr als 50000 RM. besessen

oder im Steuerjahr 1931 oder einem der folgenden Jahre ein steuerpflichtiges Einkommen von mehr als 20000 RM. bezogen

hat. Wahrscheinlich wurden diese Summen von Klesse niemals erreicht.

Soweit nach den Grundsätzen der Familienbesteuerung (S. 1082f.) Ehegatten oder Eltern und Kinder gemeinschaftlich zu veranlagen sind, kommt es auf die Summe der gemeinschaftlich veranlagten Vermögen bzw. Einkommen an, und wenn diese die Fluchtsteuerfreigrenze übersteigt, so werden sämtliche gemeinschaftlich Veranlagten von der Fluchtsteuer erfaßt (§ 2^4). Die nach dem Familienbestand abgestuften Vermögensteuerfreigrenzen bleiben selbstverständlich außer Betracht.

Nach § $3^{I, II}$ beträgt die Fluchtsteuer 25% des zuletzt veranlagten Vermögens, wiederum ohne Abzug der vermögensteuerfreien Teile. Wandert von mehreren zusammen veranlagten Familiengliedern nur eines oder einige aus, so beträgt die Fluchtsteuer nicht 25% des Gesamtvermögens, sondern bloß 25% des in der gemeinschaftlichen Veranlagung enthaltenen eigenen Vermögens des oder der Auswandernden (§ 3^{IV}). Damit wird die Strenge des § 2^4 einigermaßen gemildert. — Der Fall der gemeinschaftlichen Veranlagung von Eltern und Kindern zur Vermögenssteuer ist übrigens in dem Gesetz noch nicht ausdrücklich vorgesehen, weil erst das jetzt geltende VermStG. diese gemeinschaftliche Veranlagung eingeführt hat.

Die Fluchtsteuer entsteht und wird fällig mit der tatsächlichen Auswanderung, also der Aufgabe des inländischen Wohnsitzes oder des „gewöhnlichen Aufenthalts" im Inland (§ 5). Vgl. über diese Begriffe §§ 13, 14 StAnpassG. (oben S. 1083). Wird sie nicht rechtzeitig gezahlt, so hat der Pflichtige für jeden angefangenen halben Monat einen Zuschlag von 5% (für ein volles Jahr also 120%!) zu entrichten (§ 6 der IV. NotVO.).

Schon vor der Fälligkeit kann das Finanzamt für die Fluchtsteuer — wie übrigens auch für andere Steuern, die vor der Auswanderung fällig werden — nach seinem Ermessen Sicherheit verlangen (§ 7) und, wenn sie nicht freiwillig geleistet wird (z. B. durch Hypothekenbestellung), einen „Sicherheitsbescheid" erlassen. Dieser Bescheid ist kein Steuerarrest, da er keine causa arresti voraussetzt, wird aber wie ein solcher vollzogen. Als Rechtsmittel gegen den Sicherheitsbescheid gibt das Gesetz nur Beschwerde an das Landesfinanzamt (nicht: Finanzgericht), das endgültig entscheidet.

Beitreibungsverfahren. Vereinbarungen über Steueransprüche.

Rechtsquellen des Beitreibungsverfahrens sind: der vierte Abschnitt des 2. Teils der AbgO. (§§ 325f.); dazu BeitreibO. (oben S. 644); VollzA. („Geschäftsanweisung für die Vollziehungsbeamten der Reichsfinanzverwaltung") vom 31. Oktober 1932 (RMBl. 696); VO. über die Kosten des Mahn- und Zwangsverfahrens nach der AbgO. vom 21. April 1923 (RGBl. I, 259).

Vollstreckungsabteilung: Innerhalb des Finanzamts unterscheiden wir: Beamte, denen die Feststellung der geschuldeten steuerrechtlichen Leistungen obliegt („Veranlagungsabteilung"); die mit der Erhebung der Steuern beauftragten Beamten („Kasse"); endlich diejenigen, welche den Innendienst im Vollstreckungsverfahren zu versehen haben („Vollstreckungsabteilung"). Es ist zulässig, den Vollstreckungsdienst mit andern Dienstzweigen, z. B. auch mit der Bearbeitung von Strafsachen, in einer Hand zusammenzufassen. §§ 1^{II}, 2^I BeitreibO. Die Tätigkeit der Veranlagungsabteilung entspricht etwa derjenigen des erkennenden Gerichts bei der Verwirklichung bürgerlich-rechtlicher Ansprüche. Zur Zuständigkeit dieser Abteilung gehört auch die Entscheidung über Stundung und Erlaß (§ 31).

Grundlagen der Zwangsvollstreckung. Am 20. September 1936 erhält die Vollstreckungsabteilung von der Kasse das folgende Rückständeblatt (§ 22):

„Rückständeverzeichnis: ....
Sollbuch: ....
Schuldner: *Kurt Sticher.*
Beruf: Fabrikbesitzer.
Gemeinde: Koberwitz.
Steuer-Nr. II/933.

Rückständige Leistungen:

1.	Einkommensteuer-Vorauszahlung III/1936 lt. Veranlagungsbescheid vom 23., zugestellt 26. März 1936, fällig am 10. September 1936 ...... öffentliche Erinnerung am 4. September 1936,	197.50 *RM*
2.	2% Säumniszuschlag zu 1	3.95 *RM*
3.	Umsatzsteuer-Vorauszahlung Juli 1936 lt. Voranmeldung vom 8. August 1936, gestundet bis 10. September 1936, Restbetrag ... Mahnung am 11. September 1936,	200.00 *RM*
4.	2% Säumniszuschlag zu 3 .	4.00 *RM*
5.	Mahngebühr zu 3	1.50 *RM*
6.	Umsatzsteuer-Vorauszahlung August 1936 lt. Voranmeldung vom 3. September 1936, fällig am 10. September 1936 .... Mahnung am 11. September 1936,	289.00 *RM*
7.	2% Säumniszuschlag zu 6	5.78 *RM*
8.	Mahngebühr zu 6	1.95 *RM*
9.	Lohnsteuer August 1936 lt. Anmeldung vom 3. September 1936, fällig am 5. September 1936, Restbetrag .... öffentliche Erinnerung am 4. September 1936,	50.00 *RM*
10.	2% Säumniszuschlag zu 9	1.00 *RM*
	zusammen:	754.68 *RM*.“

Säumniszuschlag: oben S. 1108.

Neben der im 8. Buch der ZPO. geregelten Zwangsvollstreckung aus den dort aufgeführten gerichtlichen, notariellen usw. Schuldtiteln steht das Verwaltungszwangsverfahren, welches hauptsächlich (aber nicht ausschließlich) zur zwangsweisen Einziehung öffentlich-rechtlicher Ansprüche dient. Sein praktisch wichtigster Anwendungsfall ist das Beitreibungsverfahren der AbgO. Verwaltungszwangsverfahren setzen keinen vollstreckbaren Schuldtitel voraus. Es herrscht Offizialbetrieb. Die Funktionen des Vollstreckungsgerichts werden von der „Vollstreckungsbehörde“ (hier: dem Finanzamt), diejenigen des Gerichtsvollziehers von dem eigenen „Vollziehungsbeamten“ des Finanzamts ausgeübt. Sachlich stimmt die Durchführung der Vollstreckung fast in allen Punkten mit der ZPO. überein, auf deren Bestimmungen bisweilen ausdrücklich verwiesen wird. Die Anordnung der Zwangsvollstreckung durch die Vollstreckungsbehörde begründet für den Vollziehungsbeamten die Amtspflicht zu ihrer Ausführung. Eine selbständige Prüfung der Vollstreckungsvoraussetzungen steht dem Vollziehungsbeamten nicht zu. Er ist für die Rechtmäßigkeit der Vollstreckung nicht verantwortlich und wird gegenüber dem Schuldner und

Dritten durch den Vollstreckungsauftrag des Finanzamts voll legitimiert. §§ $326^{I, II}$, 333, 334, 361 AbgO., 1^{I}, 36^{IV}, 40, 41 BeitreibO., 7 VollzA. Die ordentlichen Gerichte werden nur in Ausnahmefällen tätig:

1. beim Offenbarungseid, Näheres vgl. S. 644,
2. bei der Intervention (§ 328 AbgO., unten S. 1124 f.),
3. wenn das Finanzamt gegen einen Dritten Leistungsgebot erlassen hat, weil er nach bürgerlichem Recht verpflichtet sei die Schuld zu erfüllen oder die Zwangsvollstreckung zu dulden (z. B. als Vermögensübernehmer oder auf Grund der Gläubigeranfechtung oben S. 465 f.), und der von dem Dritten erhobene Widerspruch zurückgewiesen worden ist; hier steht dem Dritten wahlweise mit der an das Landesfinanzamt zu richtenden Beschwerde die Klage im Rechtsweg innerhalb eines Monats zu. §§ 330 AbgO., 14 BeitreibO.; Liman-Reißer 1a zu § 14,
4. bei der Klage auf vorzugsweise Befriedigung (§ 346 AbgO., vgl. S. 659 f.),
5. beim Verteilungsverfahren (§§ 360^{IV}, 370, vgl. S. 669 f.),
6. bei der Immobiliarvollstreckung (Zwangsversteigerung, Zwangsverwaltung, Zwangshypothek); die Anträge des Gläubigers stellt die Vollstreckungsbehörde (§ 372^{I}).

Weil das Verwaltungszwangsverfahren den vollstreckbaren Schuldtitel nicht kennt, muß der Schuldner auf andere Art gegen willkürliche Inanspruchnahme geschützt werden. §§ 326^{IV} AbgO., 9 BeitreibO. verlangen als Voraussetzung und Grundlage der Zwangsvollstreckung:

a) entweder ein „Leistungsgebot“, d. i. eine Verfügung der Steuerbehörde, durch die der Vollstreckungsschuldner zur Bewirkung der Leistung angewiesen wird, z. B. einen Veranlagungsbescheid,
b) oder einen unmittelbar im Gesetz ausgesprochenen „Leistungsbefehl“, der den Vollstreckungsschuldner für verpflichtet erklärt ohne besondere Anordnung der Steuerbehörde zu leisten. Beispiele: die Verpflichtung des Unternehmers zur Umsatzsteuervorauszahlung, des Arbeitgebers zur Lohnsteuerzahlung.

Umsatzsteuer: Kleinere Unternehmer haben für jedes Kalendervierteljahr, größere (mit mehr als 20000 RM. Jahresumsatz) allmonatlich, und zwar bis zum 10. des folgenden Quartals bzw. Monats, eine „Umsatzsteuer-Voranmeldung“ abzugeben und gleichzeitig eine „Vorauszahlung“ entsprechend dem vorangemeldeten Umsatz zu leisten. Die Voranmeldung gilt als Steuererklärung. Die Vorauszahlung ist Steuer im Sinne der AbgO. Gibt der Unternehmer die Voranmeldung nicht oder unrichtig ab, so setzt das Finanzamt die Vorauszahlung durch Bescheid fest. §§ $13^{I, II}$ UmsStG. (oben S. 1090 Anm. 7), 62 DfBest. vom 17. Oktober 1934 (RGBl. I, 947). Nach Ablauf des Kalenderjahrs wird der Unternehmer zur Umsatzsteuer veranlagt, und wenn die dabei festgesetzte Steuer die Vorauszahlungen übersteigt, hat er eine „Abschlußzahlung“ zu leisten. § 13^{III} UmsStG., vgl. die ähnliche Regelung im Einkommensteuerrecht S. 1106.

Lohnsteuer: Sie ist vom Arbeitgeber für die erste Monatshälfte bis zum 20. des laufenden, für die zweite bis zum 5. des nächsten Monats abzuführen, bei kleinen Beträgen (unter 200 RM. für einen halben Monat) genügt monatliche Abführung. Unabhängig hiervon muß er bis zum 5. die „Lohnsteueranmeldung“ über den Vormonat einreichen. §§ 41, 44 LohnSt.DfVO. (oben S. 1084 Anm. 5). Weiterhin bestimmen § $46^{III, IV}$, daß bei Nichteingang der Zahlung gegen die für die Lohnsteuer haftenden Personen — Arbeitgeber, unter Umständen Arbeitnehmer (S. 1092), Geschäftserwerber — ein schriftlicher „Haftungsbescheid“ von der Veranlagungsabteilung des Finanzamts erlassen wird. Keines Haftungsbescheides bedarf es aber, sofern der Verpflichtete die Zahlungspflicht vor dem Finanzamt oder seinem Revisionsbeamten schriftlich anerkannt oder die Lohnsteueranmeldung abgegeben hat. Dem Geschäftserwerber muß ausnahmslos der Haftungsbescheid zugestellt werden. Gegenüber dem (ursprünglichen) Arbeitgeber wird mithin der Haftungsbescheid nur dann praktisch, wenn er nicht einmal die Anmeldung eingereicht hatte. Für das Rechtsmittelverfahren hat der Haftungsbescheid die Bedeutung eines Steuerbescheides.

Zwischen der Bekanntgabe des Leistungsgebots an den Vollstreckungsschuldner und dem Beginn der Zwangsvollstreckung muß regelmäßig (Ausnahmen in § 12^II, III BeitreibO.) eine Frist von einer Woche liegen. § 326 AbgO.

Außerdem soll der Vollstreckungsschuldner — der ja das Leistungsgebot oft vor Monaten erhalten, in den Fällen des Leistungsbefehls noch gar nicht direkt zur Zahlung aufgefordert worden ist — vor Beginn der Vollstreckung eine Mahnung mit Frist von einer Woche erhalten. Die Mahnung, welche zu den Aufgaben der Kasse gehört, soll alsbald nach Eintritt der Fälligkeit, jedoch nicht vor Ablauf der Wochenfrist seit Bekanntgabe des Leistungsgebots, erfolgen. Soweit das Landesfinanzamt die allgemeine Erinnerung durch öffentliche Bekanntmachung zugelassen hat, für die keine Gebühren von den Steuerpflichtigen erhoben werden, fällt das Erfordernis der speziellen Mahnung fort. Außerdem darf von ihr unter besonderen Voraussetzungen abgesehen werden, z. B. bei offenkundiger Mittellosigkeit des Schuldners; wenn der Erfolg der vorzunehmenden Vollstreckung durch die in der Mahnung liegende Warnung gefährdet werden könnte; wenn die Schuld nach spezieller Mahnung oder öffentlicher Erinnerung gestundet worden war und nunmehr die Stundungsfrist abgelaufen ist. §§ 341, 342 AbgO., 15—18 BeitreibO.

Wird ohne Bekanntgabe des Leistungsgebots oder vor Ablauf der zugehörigen Wochenfrist vollstreckt, so entstehen dadurch, wie § 12^IV BeitreibO. klarstellt, zunächst keine dinglichen Rechte für das Reich. Die Vollstreckungsmaßnahmen sind jedoch nicht nichtig im Sinne der strafrechtlichen Vorschriften (also bloß „materielle" Unwirksamkeit im Gegensatz zur „formellen", vgl. S. 996). Mit nachträglicher Bekanntgabe und Fristwahrung tritt auch die materielle Wirksamkeit ein. — Unterlassung der vorgeschriebenen Mahnung oder Nichtablauf der Mahnungsfrist sind überhaupt unschädlich (§ 20).

Das Vorliegen von Leistungsgebot oder Leistungsbefehl, die Fälligkeit der beizutreibenden Schuld, Bekanntgabefrist und Mahnungsfrist sind vor Beginn der Vollstreckung von der Vollstreckungsabteilung festzustellen (§ 36^II).

Anordnung der Zwangsvollstreckung. Mobiliar- und Forderungspfändung. Außer auf seine formelle Zulässigkeit, ist das einzuschlagende Verfahren auch unter wirtschaftlichen und Zweckmäßigkeitsgesichtspunkten zu prüfen, in gleicher Weise wie das bei einer ZPO-Zwangsvollstreckung der Gläubiger selbst tut. Lohnt es überhaupt gegen den Schuldner mit Zwangsmaßnahmen vorzugehen oder sind die Steuern besser niederzuschlagen? Soll man ihn zum Offenbarungseid vorladen oder sich damit begnügen, daß er in die Liste der säumigen Steuerschuldner (S. 1108) aufgenommen und damit geschäftlich unmöglich gemacht wird? Ist statt des Vollstreckungsversuchs besser ein Antrag auf Konkurseröffnung angebracht? Besitzt der Schuldner bestimmte Vermögensstücke, die besonders gute Aussichten auf Befriedigung eröffnen? Soll zunächst bloß eine oder, was zulässig ist, alsbald mehrere Maßregeln der Zwangsvollstreckung vorgenommen werden? Bei Untersuchung dieser Fragen hat das Finanzamt die gleichen Ermittlungsbefugnisse wie im Veranlagungsstadium (S. 1104). §§ 325^I AbgO., 25, 26f., 39 BeitreibO. —

Der Vollstreckungsdezernent läßt von der Veranlagungsabteilung Stichers Steuerakten kommen. Er findet darin nichts Besonderes, ersieht aber aus den

Geschäftsbriefbogen des Schuldners wenigstens Postschecknummer und Bankverbindung. Verfügung:

„1. Die Zwangsvollstreckung wegen nachfolgender Leistungen:
(einzufügen aus dem Rückständeblatt)
wird angeordnet."

Die Anordnung ist Internum der Verwaltung und braucht dem Schuldner nicht mitgeteilt zu werden. § 38[1] BeitreibO.

„2. Vollstreckungsauftrag an Vollziehungsbeamten *Pfänder*."

Vgl. § 41.

„3. Pfändungsverfügung.

Finanzamt Breslau-Land Breslau, den 22. September 1936.
(Vollstreckungsstelle),
Rückstände-Verzeichnis-Nr. ....

Der Fabrikbesitzer *Kurt Sticher* in Kobertwitz, Landkreis Breslau, schuldet dem Reich (folgt Aufzählung der Rückstände entsprechend dem Rückständeblatt und der Vollstreckungsanordnung, dazu die Kosten der Pfändungsverfügung gemäß der S. 1119 zitierten VO.)

insgesamt: 762.68 *RM.*

Wegen dieser Schuldbeträge wird die Forderung von unbekanntem Betrage, die dem Vollstreckungsschuldner gegen Sie:

zu 1. aus seinem Postscheckguthaben Breslau Konto Nr. 29817,

zu 2. aus der laufenden Geschäftsverbindung

zusteht, gepfändet.

Sie dürfen nicht mehr an den Vollstreckungsschuldner zahlen.

Der Vollstreckungsschuldner hat sich jeder Verfügung über die gepfändeten Forderungen, insbesondere ihrer Einziehung, zu enthalten.

Bis zur Höhe der oben genannten Beträge, die der Vollstreckungsschuldner dem Reich schuldet, kann das unterzeichnete Finanzamt die gepfändete Forderung einziehen.

Sie werden hiermit aufgefordert binnen 2 Wochen, von der Zustellung dieser Pfändungsverfügung ab gerechnet, dem unterzeichneten Finanzamt zu erklären:

1. ob und inwieweit Sie die Forderung als begründet anerkennen und bereit sind zu zahlen,
2. ob und welche Ansprüche andere Personen an die Forderung erheben,
3. ob und wegen welcher Ansprüche die Forderung bereits für andere Gläubiger gepfändet worden ist.

Sie werden ferner aufgefordert die von Ihnen geschuldete Geldsumme, soweit sie die oben bezeichneten Beträge, die der Vollstreckungsschuldner dem Reiche schuldet, nicht übersteigt, bei Eintritt der Fälligkeit an die Finanzkasse des unterzeichneten Finanzamts zu zahlen; dabei ist die oben bezeichnete Nummer des Rückständeverzeichnisses anzugeben.

An

1. das Postscheckamt in Breslau
2. den Brockauer Spar- und Vorschußverein e. G.m.b.H. in Brockau.

i. A.: *Dr. Steuer*,
Regierungsrat.

4. Pfändungsverfügung an Drittschuldner und Vollstreckungsschuldner zustellen.
5. Nach 1 Woche (Pfändungsprotokoll und Zustellung)."

§§ 361, 365, 366 AbgO. Der Ausspruch, daß das Finanzamt die gepfändete Forderung einziehen kann, hat die selbe Bedeutung, wie die Überweisung zur Einziehung in der Zwangsvollstreckung der ZPO. (S. 654). Leistet der Drittschuldner nicht, so gehört die Klage des Reichsfiskus vor das ordentliche Gericht. — Eine Pfändungsankündigung (S. 649f.) gibt es im Beitreibungsverfahren nicht; es besteht kein Bedürfnis dafür, da das Finanzamt ja wegen fälliger Forderungen sofort endgültig pfänden kann. — Die Pfändungsverbote und -beschränkungen der gerichtlichen Zwangsvollstreckung (§§ 850f. ZPO.) gelten im allgemeinen auch für die Steuerbeitreibung (§ 369^{II} AbgO.), doch sind Lohn- und Gehaltsforderungen unbeschränkt pfändbar, wenn direkte persönliche Steuern, deren Fälligkeit nicht länger als drei Monate zurückliegt, vollstreckt werden sollen (§ 369^{I}). Denn sonst würde eine zwangsweise Beitreibung — insbesondere der Lohnsteuer — gegen kleine Lohn- und Gehaltsempfänger praktisch unmöglich sein. Die kurze Frist von 3 Monaten schützt den Arbeitnehmer gegen allzu starke Belastung und nötigt zugleich das Finanzamt, durch rasches Vorgehen gegen den Arbeitgeber alsbald festzustellen, ob die ausnahmsweise Inanspruchnahme des Arbeitnehmers (S. 1092) erforderlich wird. —

Nach einigen Tagen geht das Pfändungsprotokoll ein. Der Vollstreckungsbeamte hat die Fabrik des Schuldners geschlossen gefunden und festgestellt, daß die Mehrzahl der Maschinen von den Lieferanten auf Grund angeblicher Eigentumsvorbehalte weggeholt worden ist. Deshalb hat er in der Wohnung einen Flügel und Perserteppiche im Taxwert von zusammen über 1000 RM. gepfändet.

Die Pfändungsverfügung ist an Schuldner und Drittschuldner ordnungsmäßig zugestellt worden. Das Postscheckamt gibt das Guthaben des Vollstreckungsschuldners auf wenige Mark an. Der Vorschußverein teilt mit, daß Sticher kein Guthaben besitze, vielmehr einen größeren Kredit erhalten habe, und daß der Vorschußverein befürchten müsse, trotz der gestellten Sicherheiten mit einem Teil seiner Forderungen auszufallen.

Intervention der Ehefrau.

„Geschäftsnummer 48 *M* 827.36.

Einstellungsbeschluß

in der Beitreibungssache des Reichsteuerfiskus,
vertreten durch das Finanzamt Breslau-Land, Gläubigers,
gegen den Fabrikbesitzer *Kurt Sticher* in Koberwitz, Landkreis Breslau, Schuldner.

Gegen die auf Grund des Vollstreckungsauftrags des Finanzamts Breslau-Land, Vollstreckungsstelle, vom 22. September 1936 durch den Vollziehungsbeamten *Pfänder* in Breslau am 25. September 1936 vorgenommene Zwangsvollstreckung hat die verehelichte Frau Fabrikbesitzer *Mathilde Sticher* geb. *Engelhard* in Koberwitz, Ehefrau des Vollstreckungsschuldners, bezüglich sämtlicher gepfändeten Gegenstände:

(folgt Verzeichnis der Pfandstücke)

Widerspruch erhoben. Zur Begründung ist geltend gemacht, daß Frau *Sticher* den Flügel von dem Pianofortehaus *Colshorn* in Erfurt auf Abzahlung unter Eigentumsvorbehalt erworben, die Teppiche von ihrer Mutter als Aussteuer erhalten und sämtliche Gegenstände in die Ehe mit dem Vollstreckungsschuldner eingebracht habe. Diese Behauptungen sind durch Vorlegung des mit der Firma *Colshorn* geschlossenen Abzahlungsvertrags vom 15. Januar 1936 und der eidesstattlichen Versicherung der Kaufmannswitwe *Rosa Engelhard* geb. *Flemming* aus Erfurt vom 4. Oktober 1936 sowie die Dringlichkeit des Falles dadurch glaubhaft gemacht, daß Versteigerungstermin bereits am 9. Oktober 1936 ansteht. Gemäß §§ 328 AbgO., 769^{II} ZPO. wird daher auf Antrag der Widersprechenden angeordnet:

1. Die Zwangsvollstreckung in die gepfändeten Gegenstände ist einstweilen einzustellen,
2. Die Antragstellerin hat binnen einer Frist von 2 Wochen, von heute ab gerechnet, dem Vollziehungsbeamten eine Entscheidung des Prozeßgerichts über weitere Einstellung der Zwangsvollstreckung vorzulegen. Nach fruchtlosem Ablauf dieser Frist darf die Zwangsvollstreckung fortgesetzt werden.

Breslau, den 7. Oktober 1936.

Amtsgericht.

Pfleger,

Justizobersekretär als Rechtspfleger."

Der Beschluß wird vom Amtsgericht zugestellt. Gleichzeitig fordert die Intervenientin das Finanzamt auf, bis zum 15. Oktober freizugeben. Als Vertreter des Reichsfiskus in dem von ihr angedrohten Prozeß würde der Vorsteher des Finanzamts zu fungieren haben. Vgl. die in § 4 BeitreibO. aufgeführten Bestimmungen. —

Der Sachbearbeiter: Wie beurteilen Sie die Aussichten der Intervention? Sollen wir freigeben?

Der Referendar: Nach den eingereichten Unterlagen wird Frau Sticher der Nachweis, daß sie Eigentümerin der Teppiche und Abzahlungskäuferin des Flügels ist, jedenfalls gelingen. Wenn sie auch noch nicht das Eigentum des Flügels erworben hat, so steht das ihrer Intervention nicht entgegen (oben S. 460 zu 2). Deshalb würde ich es nicht auf den Prozeß ankommen lassen, wenigstens soweit die Pfändung Umsatz- und Lohnsteuer betrifft, welche reine Geschäftsschulden des Ehemanns Sticher darstellen. Anders bei der Einkommensteuerpfändung. Eheleute werden zur Einkommensteuer gemeinschaftlich veranlagt (S. 1082) und haften deshalb nach § 7 StAnpassG. für die Steuer als Gesamtschuldner. An welchen Gesamtschuldner es sich halten will, steht dem Finanzamt frei. Eine besondere Bekanntgabe der, das Leistungsgebot enthaltenden, Steuerveranlagung an Frau Sticher und eine besondere Anordnung der Vollstreckung gegen sie als Vollstreckungsschuldnerin (§§ 10^{I}, 11^{I}, 36, 37 BeitreibO.) hat allerdings bisher nicht stattgefunden. Ob eine an sich schlüssige Intervention daran scheitert, daß der Intervenient dem Gläubiger nach materiellem Recht selbst für den beizutreibenden Anspruch haftet, mag im Gebiete des Zivilrechts streitig sein (S. 467/8). Für unsern Fall entscheiden §§ 10^{II}, 11^{II} die Frage, indem sie vorschreiben, daß das gegen den Vertreter oder gesetzlichen Verwalter eines Vollstreckungsschuldners ergangene Leistungsgebot auch gegen denjenigen wirkt, dem das Vermögen gehört. Folgerung: eine besondere Zustellung an die Ehefrau ist nur dann erforderlich, wenn das Vermögen, in welches vollstreckt werden soll, der Verwaltung des Mannes nicht unterliegt (§ 11^{III}). Im übrigen könnte die Zustellung des Einkommensteuerveranlagungsbescheides an Frau Sticher und die Anordnung der Zwangsvollstreckung gegen sie äußersten Falls noch nachgeholt werden.

Sachbearbeiter: Was Sie sagen, ist an sich richtig. Aus dem Abzahlungsvertrag, der auf „Frl. Mathilde Engelhard" lautet, und der eidesstattlichen Versicherung der Mutter Rosa Engelhard geht jedoch hervor, daß die Eheschließung erst in den letzten Monaten erfolgt sein kann. Ich habe die Steuerakten beilegen lassen. Weder in der Einkommensteuererklärung des Vollstreckungsschuldners noch in der Veranlagung steht etwas von einer Ehefrau. Frau Sticher wird also von der Einkommensteuer ihres jetzigen Ehemannes nicht berührt, wahrscheinlich ist sie unter ihrem Mädchennamen in Erfurt entweder allein oder zusammen mit der Mutter veranlagt. Auf die Konsequenzen, welche sich für die Einkommensteuer des Jahres 1936 aus der Eheschließung ergeben, wollen wir jetzt nicht eingehen, das wird Sache der Veranlagungsabteilung sein. Jedenfalls läßt sich nicht behaupten, daß Frau Sticher Mitschuldnerin der Einkommensteuer sei, deretwegen die Vollstreckung erfolgt, und es bleibt uns nichts übrig, als in vollem Umfang freizugeben.

Offenbarungseid. Vereinbarungen über Steueransprüche. Nachdem die bisherigen Vollstreckungsmaßnahmen zu keinem Erfolg geführt haben, stellt der Dezernent Ermittelungen an, um vielleicht doch noch zugriffsfähige Objekte ausfindig zu machen. Da der Vollziehungsbeamte von der Wegschaffung der Maschinen durch Dritte berichtet hatte, ist auch ein Konkursantrag in Erwägung zu ziehen. Denn infolge des den Steuerforderungen im Konkurse verliehenen Vorrechts (S. 774) würden die beizutreibenden Ansprüche unmittelbar hinter Massekosten, Masseschulden und den privilegierten Forderungen der Arbeitnehmer zur Hebung kommen, und wenn es gelingt, die in letzter Zeit entfernten Vermögensstücke durch Anfechtung (S. 465f., 769f.) zur Masse zu ziehen, so könnte auf diesem Wege die Befriedigung des Steuerfiskus erreicht werden. Es ergibt sich jedoch, daß kein Anfechtungstatbestand gegeben ist. Sticher hat seine Gravieranstalt und Druckerei mit geringem Kapital jahrelang erfolgreich betrieben, bis er im Sommer 1936 plötzlich aus Bürgschaften für einen Bruder in Anspruch genommen wurde, dadurch seinen Bankkredit verlor und schließlich zahlungsunfähig wurde. Das haben die Maschinenlieferanten zum Anlaß genommen von den Kaufverträgen zurückzutreten und ihre unter Eigentumsvorbehalt gelieferten Maschinen wieder an sich zu nehmen. Ansprüche aus der infolge des Rücktritts vorzunehmenden Ausgleichung (S. 377/8) stehen Sticher nicht zu. Sachen, die ihm als Eigentümer gehören, sind nicht fortgebracht worden. Alles das ist in dem, auf Antrag eines Gläubigers eingeleiteten, Eröffnungsverfahren bereits eingehend geprüft und festgestellt, und daraufhin der Konkursantrag wegen Mangels an Masse (S. 746) abgewiesen worden.

Sticher wird zur Leistung des Offenbarungseides vor das Finanzamt geladen (§ 325^{II}, ^{III} AbgO., oben S. 644). —

Zwei Tage vor dem Termin lassen sich das Ehepaar Sticher und Frau Engelhard aus Erfurt beim Dezernenten melden. Frau Engelhard führt das Wort:

Ich bin hier, um meinen Schwiegersohn zu sanieren. Als 14 Tage nach der Hochzeit der Zusammenbruch eintrat, dachte ich natürlich zunächst, meine Tochter sei einem Betrüger in die Hände gefallen, und hatte jedes Vertrauen zu ihm verloren. Inzwischen habe ich mich überzeugt, daß er schuldlos ist. Daß sein Bruder, ein wohlhabender Kolonialwarengroßhändler in Hamburg, sich durch wilde Kaffeespekulationen ruinieren und daß die Banken deshalb auf ihn zurückgreifen würden, konnte er wirklich nicht ahnen. Jeder, den ich befragt habe, hält meinen Schwiegersohn für einen hochanständigen, sparsamen und soliden Menschen, und allgemein gilt er als hervorragender Fachmann. Ich will 8000 RM. bar hereingeben und außerdem, gemeinschaftlich mit meiner Tochter, bei den beiden Hauptgläubigern für ihn bürgen, damit er das Geschäft in etwas verkleinertem Maßstabe wieder aufnehmen kann. Rückständige Lohnforderungen sind nicht vorhanden. Mit den Geschäftsgläubigern habe ich mich auf 50% geeinigt, und möchte mich jetzt auch über die Steuern vergleichen.

Der Sachbearbeiter: Eine Stundung der Steuerschuld wird vielleicht möglich sein. Die Forderung beträgt mit Vollstreckungskosten über 800 RM. Das ist keine so riesige Summe, daß Sie sie nicht voll bezahlen könnten.

Frau Engelhard: Mit bloßer Stundung ist uns nicht geholfen, mein Schwiegersohn muß von der Sache endgültig frei werden. Er hat ohnehin in den nächsten 3 Jahren rund 5000 RM. auf alte Verbindlichkeiten abzuzahlen. Kommen dazu noch Raten auf alte Steuern, so wird die Belastung für ihn zu groß, und die Lebensfähigkeit des Unternehmens wieder in Frage gestellt. Ich selbst kann beim besten Willen nicht mehr als 400 RM., allerhöchstens 500 RM., an das Finanzamt zahlen. Mein Geld reicht dann gerade knapp, denn ein genügendes Betriebskapital muß ihm doch auch verbleiben. Hier ist der Status und der Sanierungsplan, in dem der Bücherrevisor alles genau ausgerechnet hat. Zwingen Sie meinen Schwiegersohn zum Offenbarungseid, so ist er genötigt, irgend eine Stellung anzunehmen, wahrscheinlich im Ausland. Wird aber die Sanierung durchgeführt, so hat das Finanzamt an ihm nachher einen guten Steuerzahler, und es finden mindestens 15 Mann von der alten Belegschaft, die sonst brotlos werden würden, Beschäftigung.

Sachbearbeiter: Da Sie eine endgültige Befreiung Ihres Schwiegersohns von der restlichen Steuer wünschen, muß ich die Sache an die Veranlagungsabteilung abgeben. Lassen Sie uns Ihre Aufstellungen da. Wir werden die Sache zu Protokoll nehmen und Sie bekommen schriftlichen Bescheid. Den Offenbarungseidtermin werde ich auf 14 Tage verlegen.

Warum hat der Sachbearbeiter nicht eine Niederschlagung der Steuern in Erwägung gezogen, die zur Zuständigkeit des Leiters der Vollstreckungsabteilung (bei sehr hohen Beträgen mit Genehmigung des Landesfinanzamts) gehört? Die Niederschlagung setzt voraus, daß entweder feststeht, die Beitreibung werde keinen Erfolg haben, oder daß die Beitreibungskosten im Vergleich zum Betrage unverhältnismäßig hoch sind. Sie wäre also in unserem Falle denkbar. Die Niederschlagung hat aber — im Gegensatz zu dem alsbald zu besprechenden „Erlaß" — keinerlei materielle Wirkung. Ihre Bedeutung beschränkt sich vielmehr darauf, daß vorläufig keine weiteren Vollstreckungsversuche zu unternehmen sind. Sie ist innere Angelegenheit der Verwaltung und wird dem Steuerschuldner nicht einmal bekannt gemacht. Der „niedergeschlagene" Steueranspruch erlischt erst mit Vollendung der Verjährung (S. 1113). §§ 130 AbgO., 26^{III}, $27^{I, IV}$ BeitreibO.

Das Protokoll nebst der überreichten Schrift wird

„urschriftlich
der Veranlagungs-Abteilung, Steuer-Bez. III
zur Stellungnahme"

übersandt. —

Der Referendar: Für den vorgeschlagenen Vergleich fehlt die rechtliche Grundlage. Es ist ein anerkanntes, aus dem Wesen des Rechtsstaats folgendes, Prinzip des Verwaltungsrechts, daß die Behörden das Gesetz gleichmäßig gegen jedermann anzuwenden haben (Fleiner, Institutionen S. 203). Wie der Steuerpflichtige nicht über das gesetzliche Maß hinaus zu Leistungen herangezogen werden darf, so ist es auch unzulässig ihn von seinen Verpflichtungen zu befreien, wenn kein gesetzlicher Grund vorliegt. Keine der gesetzlichen Ausnahmevorschriften paßt auf unseren Fall: 1. Von der ihm durch § 220^3 AbgO. verliehenen Befugnis, allgemeine Vorschriften über Zulässigkeit von Vereinbarungen und „vereinbarungsähnlichen Rechtsformen" zu erlassen, hat der Reichsfinanzminister bisher keinen Gebrauch gemacht. 2. Bei manchen Steuern — Körperschaft-, Erbschaft-, Kapitalverkehr-, Versicherungsteuer, bei Auslandsbeziehungen auch Einkommen- und Vermögensteuer — gestattet das

Gesetz eine „Pauschalierung" oder „Abfindung". §§ 21 KörpStG., 35 ErbschStG., 37 KapVStG., 14 VersStG.[10]), 31 EinkStG., 9 VermStG. Die Pauschalierung (vgl. über sie Frank, St. u. W. 35, 1101 f.) soll aber lediglich das Veranlagungsverfahren vereinfachen, während Sticher einen Erlaß einwandfrei geschuldeter Steuern erstrebt. 3. Nach dem „Billigkeits- (Härte-) Paragraphen" der AbgO. (§ 131) kann der Reichsfinanzminister oder die von ihm delegierte Stelle Steuern erlassen, deren Einziehung „nach Lage des einzelnen Falles unbillig wäre". Frau Engelhard begründet aber ihren Antrag mit Zweckmäßigkeits-, nicht mit Billigkeitsgründen. Im übrigen handelt es sich in § 131 um keine Vereinbarung, sondern um einen einseitigen Staatsakt. 4. Das Landesrecht läßt Vereinbarungen über Gewerbesteuern und Kirchensteuern unter bestimmten Voraussetzungen zu. § 49 GewStVO. (oben S. 1109), § 43 pr. KommAbgG.[11]), §§ 14, 15 KirchG. vom 26. Mai 1905, §§ 14, 15 Ges. vom 14. Juli 1905 (beide oben S. 1109). — Wird nicht die Veranlagungsabteilung den Vergleichsvorschlag a limine ablehnen müssen?

Der Sachbearbeiter: Ich glaube nicht, daß man sich auf diesen Standpunkt stellen wird. Allerdings ist der Begriff der Vereinbarung im Steuerrecht unklar (vgl. darüber Eichhorn, Vierteljahrsschr. f. St. u. FinR. 33, 153), und unsere Steuergesetze kennen den Begriff des Vergleichs nicht. Jedoch hat die Praxis mit Billigung des Reichsfinanzhofs „vergleichsähnliche Rechtsgestaltungen" entwickelt. Besteht z. B. Streit über eine im Einspruchswege angefochtene Veranlagung und verständigt sich der Pflichtige mit dem Finanzamt über die Höhe der zu zahlenden Steuer, so kann er die Rücknahme des eingelegten Einspruchs unter der Voraussetzung, daß der Steuerbescheid in der besprochenen Weise abgeändert werden wird, ankündigen. Die Steuerbehörde ändert ihren Bescheid ab, gleichzeitig zieht der Pflichtige seinen Einspruch zurück. Damit ist eine Rechtslage geschaffen, die nicht auf der getroffenen Vereinbarung, sondern ausschließlich auf den Formalakten der Abänderung des Bescheides bzw. der Einspruchsrücknahme beruht. Daß die Abrede keine vergleichsmäßige Bindung erzeugt, wird offenbar, sobald ein Teil sich nicht an sie hält; insbesondere kann der Pflichtige aus angeblichen Zusagen des Finanzamtes niemals Ansprüche oder Einwendungen für sich herleiten. RFH. 16, 1; 18, 92; 19, 33; RStBl. 29, 436; 30, 117; 158; 31, 457; 33, 364; 35, 919; St. u. W. 30 Nr. 1234; 31 Nr. 754. Noch weiter geht die Rechtsprechung des Reichsgerichts. Wenn eine Landgemeinde beim Erwerb eines Grundstücks den Veräußerer von Anliegerbeiträgen freistellt, wenn mehrere Gemeinden eine Straßenbahn-GmbH. gründen und ihr dabei Befreiung von bestimmten kommunalen Abgaben zusagen, so soll eine vertragliche, und zwar privatrechtliche, Bindung eintreten, vorausgesetzt daß die Zusage der Abgabefreiheit als Gegenleistung für Leistungen des anderen Teils gedacht ist. Die Finanzhoheit der Gemeinde bleibt unberührt, und der öffentlich-rechtliche Steueranspruch gelangt zur Entstehung: der Gegenkontrahent kann aber gegen seine Heranziehung Klage im ordentlichen Rechtsweg erheben. RG. 132, 225; 148, 101. — Bei der kritischen Nachprüfung dieser Judikatur unterscheide ich, je nachdem die Vereinbarung sich auf künftige oder auf bereits entstandene Steueransprüche bezieht. Daß der Träger der Steuerhoheit sich durch Vertrag im Voraus verpflichtet sein Besteuerungsrecht in bestimmtem Sinne auszuüben oder nicht auszuüben, läßt sich m. E. nicht rechtfertigen. Die privatrechtliche Konstruktion des Reichsgerichts kann die Bedenken nicht beseitigen,

---

[10]) vom 8. April 1922 (RGBl. I, 400), dazu verschiedene Novellen.

[11]) vom 14. Juli 1893 (GS. 152), mehrfach durch Novellen abgeändert.

sondern verstärkt sie vielmehr. Viel eher sind Verträge über konkrete bestehende Steueransprüche denkbar. Was insbesondere den Vergleichsfall betrifft, so zeigt sich in der Steuerpraxis genau so wie im übrigen Rechtsleben das Bedürfnis, streitige, zweifelhafte oder in der Durchführung unsichere Ansprüche im Wege gegenseitigen Nachgebens verbindlich zu regeln. Wenn es sich um einen echten Vergleich handelt, d. h. ein dem § 779 BGB. analoger Tatbestand vorliegt, so soll man ihn ruhig als öffentlich-rechtlichen Vertrag anerkennen und von der krypto-soziologischen (S. 408f.) Einkleidung in scheinbar von einander unabhängige Ankündigungen und Formalakte der Parteien absehen. Vgl. auch JW. 26, 1684^{1}, dazu Lucas; 26, 1692^{9}, dazu Wünschmann; Otto Mayer, VerwR. I 426, 427. Zu der analogen Frage im Verwaltungsstreitverfahren; OVG. 43, 458; 53, 449; 54, 87; Schultzenstein Pr. Verw.-Bl. 24, 370. — Die Veranlagungsabteilung wird, falls sie die von Frau Engelhard gemachten Vorschläge als der Sachlage entsprechend ansieht, wahrscheinlich nach der vom RFH. sanktionierten Methode vorgehen. Gegen einen teilweisen Erlaß aus § 131 AbgO. ist in unserer Sache überhaupt nichts Grundsätzliches einzuwenden, denn Stichers unverschuldeter Vermögensverfall kann sehr wohl als Billigkeitsgrund gelten.

Anwendungsgebiet des Beitreibungsverfahrens: Vgl. § 6^{III} BeitreibO. Außer Steuern und ihren Nebenleistungen (Säumniszuschläge, Stundungszinsen, Kosten) kommen insbesondere in Betracht: Geldstrafen, die im Unterwerfungsverfahren (S. 1131 f.) oder durch Strafbescheid des Finanzamts (S. 1136 f.) verhängt werden (§§ 459^{I} AbgO., 6^{5} BeitreibO.); vom Finanzgericht oder Reichsfinanzhof in Ausübung der Sitzungspolizei verhängte Ordnungsstrafen (§ 6^{6} BeitreibO.); vom Steuerpflichtigen zu tragende Kosten des Rechtsmittelverfahrens (§ 6^{13}). Ferner Landesabgaben (z. B. preußischer Stempel) und Kirchensteuern, deren Verwaltung und Einziehung den Reichsbehörden übertragen worden ist. In den letzten Fällen zeigt es sich, daß die Vollstreckungsbehörde des Verwaltungszwangsverfahrens mit dem Vertreter des Gläubigers nicht notwendig identisch zu sein braucht.

Haftet jemand für eine Steuerleistung unmittelbar nach Vorschriften des bürgerlichen Rechts in Verbindung mit § 120^{I} AbgO. (z. B. der Vermögensübernehmer, § 419 BGB.), so wird diese sog. „bürgerlich-rechtliche Haftung" im Beitreibungsverfahren realisiert, unbeschadet der Befugnis des zur Zahlung Herangezogenen, die Sache vor das ordentliche Gericht zu bringen (§§ 120^{I}, 330 AbgO., $7^{II, V}$, 14 BeitreibO., vgl. S. 1121 zu 3). Hat dagegen ein Dritter für die Steuerzahlung eines anderen Bürgschaft geleistet oder sich sonst vertraglich zu ihrer Bezahlung verpflichtet, so findet kein Verwaltungszwangsverfahren statt, sondern der Anspruch gegen ihn ist im Zivilprozeß zu verfolgen (§§ 120^{II} AbgO., $7^{III, VI}$ BeitreibO.).

Unterwerfungsverfahren und Strafbescheid.

Einleitung der Untersuchung. Die Steuerakten der Zuckerfabrik Jakobsdorf GmbH. werden von der Veranlagungsabteilung

> „der Abteilung für Strafsachen
> zur Entscheidung über Einleitung eines Strafverfahrens und zur etwaigen weiteren Veranlassung"

vorgelegt. Sie ergeben, daß die Gesellschaft ihrer Verpflichtung zur Abgabe der monatlichen Umsatzsteuer-Voranmeldungen und Leistung der entsprechenden Vorauszahlungen (S. 1121) dreimal gar nicht bzw. erst auf Erinnerung und mit großer Verspätung nachgekommen ist.

Das Steuerstrafrecht kennt drei allgemeine Tatbestände (neben denen noch das Sonderdelikt der „Steuerhehlerei", oben S. 986, von Bedeutung ist):

a) die „Steuerhinterziehung" des § 396 AbgO., d. i. vorsätzliche Erschleichung nicht gerechtfertigter Steuervorteile — wie Stundung oder Ermäßigung — oder vorsätzliche Verkürzung von Steuereinnahmen,
b) die „Steuergefährdung", in § 402 definiert als fahrlässige Herbeiführung einer Verkürzung von Steuereinnahmen oder einer Gewährung von Steuervorteilen,
c) das „Ordnungsstraf-Delikt" des § 413, das grundsätzlich weder Vorsatz noch Fahrlässigkeit, sondern lediglich äußere Zuwiderhandlung gegen eine im Interesse der Besteuerung erlassene Vorschrift durch positives Tun oder Unterlassung voraussetzt.

Werden Strafausschließungsgründe festgestellt oder beruht die Zuwiderhandlung auf „unabwendbarem Zufall", so ist keine Ordnungsstrafe verwirkt (§ 413 I S. 3). Als Ausschließungsgrund im Sinne der Vorschrift kommt — neben den Fällen der Unzurechnungsfähigkeit (§ 51 StGB.), des Notstands usw. — auch der Nachweis eines jegliche Schuld, also sowohl Vorsatz wie Fahrlässigkeit, ausschließenden unverschuldeten Irrtums über Tatumstände gemäß § 59 in Betracht. RGSt. 61, 81; vgl. S. 944 und die verwandten Grundsätze bei Polizeidelikten, S. 924. Trotz ihres Namens ist die Ordnungsstrafe kriminelle Strafe und zwar Vergehensstrafe, denn sie geht bis 1000 RM. (§ 413 I S. 1 AbgO., vgl. § 1 II StGB.). Nichteintragung ins Strafregister: S. 878.

Nach zahlreichen Sonderbestimmungen der Zoll- und Verbrauchssteuergesetze (z. B. §§ 21 BierstG., 13 SpielkartenG., 15 LeuchtmittelG., 16 ZündwStG., 17 ZuckStG.[12])) erfolgt Bestrafung wegen vorsätzlicher Steuerhinterziehung schon auf Grund eines bestimmten äußeren Tatbestandes (z. B. wenn steuerpflichtige Erzeugnisse in anderen als den angemeldeten Räumen hergestellt oder aufbewahrt werden), es sei denn daß festgestellt wird, der Täter habe ohne Hinterziehungsdolus gehandelt, in welchem Falle dann bloß Steuergefährdung oder das Ordnungsstrafdelikt des § 413 AbgO. übrig bleibt. Wird wegen eines solchen „Vermutungstatbestandes", also ohne Nachweis des wirklichen Vorsatzes, Steuerhinterziehung angenommen, so darf niemals auf Gefängnis erkannt werden. §§ 396 V, 404 III. —

Der Dezernent der Strafsachenabteilung hält den Verdacht eines strafbaren Verstoßes gegen die AbgO. für gegeben. Für die Verfolgung solcher Delikte gelten nicht die Bestimmungen der §§ 419 f. StPO. (§ 479 1, 2 AbgO.), sondern ausschließlich §§ 420 f. AbgO. Darnach sind vier verschiedene Verfahrensarten möglich: 1. Entweder gibt das Finanzamt die Sache von vornherein der zuständigen Staatsanwaltschaft ab und überläßt ihr das weitere Vorgehen (§ 425). Erhebt später der Staatsanwalt öffentliche Klage, so hat das Finanzamt — ohne die sonst erforderliche „Anschlußerklärung" (§§ 395, 396 StPO.) — die Stellung eines Nebenklägers. Dabei besteht die Besonderheit, daß Urteile und sonstige Entscheidungen dem Finanzamt auch dann zuzustellen sind, wenn es bei der Verkündung vertreten war, und die Rechtsmittelfristen laufen — abweichend von der Regel der §§ 314 II, 341 II, 400 — erst von der Zustellung ab. §§ 472 I, 467 II AbgO. 2. Oder es erläßt nach § 447 einen „Strafbescheid", der, dem amtsrichterlichen Strafbefehl (S. 915 f.) und der polizeilichen Strafverfügung (S. 922 f.) verwandt, in noch zu besprechender Weise ins gerichtliche Verfahren übergeleitet werden kann. 3. Oder es nimmt von dem Beschuldigten im „Unterwerfungsverfahren" eine Verhandlung auf, die einer rechts-

[12]) sämtlich vom 9. Juli 1923 (RGBl. I, 557 f.).

kräftigen Verurteilung gleichsteht (§ 445). 4. Lehnt die Staatsanwaltschaft die Verfolgung einer Steuerzuwiderhandlung ab, so kann das Finanzamt selbst öffentliche Klage beim Gericht erheben (§ 472 II).

Zur Anstellung von Ermittlungen ist das Finanzamt in allen Fällen befugt (§ 421 I).

Unterwerfungsverfahren und Strafbescheid bilden zusammen das „Verwaltungsstrafverfahren". Sie dürfen nur auf Geldstrafe (ohne Beschränkung bezüglich der Höhe), Einziehung oder Bekanntmachung der Verurteilung lauten (§ 421 II).

Kosten eines vom Finanzamt erfolglos eingelegten Rechtsmittels treffen nicht „das Finanzamt" oder „den Reichsfiskus", sondern — ebenso wie bei den erfolglosen Rechtsmitteln der Staatsanwaltschaft — „die Staatskasse", d. h. den Justizfiskus. Denn das Finanzamt, gleichviel ob es als Nebenkläger oder in dem überaus seltenen Verfahren zu 4 tätig wird, nimmt stets öffentliche Belange, nicht fiskalische Interessen des Steuerfiskus, als sachkundige Spezialbehörde wahr. RGSt. 60, 189.

Urteilspublikation in Steuerstrafsachen: §§ 399, 403. Die Bekanntmachung auf Kosten des Verurteilten ist bei jeder Verurteilung wegen eines vorsätzlichen Steuerdelikts (d. h. Hinterziehung oder Steuerhehlerei) zu Gefängnis oder Geldstrafe über 500 RM. nach Ermessen des Gerichts bzw. Finanzamts zulässig, auch bei erstmaliger Bestrafung. Praktisch wird von ihr nicht allzu viel Gebrauch gemacht.

Der Sachbearbeiter will die Sache im Verwaltungsstrafverfahren erledigen und es zunächst mit dem Unterwerfungsverfahren versuchen. Dieses Verfahren ist durch die Verordnung vom 1. November 1921 (RGBl. 1328), erlassen auf Grund von § 445 S. 3 AbgO. näher geregelt. Verfügung:

„1. Die Untersuchung wird eingeleitet."

Der Zeitpunkt der Einleitung der Untersuchung (bzw. des Eingangs einer Strafanzeige) muß wegen der großen Bedeutung, welche er für die Straflosigkeit der Selbstbezichtigung hat, aktenkundig gemacht werden. § 441 II. Vgl. Kap. 27: „Schwarzkauf".

„2. Zu laden usw.

Breslau, den 25. September 1936.
Dr. Steuer,
Regierungsrat."

Unterwerfungsverhandlung.

„Finanzamt Breslau-Land.
Geschäftsnummer: II *St.L.* Nr. 290.36.

Unterwerfungsverhandlung.

Verhandelt Breslau, den 5. Oktober 1936.

In der Verwaltungsstrafsache gegen die Zuckerfabrik Jakobsdorf, Gesellschaft mit beschränkter Haftung zu Jakobsdorf, Landkreis Breslau"

— Täter eines Delikts des allgemeinen Strafrechts und passives Subjekt eines gewöhnlichen Strafprozesses sind immer nur bestimmte natürliche Personen. Anders im Steuerstrafrecht und -strafverfahren. Werden in Betrieben juristischer Personen oder von „Personenvereinigungen" (o. HG., Kommanditgesellschaft) Steuerzuwiderhandlungen begangen, so kann nach § 393 dort, „wo das Gesetz die Strafe für verwirkt erklärt, ohne daß das Verschulden einer natürlichen Person festgestellt zu werden braucht", die Geldstrafe gegen die juristische Person (Personenvereinigung) selbst erkannt und diese in die Kosten des Strafverfahrens verurteilt werden. Diese Voraussetzung ist beim Ordnungsstrafdelikt und bei den Vermutungstatbeständen gegeben. Insoweit werden also die juristischen Personen und Personenvereinigungen unmittelbar zu Strafrechtssubjekten erhoben. Entgegen der Ansicht des Becker'schen Kommentars (1 zu § 393) kann nach RGSt. 61, 92 neben der juristischen Person auch ihr Vorstand bestraft werden. Jedoch sind die Finanzämter auf Grund des — dem § 153 StPO. (oben S. 842) entsprechenden — § 477 II AbgO. befugt von der Einleitung oder Durchführung des Verfahrens gegen die Vorstandsmitglieder abzusehen, falls Hinterziehung nicht in Frage kommt und das Verschulden geringfügig ist. Die Zulässigkeit des Unterwerfungsverfahrens gegenüber juristischen Personen steht außer Zweifel. —

„erschienen vor dem unterzeichneten Regierungsrat *Dr. Steuer* für die Beschuldigte deren Geschäftsführer:

1. Diplomkaufmann Direktor *Willy Knauf*,
2. Ingenieur Direktor *Paul Knebel*,

beide aus Jakobsdorf."

Im Unterwerfungsverfahren darf sich der Beschuldigte durch einen mit schriftlicher Vollmacht versehenen Bevollmächtigten vertreten lassen. Das Finanzamt kann aber jederzeit das persönliche Erscheinen anordnen. § 444 AbgO., § 2 I VO. vom 1. November 1921.

„Den Erschienenen wurde eröffnet, daß gegen die Beschuldigte am 25. September 1936 die Untersuchung eingeleitet sei, weil sie sich des Vergehens gegen §§ 413 AbgO., 13 UmsStG., 78 StGB. schuldig gemacht habe.

Die Erschienenen erklärten:

Zur Person:

Zur Sache:

Namens der Beschuldigten räumen wir vorbehaltlos ein, daß diese die nach § 13 UmsStG. bis zum   abzugebende Voranmeldung über die in den Monaten

vereinnahmten Entgelte $\frac{\text{überhaupt nicht}}{\text{erst am ....}}$ abgegeben, auch die gleichzeitig entsprechend diesen Entgelten zu leistenden Vorauszahlungen erst am .... geleistet und dadurch drei Zuwiderhandlungen im Sinne des § 413 AbgO. begangen hat.

Zur Verteidigung der Beschuldigten führen wir an, daß ich, *Knebel*, als technischer Direktor mich ausschließlich um den Betrieb bekümmere und daß ich, *Knauf*, zu der in Rede stehenden Zeit wiederholt krank und dadurch verhindert gewesen bin meinen Pflichten als kaufmännischer Direktor in vollem Umfang nachzukommen.

Den Erschienenen wurde darauf eröffnet, daß die Zuckerfabrik Jakobsdorf G.m.b.H. in Jakobsdorf, Landkreis Breslau, wegen dieser Zuwiderhandlungen nach §§ 413 AbgO., 78 StGB.

drei Ordnungsstrafen von je 100 *RM* (i. W.), zusammen .	300.00 *RM*
sowie die Auslagen des Verfahrens mit	2.80 *RM*
zusammen:	302.80 *RM*

zu zahlen habe."

Gebühren werden im Unterwerfungsverfahren nicht erhoben, um den Anreiz zur Unterwerfung zu erhöhen. § 454 AbgO., § 7 VO.

„Die Erschienenen erklärten:

Namens der Zuckerfabrik Jakobsdorf G.m.b.H. erkennen wir die durch Bescheid vom .... erfolgte Festsetzung der Umsatzsteuer-Vorauszahlung für den Monat .... auf als zutreffend an und verzichten auf die Einlegung eines Rechtsmittels."

Die Höhe der Vorauszahlung steht endgültig fest, soweit die Gesellschaft die Voranmeldung nachträglich abgegeben hat. Soweit Festsetzung durch Bescheid erfolgt ist (S. 1121), könnte die Gesellschaft noch den Rechtsmittelweg beschreiten. Nun will das Gesetz die divergierende Entscheidung steuerrechtlicher Fragen durch Finanzbehörden oder -gerichte auf der einen, Strafgerichte auf der anderen Seite unbedingt verhindern. Darum bestimmt § 468 AbgO., daß das — gerichtliche — Strafverfahren bis zur Rechtskraft des Veranlagungs- oder sonstigen Steuerbescheides auszusetzen und daß das Strafgericht an die dort ergehende Entscheidung des Reichsfinanzhofs gebunden ist. War das Rechtsmittelverfahren bereits durch rechtskräftige Entscheidung des Finanzamts, Landesfinanzamts oder Finanzgerichts abgeschlossen, so darf das Strafgericht zwar von dieser abweichen, muß jedoch vorher die Entscheidung des Reichsfinanzhofs einholen, welche in einem eigentümlichen Beschlußverfahren ergeht.

Voraussetzung für die Anwendung des § 468 ist, daß eine Verurteilung wegen Steuerhinterziehung oder -gefährdung a) von dem Bestehen oder b) von der Höhe der Verkürzung des Steueranspruchs bzw. des unrechtmäßigen Steuervorteils „abhängt". Da die Hinterziehungsstrafe nach § 396 nicht, wie im alten Recht, ein bestimmtes Vielfaches der hinterzogenen Steuer beträgt sondern im freien richterlichen Ermessen steht — freilich unter Berücksichtigung des allgemeinen Prinzips des § 27c II StGB., daß die Geldstrafe den Gewinn des Täters aus seiner Tat übersteigen soll; bei Hinterziehung von Zöllen und Verbrauchsabgaben außerdem des § 396I S. 3 AbgO., der die vierfache Hinterziehungssumme als Straf**minimum** vorschreibt —, so wird die Voraussetzung zu b nur ganz ausnahmsweise gegeben sein. Vgl. RGSt. 59, 90, 258 c. cit.; RFH. 10, 280.

Unterwerfungsverhandlungen können an sich aufgenommen und Strafbescheide erlassen werden, ohne daß die Steuerfestsetzung Rechtskraft erlangt hat. Aus Zweckmäßigkeitsgründen empfiehlt es sich jedoch, immer zuerst durch Rechtsmittelverzicht die Rechtskraft herbeizuführen, ehe der Beschuldigte sich der Strafe unterwirft.

„Namens der Zuckerfabrik Jakobsdorf G.m.b.H. unterwerfen wir uns sofort der festgesetzten Strafe und verzichten auf den Erlaß eines Strafbescheides.

Wir sind darüber unterrichtet, daß diese Unterwerfung mit der innerhalb dreier Monate zu erteilenden Genehmigung der Straffestsetzung durch die zuständige Stelle wirksam wird, daß die Beschuldigte aber schon jetzt bis zum Ablauf dieser Frist an unsere Erklärung gebunden ist, es sei denn daß die zur Genehmigung berufene Stelle die Genehmigung vorher versagt; ferner daß die Versagung der Genehmigung der Beschuldigten mitgeteilt werden soll; und daß die Unterwerfung nach erfolgter Genehmigung einer rechtskräftigen Verurteilung gleichsteht, so daß also gegenüber der Straffestsetzung weder ein Rechtsmittel gegeben noch Antrag auf gerichtliche Entscheidung zulässig ist.

Der Beschuldigten ist sodann zur Zahlung des Betrages an die Finanzkasse eine Frist bis zum .... bestimmt worden mit der Eröffnung, daß im Falle der Nichtbezahlung die Zwangs- und Strafvollstreckung gemäß §§ 325 f., 459, 470 AbgO. erfolgen werde.

Vorgelesen, genehmigt, unterschrieben:

Willy Knauf. *Paul Knebel.*

Geschlossen:

Dr. Steuer,

Regierungsrat.

Genehmigt.

Breslau, den 7. Oktober 1936.

Dr. Steuer, Oberregierungsrat,

Vorsteher des Finanzamts Breslau-Land."

Die Genehmigung von Unterwerfungsverhandlungen steht dem Vorsteher des Finanz-(Hauptzoll-)amts, seinem allgemeinen Vertreter oder einem besonders zur Genehmigung von Straffestsetzungen bestellten Vertreter zu. § 2 II VO.

Die Vollstreckungsgewalt der Finanzämter umfaßt alle in einem unanfechtbar gewordenen Strafbescheid oder einer Unterwerfungsverhandlung festgesetzten Geldstrafen, Einziehungen und Strafpublikationen. Die Umwandlung unbeitreibbarer Geldstrafen geschieht durch das für Eröffnung des Hauptverfahrens zuständige ordentliche Gericht im Beschlußverfahren (§ 470 AbgO.).

Strafbescheid. Ende März 1937 gehen die Jakobsdorfer Steuerakten, diesmal mit denen des Direktors Knauf, abermals von der Veranlagungsabteilung bei der Strafsachenabteilung ein. Die Gesellschaft hat Umsatzsteuer-Voranmeldungen gar nicht oder verspätet eingereicht, Umsatz- und Körperschaftssteuer-Vorauszahlungen teils nicht, teils erst auf wiederholte Erinnerung beglichen, und zwei Einkommensteuer-Vorauszahlungen des Direktors sind unpünktlich geleistet worden. Dazu liegt ein Brief vor, den ein Angestellter der Fabrik an das Finanzamt gerichtet hat und in welchem er Knauf der vorsätzlichen Steuerhinterziehung beschuldigt:

„Wie mir der Kontorist *Holzbock* erzählt hat, gibt Direktor *Knauf* absichtlich keine Voranmeldungen ab und zieht die Zahlungen vorsätzlich hin, weil man so billigen Kredit wie beim Finanzamt nirgends in der Welt bekomme und außerdem noch die Chance habe, daß die Beamten zu niedrig schätzen und dadurch Steuern gespart werden können. In diesem Sinne hat sich *Knauf* selbst zu *Holzbock* geäußert.

Beweis: *Holzbock* und mein eigenes Zeugnis.

Hieraus geht klar hervor, daß *Knauf* die gesetzlichen Vorschriften planmäßig und mit voller Absicht nicht befolgt. Uns kleinen Angestellten wird die Lohnsteuer von den paar Mark pünktlich abgezogen, aber die großen Herren drehen dem Finanzamt eine Nase und zahlen dann ab und zu einmal eine Ordnungsstrafe.

B. Kiesewetter,

Wiegemeister."

Kann eine bloße Unterlassung den Tatbestand einer Steuerhinterziehung erfüllen?

Wir sind geneigt bei dem Wort „Hinterziehung" zunächst an Fälle zu denken, in denen sich der Täter der Besteuerung gänzlich entziehen will, und mit dem Begriff eine positive, auf Täuschung der Behörden gerichtete, betrügerische Handlungsweise zu verbinden: zu niedrige Angabe des Einkommens oder Vermögens in der Einkommens- bzw. Vermögenssteuererklärung; des Kaufpreises (im Hinblick auf Grunderwerb- und Zuwachssteuer) im Grundstückskaufvertrag; Schmuggel; heimliches Inverkehrbringen von unversteuertem Bier oder Zucker u. dgl. mehr. Aber nach herrschender Lehre braucht die „Verkürzung" der Steuereinnahmen, welche § 396 fordert, keine endgültige und absolute zu sein, sie liegt vielmehr schon dann vor, wenn lediglich der pünktliche Eingang der Steuer durch den Täter vereitelt wurde, und die damit eingetretene Verkürzung wird sogar durch verspätete Nachzahlung der Steuer samt Säumniszuschlägen (S. 1108) und Kosten nicht wieder beseitigt. Darum stellt sich die bloße Nichtabgabe von Steuererklärungen und Nichtzahlung von Steuern, dolus vorausgesetzt, in der Tat als Hinterziehung dar. Besonders die Nichteinreichung der Lohnsteueranmeldung und Nichtabführung der abgezogenen Lohnsteuer durch den Unternehmer führt häufig zu Hinterziehungsanklagen. Die „steuerwidrige" oder „steuerunehrliche" Handlung, welche manche Schriftsteller als notwendiges Merkmal der Steuerhinterziehung durch Unterlassung erklären, ergibt sich hier aus der Stellung des Arbeitgebers, der gleichsam Treuhänder der Steuerbehörde für die Einziehung der Steuer ist, und aus dem Umstand, daß das Finanzamt ohne Abgabe der Lohnsteueranmeldung gar nicht wissen kann, ob und in welcher Höhe Lohnsteuern aus einem bestimmten Betriebe geschuldet werden. Nicht viel anders liegen die Dinge bei der Umsatzsteuer. RGSt. 60, 182; 61, 81, 186; vgl. Hellwig, Schmalz und Bühler in JW. 27, 1731 c. cit.; Becker 2 zu § 396.

Entsprechend wird die Steuergefährdung durch fahrlässiges, rein passives Verhalten konstruiert.

RGSt. 62, 30 bestraft sogar den Drittschuldner, der die vom Finanzamt gepfändete Forderung nicht bezahlt, wegen Hinterziehung. Ob zum eigenen Vorteil oder zum Vorteil eines anderen gehandelt wird, macht nämlich nach § 396[I] S. 1 keinen Unterschied. Trotzdem erscheint es bedenklich, soweit zu gehen.

Der Pflichtige, welcher sich der Abgabe der vorgeschriebenen Steuererklärungen entzieht, kann natürlich außerdem durch Ordnungsstrafen (§ 413) zur Abgabe der Erklärung angehalten werden.

Liegt zugleich ein nicht-steuerrechtliches Delikt vor? Das ist deshalb wichtig, weil bei Idealkonkurrenz zwischen steuerlichen und anderen Straftaten die Bestrafung nach dem Gesetz erfolgt, welches die schwerere Strafe androht (§ 418 AbgO. mit verschiedenen Abweichungen gegenüber § 73 StGB.), und weil die Untersuchung und Entscheidung dem Finanzamt nur dann zusteht, wenn die Strafe dem Steuergesetz zu entnehmen ist (§ 422 AbgO.). In Frage käme Betrug oder Betrugsversuch (§ 263 StGB.). Nach herrschender Meinung stehen indessen Steuerhinterziehung und gemeiner Betrug nicht im Verhältnis der Ideal-, sondern der Gesetzeskonkurrenz: § 396 AbgO. absorbiert als Spezialdelikt die Betrugshandlungen, soweit sie sich lediglich auf die Abwehr steuerrechtlicher Anforderungen oder des Eingreifens der Finanzämter beziehen. RGSt. 60, 97.

Keine Gesetzeskonkurrenz, wenn der Betrug sich gegen einen Dritten richtete. Beispiel: durch zu niedrige Angabe seiner steuerpflichtigen Umsätze hat der Täter zugleich jemand zur Übernahme der Zollbürgschaft zu veranlassen gesucht. JW. 28, 969[12].

Verschiedene Tatbestände, die materiell Vorbereitungshandlungen zur Steuerhinterziehung sind, werden vom Gesetz als selbständige Delikte ausgestaltet: Fälschung von Steuerzeichen (§ 405), Errichtung fingierter Konten und Herbeiführung fingierter Buchungen (§§ 163, 407/8). Zwischen diesen Delikten und § 396 besteht aber Gesetzeseinheit, sie gehen also in einer etwaigen vollendeten (oder versuchten, vgl. S. 1137) Steuerhinterziehung auf. RGSt. 64, 222.

Der Dezernent leitet die Untersuchung ein (S. 1131). Nach Abschluß der Ermittlungen (§§ 430 f.) sieht er die Hinterziehung als erwiesen an. Nunmehr entsteht die Frage: Geld- oder Freiheitsstrafe? Denn im zweiten Falle kann das Finanzamt nicht selbst entscheiden (S. 1131). Gefängnis ist im Falle der Hinterziehung — neben der Geldstrafe — schon bei erstmaliger Begehung zulässig (§ 396[I] S. 4); die Bedeutung des Rückfalls (§ 404) beschränkt sich darauf, daß er die Gefängnisstrafe obligatorisch macht. Da Knauf noch unbestraft ist, will sich der Sachbearbeiter mit einer Geldstrafe begnügen und die Sache behalten. Er erläßt diesmal einen Strafbescheid (§ 447):

„Finanzamt Breslau-Land. Breslau, den 24. April 1937.
Geschäftsnummer: II *St.L.* Nr. 95.37.

Strafbescheid.

Gegen den Fabrikdirektor *Willy Knauf* in Jakobsdorf, Landkreis Breslau, wird wegen der Beschuldigung, im Jahre 1937 zu Jakobsdorf durch eine fortgesetzte Handlung zum eigenen Vorteil und zum Vorteil eines anderen, der Zuckerfabrik Jakobsdorf G.m.b.H. in Jakobsdorf, vorsätzlich bewirkt zu haben, daß Steuereinnahmen verkürzt werden,

Zuwiderhandlung gegen § 396 AbgO.

eine Geldstrafe von 2000 *RM* (i. W.) festgesetzt. Kann die Strafe nicht beigetrieben werden, so wird sie in Freiheitsstrafe umgewandelt."

Vgl. S. 1134.

„Zugleich werden ihm die Kosten des Verfahrens auferlegt.

Die Zuckerfabrik Jakobsdorf G.m.b.H. in Jakobsdorf, Landkreis Breslau, haftet neben dem Beschuldigten für die Geldstrafe sowie für die Kosten des Strafverfahrens und der Strafvollstreckung."

Diesmal handelt es sich nicht, wie in § 393 (oben S. 1131/2), um die unmittelbare Bestrafung der Verbandspersönlichkeit als Täter (welche ja gerade voraussetzt, daß das Verschulden einer natürlichen Person nicht festgestellt zu werden braucht, daher auf Hinterziehungsfälle unanwendbar ist), sondern um ihre akzessorische Haftung für die Folgen der Straftat eines anderen. Wenn nämlich Vertreter, Verwalter oder Bevollmächtigte bei Ausführung ihrer Obliegenheiten Steuerzuwiderhandlungen begehen, so haften nach § 416^{I} S. 1 die Vertretenen für Geldstrafe und Kosten. Das gilt auch für die steuerlichen Verfehlungen der Organe juristischer Personen, da diese „die Stellung gesetzlicher Vertreter" haben (§ 26^{II} S. 1 BGB.). Dagegen wird zu Gunsten von Mündeln und Pflegebefohlenen eine Ausnahme gemacht (§ 416^{I} S. 2 AbgO.). Prozessual ist der mithaftende Vertretene „Nebenbeteiligter" (§ 421^{III} Z. 2). Er muß im Strafverfahren zugezogen, und seine Haftung im Strafbescheid oder Urteil ausgesprochen werden (§§ 443, 448, 450). Stirbt der eigentliche Schuldige oder der Mithaftende vor Rechtskraft des gegen ihn ergangenen Erkenntnisses, so fällt die Haftung weg (§ 416^{III}, vgl. S. 145).

Werden von Vertretern, Organen juristischer Personen, Verwaltern oder Bevollmächtigten Devisenverbrechen oder -vergehen verübt, so findet § 416 entsprechende Anwendung. § 46^{I} DevBewirtschG. vom 4. Februar 1935 (RGBl. I, 106f.).

„Beweismittel:

. . . .

Entscheidungsgründe:

Der Beschuldigte *Knauf* ist Geschäftsführer und kaufmännischer Direktor der Zuckerfabrik Jakobsdorf G.m.b.H. in Jakobsdorf, Landkreis Breslau. Als solcher hat er u. a. die Steuerangelegenheiten sowie sämtliche Geld- und Kassengeschäfte der Gesellschaft zu bearbeiten, während dem zweiten Geschäftsführer Fabrikdirektor Ingenieur *Knebel* ausschließlich die technische Leitung des Fabrikbetriebes obliegt. Die Gesellschaft hat nun folgende ihr nach den Steuergesetzen auferlegten Verpflichtungen nicht oder nicht rechtzeitig erfüllt:

. . . .

Ferner hat der Beschuldigte folgende ihm selbst nach den Steuergesetzen auferlegten Verpflichtungen nicht oder nicht rechtzeitig erfüllt:

. . . .

Nach den Bekundungen des Wiegemeisters *Kiesewetter* hat ihm der Kontorist *Holzbock* erzählt, daß der Beschuldigte absichtlich keine Voranmeldungen abgebe und die Zahlung hinziehe, denn so billig wie beim Finanzamt bekomme man nirgends Kredit, man müßte dumm sein, wenn man das nicht ausnütze, außerdem habe man die Chance, daß die Beamten die Steuern zu niedrig schätzten und dadurch Steuern gespart werden könnten. *Holzbock* will sich derartiger Äußerungen nicht erinnern. Nach seiner Aussage hat der Beschuldigte lediglich einmal auf die Frage, ob nicht die fällige Umsatzsteuer-Voranmeldung und -Vorauszahlung erledigt werden solle, erwidert: ‚warum so eilig? es sind noch vier Tage Zeit, die Steuer kann warten'. *Holzbock* und der Beschuldigte stellen die Anzeige und Zeugenaussage *Kiesewetter's* als Racheakt hin, da *Kiesewetter* wegen seines groben Benehmens oft von dem Beschuldigten habe gerügt werden müssen und schließlich — auf eigene Kündigung — aus den Diensten der Gesellschaft geschieden sei. Die *Kiesewetter*'sche Aussage wird jedoch dadurch unterstützt, daß die Gesellschaft bereits im Jahre 1936 ihren steuerlichen Verpflichtungen nicht pünktlich nachgekommen ist.

(wird näher dargelegt)

In dem damals eingeleiteten Verwaltungsstrafverfahren, Geschäftsnummer II *St.L.* Nr. 290.36, hat der Beschuldigte angegeben, daß er zu der in Rede stehenden Zeit krank und dadurch verhindert gewesen sei, seinen Pflichten als kaufmännischer Direktor in vollem Umfang nachzukommen. Es ist deshalb im Unterwerfungsverfahren nur eine Geldstrafe von 300 *RM* als Ordnungsstrafe gegen die Gesellschaft verhängt worden. Wenn sich trotzdem nachher die Fälle von Steuernichterfüllung gehäuft haben, so muß das zu der Schlußfolgerung führen, daß ein planmäßiges Verhalten vorliegt und daß der Beschuldigte die Nichtabgabe der Voranmeldungen und Nichtleistung der fälligen Zahlungen vorsätzlich veranlaßt hat, nicht um die Zahlung der Steuern überhaupt zu vereiteln, wohl aber um Zeit zu gewinnen. Die Herbeiführung der nicht rechtzeitigen Erfüllung stellt eine Verkürzung von Steuereinnahmen zum eigenen Vorteil der Gesellschaft dar. Es muß also Bestrafung aus § 396^{I} AbgO. erfolgen. RGSt. 60, 182; 61, 81, 186. Da das Tun des Beschuldigten auf einem einheitlichen, die Steuerverpflichtungen der G.m.b.H. und seine eigenen umfassenden, Willensentschluß beruhte, ist eine einzige fortgesetzte Handlung angenommen worden."

Vgl. S. 869. — Und zwar eine vollendete Verkürzung, weil der pünktliche Steuereingang vereitelt worden ist. Übrigens werden Versuch und Vollendung im Steuerstrafrecht gleich gestraft (§ 397).

Bei dem Fahrlässigkeitsdelikt der Steuergefährdung muß die Verkürzung vollendet sein. RGSt. 60, 307 c. cit. Wird die Verkürzung nicht in verspäteter Zahlung sondern in der Herbeiführung einer objektiv zu niedrigen Steuerfestsetzung gefunden, so bedarf es dazu der Bekanntgabe des Steuerbescheides an den Pflichtigen, weil der Bescheid erst dadurch Wirksamkeit erlangt (§§ 91 f.). RGSt. 59, 401.

Mit der Abgrenzung von Hinterziehungsversuch und Putativdelikt befaßt sich RGSt. 64, 229 c. cit.: Wer in der Steuererklärung Teile seines Einkommens mit Hinterziehungsdolus unterdrückt, aber objektiv durch Vorauszahlungen schon mehr geleistet hatte, als er für dieses Jahr an Einkommensteuer schuldet, ist wegen Versuchs zu bestrafen. Wer dagegen Umsätze, die überhaupt umsatzsteuerfrei sind (z B. S. 1090), in Hinterziehungsabsicht überhaupt nicht oder zu niedrig anmeldet, bleibt straflos.

Die Gründe gehen jetzt zum Strafmaß und zu den Nebenpunkten über:

„Die Geldstrafe ist auf 2000 *RM* bemessen worden, denn es handelt sich um sehr erhebliche Beträge, und sowohl die Gesellschaft wie der Beschuldigte befinden sich in guten wirtschaftlichen Verhältnissen. Von einer Freiheitsstrafe wurde wegen der bisherigen Unbescholtenheit des Beschuldigten abgesehen.

Nach §§ 455^{I} AbgO., 465^{I} StPO. hat der Beschuldigte die Kosten des Verfahrens zu tragen. Die Zuckerfabrik Jakobsdorf G.m.b.H. haftet gemäß § 416^{I} AbgO. für Geldstrafe und Kosten, da die festgestellte Steuerzuwiderhandlung vom Beschuldigten bei Ausübung seiner Obliegenheiten als gesetzlicher Vertreter der Gesellschaft begangen worden ist.

Rechtsmittel und Zahlungsaufforderung: Dieser Strafbescheid wird vollstreckbar, wenn nicht binnen einer Woche nach Bekanntmachung beim unterzeichneten Finanzamt (schriftlich oder mündlich) entweder auf gerichtliche Entscheidung angetragen oder Beschwerde an das Landesfinanzamt eingelegt wird. Der Antrag auf gerichtliche Entscheidung schließt für den Beteiligten die Beschwerde, die Einlegung der Beschwerde den gerichtlichen Antrag aus."

Vgl. §§ 450/2. Der Antrag auf gerichtliche Entscheidung führt zu einer sorgfältigen gerichtlichen Nachprüfung auf Grund mündlicher Hauptverhandlung in zwei, unter Umständen drei Instanzen, die Beschwerde zu einem geheimen und schriftlichen Aktenverfahren, das beim Landesfinanzamt endet. Weshalb ziehen trotzdem so viele Beschuldigte die Beschwerde dem Gerichtsverfahren vor? Weil die gerichtliche Hauptverhandlung öffentlich ist und die Steuersünder nichts so sehr fürchten, wie ein Bekanntwerden ihrer Verfehlungen in der Öffentlichkeit!

„Erfolglose Einlegung von Rechtsmitteln ist mit Kosten verbunden.

Die Geldstrafe und die nachstehend berechneten Kosten sind binnen einer Woche nach Eintreten der Vollstreckbarkeit des Strafbescheides bei Vermeidung der Zwangsvollstreckung an .... zu zahlen. Bei der Zahlung ist der Strafbescheid durch Angabe des Namens und der Geschäftsnummer genau zu bezeichnen.

Das Finanzamt.
i. A.: *Dr. Steuer*,
Regierungsrat."

Der Bescheid wird am 26. April an Knauf und die G. m. b. H. zugestellt (§ 449).

Überleitung ins gerichtliche Verfahren. Am 2. Mai, also rechtzeitig, beantragen der Beschuldigte Knauf und die Gesellschaft gerichtliche Entscheidung. Verfügung nach § 462:

„Urschriftlich nebst Akten
dem Herrn Oberstaatsanwalt
hier
zur Herbeiführung der gerichtlichen Entscheidung. Wir bitten die Sache an die Strafkammer zu bringen."

Vgl. S. 867/8. Die Staatsanwaltschaft reicht die Sache der Strafkammer weiter, welche — ohne Anklageschrift und Eröffnungsbeschluß — die Rechtzeitigkeit und Ordnungsmäßigkeit des Antrags auf gerichtliche Entscheidung nachprüft. Alsdann wird Hauptverhandlungstermin angesetzt und dazu die im Strafbescheid benannten Personen als Zeugen geladen (§§ 462, 463). In dem gerichtlichen Verfahren hat gemäß § 467[1] das Finanzamt, wiederum ohne Anschlußerklärung, die Stellung eines Nebenklägers mit den oben S. 1130 zu 1 behandelten Besonderheiten.

Nach § 465 können Knauf und die Zuckerfabrik den Antrag auf gerichtliche Entscheidung nicht bloß bis zum Beginn der Hauptverhandlung zurücknehmen (wie im Verfahren auf amtsrichterlichen Strafbefehl oder nach polizeilicher Strafverfügung, S. 916, 924), sondern bis zur Verkündung des erstinstanzlichen Urteils. Nach Beginn der Hauptverhandlung ist dazu allerdings die Zustimmung der Staatsanwaltschaft und, falls es als Nebenkläger vertreten, des Finanzamts notwendig. Bleibt Knauf oder die „Nebenbeteiligte" im Termin unvertreten, so gilt das als Rücknahme des Antrags auf gerichtliche Entscheidung, und die Gefahr der reformatio in pejus ist beseitigt (ebenso im Verfahren auf amtsrichterlichen Strafbefehl oder nach polizeilicher Strafverfügung, S. 916, 924, 934).

Entlastungsbeweise. Dem Finanzamt geht Abschrift eines Schriftsatzes zur Stellungnahme zu, den der Verteidiger, RA. Weiß, der Strafkammer eingereicht hat:

„Das Finanzamt hat der Aussage des Zeugen *Kiesewetter* wesentlich deshalb Glauben geschenkt, weil *Holzbock* die von *Kiesewetter* bekundeten Äußerungen nicht bestimmt in Abrede gestellt sondern lediglich angegeben hatte, sich ihrer nicht entsinnen zu können. Es hat sich jetzt herausgestellt, daß wahrscheinlich eine Verwechslung vorliegt. Im Jahre 1934 oder 1935 waren nämlich bei einer anderen schlesischen Zuckerfabrik Steuerrückstände von beträchtlicher Höhe aufgelaufen. Der Vorfall hatte in den beteiligten Kreisen Aufsehen erregt. Hierüber hat der Angeklagte *Knauf* einmal mit *Holzbock* gesprochen und dabei gesagt: ‚man kann es schon verstehen, wenn die Leute so etwas machen, denn so billigen Kredit wie beim Finanzamt gibts wo anders nicht'.

Beweis: Prokurist *Aust* in Jakobsdorf.

In den Steuersachen der Zuckerfabrik Jakobsdorf sowie in seinen eigenen Steuersachen, die ebenfalls von *Holzbock* bearbeitet wurden, hat der Angeklagte den *Holzbock* zur peinlichen Befolgung aller Vorschriften und Einhaltung der gesetzlichen Termine ermahnt. Besonders nachdem das frühere Strafverfahren eingeleitet worden war, hat er ihm ernstliche Vorhaltungen gemacht und mehrfach gefragt, wie es mit den Steuerangelegenheiten stehe, worauf *Holzbock* jedesmal antwortete: es sei alles in Ordnung.

Beweis: Bücherrevisor *Adam Riese* in Breslau.

Tatsächlich hat *Holzbock* infolge seiner sehr sorgfältigen, aber langsamen Arbeitsweise manches unerledigt gelassen und den Angeklagten *Knauf* durch unwahre Auskünfte zu beruhigen gesucht. Er war seiner Aufgabe nicht voll gewachsen. Für die Nachlässigkeit *Holzbocks* kann der Angeklagte strafrechtlich nicht zur Verantwortung gezogen werden.

Ich beantrage:

Ladung der Zeugen *Aust* und *Riese* zur Hauptverhandlung.

Weiß, RA.,
als Verteidiger."

Durch die Abwälzung steuerlicher Verpflichtungen auf Angestellte wird der Verpflichtete nicht ohne weiteres von seiner steuerstrafrechtlichen Verantwortlichkeit befreit. Nur für Verbrauchsteuern läßt § 394 eine Übertragung auf den Betriebsleiter zu, vorausgesetzt daß der Inhaber den Betrieb nicht persönlich leitet und das Hauptzollamt die Übertragung genehmigt (die akzessorische Haftung des Betriebsinhabers gemäß dem S. 1136 besprochenen § 416 wird dadurch nicht berührt). Ebenso wenig stellt die Abwälzung auf Angestellte schlechthin eine Fahrlässigkeit dar. Vielmehr hängt alles von den Umständen des einzelnen Falles ab. War der Angestellte sorgfältig ausgewählt, wurde er ausreichend kontrolliert und wußte der Prinzipal nichts von seinen Unregelmäßigkeiten, so hat der Prinzipal weder Steuerhinterziehung noch Steuergefährdung begangen. War ihm bekannt, daß der Angestellte die steuerlichen Verpflichtungen nicht erledigte, oder hat er auch nur mit dieser Möglichkeit gerechnet (Eventualdolus!), so ist er der vorsätzlichen Hinterziehung schuldig. Hatte er von den Verfehlungen keine positive Kenntnis, hätte er sie aber bei Anwendung der notwendigen Sorgfalt voraussehen oder verhindern können, so hat er sich der Steuergefährdung durch Fahrlässigkeit schuldig gemacht. RGSt. 58, 130; 59, 281; 61, 81.

Finanzamt und Staatsanwaltschaft erklären sich mit der Ladung der Zeugen zum Hauptverhandlungstermin einverstanden, welche daraufhin vom Gericht angeordnet wird.

Zurücknahme des Strafbescheids. Kurz vor dem Termin spricht RA. Weiß beim Strafsachendezernenten des Finanzamts vor: Meine Auftraggeber möchten die Sache ohne Hauptverhandlung aus der Welt schaffen. Wie im Schriftsatz ausgeführt, kommt eine strafbare Handlung nicht in Frage. Wir würden uns trotzdem mit der Festsetzung einer Geldstrafe zufrieden geben, falls sie ermäßigt und — vor allem — nicht auf den infamierenden § 396 AbgO. gestützt wird.

Der Sachbearbeiter: Sie wissen, daß ich den Strafbescheid, nachdem einmal die Akten der Staatsanwaltschaft übersandt worden sind, nur noch mit deren Einwilligung zurücknehmen kann (§ 464[I]). Von der Schuldlosigkeit des Direktors Knauf werde ich mich kaum überzeugen können. Unterstellt daß die Entlastungszeugen alle Ihre Behauptungen bestätigen, so bleibt doch zum mindesten eine Steuergefährdung übrig. Nach der Unterwerfungsverhandlung vom 5. Oktober 1936 war es grob fahrlässig, wenn Knauf sich mit der allgemeinen Versicherung begnügte, daß alles in Ordnung sei, statt sich die Durchschläge der Voranmeldungen und die Belege über die Geldüberweisungen zeigen zu lassen. Kommt es zur Zurücknahme des Strafbescheides und verlaufen die neu anzustellenden Ermittelungen günstig für ihre Auftraggeber, so würde ich in jedem Falle einen neuen Strafbescheid wegen Steuergefährdung mit annähernd derselben Strafsumme erlassen. Das hat aber natürlich nur dann Zweck, wenn eine Anfechtung des neuen Strafbescheides unterbleibt. Sonst lassen wir die Beweise lieber in dem schwebenden Verfahren erheben.

RA. Weiß: Ich werde mit meinen Auftraggebern sprechen und ihnen raten auf den Vorschlag einzugehen. —

Nachdem der Verteidiger die endgültige Zustimmung des Angeklagten und der Nebenbeteiligten mitgeteilt hat, setzt sich der Strafdezernent mit dem Sachbearbeiter der Staatsanwaltschaft in Verbindung. Dieser stimmt zu. Darauf erfolgt die Zurücknahme in nachstehender Form:

„An das Landgericht, II. Strafkammer, Hier.

28 (7) *KM* 86.37.

In der Strafsache gegen *Knauf* und andere nehme ich den Strafbescheid vom 24. April 1937 gegen den Angeklagten *Knauf* und die mithaftende Zuckerfabrik Jakobsdorf G.m.b.H. hiermit zurück.

Breslau, den 6. Juni 1937.
Finanzamt Breslau-Land.
i. A. *Dr. Steuer.*

Der vorstehenden Zurücknahme des Strafbescheides stimme ich zu.

Breslau, den 7. Juni 1937.
Der Oberstaatsanwalt beim Landgericht.
i. A. *Scharf.*"

Die Strafkammer stellt das Verfahren ein (§ 464[I] S. 3), hebt den Termin auf und läßt Angeklagten, Nebenbeteiligte, Verteidiger, Zeugen, Staatsanwaltschaft und Nebenkläger abbestellen. Das gerichtliche Verfahren ist beendigt.

Der Strafsachendezernent des Finanzamts stellt durch weitere Ermittelungen fest, daß die Behauptungen der Schutzschrift in der Hauptsache richtig sind, und erläßt alsdann einen neuen Strafbescheid, durch den Knauf nur wegen Steuergefährdung zu 1500 RM. Geldstrafe verurteilt, und die Haftung der G. m. b. H. für Strafe und Kosten ausgesprochen wird.

Andere Arten der Erledigung: 1. Statt des aufgehobenen Strafbescheides kann das Finanzamt auch eine Unterwerfungsverhandlung aufnehmen. In unserem Falle war das nicht angängig, weil das Unterwerfungsverfahren keine Zuziehung von „Nebenbeteiligten" vorsieht (§ 6 VO. vom 1. November 1921, oben S. 1131). Wenn Knauf sich für seine Person der Strafe unterworfen hätte, würde wegen der Mithaftung der Zuckerfabrik ein besonderer Strafbescheid gemäß § 448^{II} AbgO. notwendig gewesen sein.

2. Zurücknahme des Strafbescheids vor Aktenabgabe: Es ergeht kein gerichtlicher Einstellungsbeschluß, sondern das Finanzamt stellt selbst ein. § 461 S. 2.

3. Was wäre geschehen, wenn das Finanzamt nach Zurücknahme des Strafbescheids zu dem Ergebnis gelangt wäre, daß eine mit 2000 RM. nicht genügend bestrafte Steuerzuwiderhandlung vorliege? Es würde einen neuen Strafbescheid mit höherer Strafe erlassen haben. Durch Zurücknahme des ersten Strafbescheides ist keine Konsumtion der Strafklage eingetreten, ebenso wenig wie die Strafklage in dem analogen Fall des § 411^{I} StPO. verbraucht ist, wo gegen einen amtsrichterlichen Strafbefehl gerichtliche Entscheidung beantragt war und die Staatsanwaltschaft die Klage fallen gelassen hat. RGSt. 61, 98.

4. Nach Zurücknahme des Strafbescheids stellt sich eine die Zuständigkeit des Finanzamts überschreitende Straftat (S. 1131, 1135) heraus: Die Sache wird zur Erhebung der öffentlichen Klage an die Staatsanwaltschaft abgegeben.

Druck von Dr. F. P. Datterer & Cie., Freising-München.

FSC
www.fsc.org
MIX
Papier | Fördert
gute Waldnutzung
FSC® C083411

Kolibri 360 GmbH
Ferdinand-Jühlke-Straße 7
99095 Erfurt, Deutschland
produktsicherheit@kolibri360.de